나의 아내 미애와 딸 노을에게 이 책을 바칩니다.

**평생 월급 받는
연금투자의 기술**

평생 월급 받는 연금투자의 기술

초판 1쇄 발행 · 2024년 12월 13일
초판 2쇄 발행 · 2025년 1월 10일

지은이 · 김경식
발행인 · 이종원
발행처 · (주)도서출판 길벗
주소 · 서울시 마포구 월드컵로 10길 56 (서교동)
대표전화 · 02)332-0931 | **팩스** · 02)322-0586
출판사 등록일 · 1990년 12월 24일
홈페이지 · www.gilbut.co.kr | **이메일** · gilbut@gilbut.co.kr

기획 및 책임편집 · 이재인(jlee@gilbut.co.kr) | **제작** · 이준호, 손일순, 이진혁
마케팅 · 정경원, 김진영, 조아현, 류효정 | **유통혁신팀** · 한준희
영업관리 · 김명자, 심선숙, 정경화 | **독자지원** · 윤정아

교정교열 · 김승규 | **디자인 및 전산편집** · 현애정
CTP 출력 및 인쇄 · 예림인쇄 | **제본** · 경문제책

- 이 책은 저작권법에 따라 보호받는 저작물이므로 무단전재와 무단복제를 금합니다.
  이 책의 전부 또는 일부를 이용하려면 반드시 사전에 저작권자와 길벗출판사의 서면 동의를 받아야 합니다.
- 인공지능(AI) 기술 또는 시스템을 훈련하기 위해 이 책의 전체 내용은 물론 일부 문장도 사용하는 것을 금지합니다.
- 잘못 만든 책은 구입한 서점에서 바꿔 드립니다.
- 이 책은 투자 참고용이며, 투자의 최종적인 책임은 투자자 본인에게 있습니다.

©김경식, 2024

ISBN 979-11-407-1430-8 03320
(길벗 도서번호 070509)

정가 22,000원

독자의 1초를 아껴주는 길벗출판사

(주)도서출판 길벗 | IT교육서, IT단행본, 경제경영, 교양, 성인어학, 자녀교육, 취미실용 www.gilbut.co.kr
길벗스쿨 | 국어학습, 수학학습, 어린이교양, 주니어 어학학습, 학습단행본 www.gilbutschool.co.kr

은퇴 후 매달 300만 원
현금흐름 만들기

평생 월급 받는 연금투자의 기술

김경식 지음

목차

프롤로그   8
세상에 공짜 점심은 없습니다

PART 1 연금이란 무엇인가

1장 누구에게나 연금이 필요하다
1 연금 백만장자를 꿈꿔라   19
2 노동 없이 받는 월급   28

2장 평생 월급 받는 연금투자의 원리
3 연금은 결국 집중 투자와 자산 배분   36
4 중요한 것은 수익률이 아니라 수량   46
5 운동량이 증가할수록 수익은 감소한다   52

3장 연금제도의 이해
6 한국과 미국의 연금제도 차이   62
7 복리와 절세의 마법   71
8 안정적 노후를 위한 연금투자 전략   80

PART 2 연금의 구성 이해하기

4장 여유로운 생활을 위한 연금저축

9 연금저축의 목표는 연금 수령이다	87
10 3억 원 저축에 월 125만 원으로 살 수 있을까	93
11 연금 수령의 걸림돌, 기타소득세	99
12 연금저축을 시작해야 하는 시기	103
13 연금을 대신할 절세투자 ISA	106
14 제2의 연금저축 IRP	110
15 연금계좌를 키우는 추가 납입	114

5장 안정적인 생활을 위한 퇴직연금

16 퇴직연금제도의 도입 이유	119
17 DC 전환은 언제 해야 유리할까	123
18 퇴직연금의 연금 수령 방법	126

PART 3 절대 마르지 않는 황금 연못

6장 연금으로 평생 월소득 만들기

19 연금 3종 수령 종합 플랜 · 133
20 연금 3층 구조를 활용한 연금 수령 시나리오 · 138
21 연금의 초과 인출과 추가 납입 · 150
22 연금의 상속 · 155

7장 연금계좌의 운용 원칙

23 플레인바닐라의 연금투자 9원칙 · 159
24 조용하지만 강력한 시간의 힘 · 173
25 적립식 투자의 기회와 한계 · 183
26 미국 주식시장과 채권 그리고 달러 · 190
27 좋은 펀드와 ETF를 판단하는 법 · 206

8장 노후 걱정 없는 실전 포트폴리오 구성

28 연금 포트폴리오를 구성하는 대표 자산	221
29 연금저축으로 돈 불리는 포트폴리오	238
30 퇴직연금과 IRP로 돈 불리는 포트폴리오	268
31 은퇴 후 돈 버는 인컴 포트폴리오	273
32 자녀를 위한 투자 포트폴리오	286
33 목돈 만들기 좋은 ISA 활용법	290
34 연금 운용의 한계와 해법	296

부록 1 연금관련 FAQ	312
부록 2 공부하기 좋은 웹사이트 추천	336

프롤로그

세상에 공짜 점심은 없습니다

연금은 부를 업그레이드하는 수단이기 이전에 훗날의 불확실성을 대비하는 것이고, 은퇴 이후 넉넉한 소비를 위한 수단이기도 합니다. 물론 먼 미래의 소비를 위해 현재의 소비를 유예하고 납입하는 것이 말하긴 쉬워도 실천하긴 어렵습니다. 그러나 실천력이 약하다고 자책할 필요도 없고 남들보다 늦었다고 조급해할 필요도 없습니다. 당장 실천하지 못하더라도 내년 또는 3년 뒤엔 반드시 실천하겠다고 다짐하다 보면 결국 목표한 자리에 서 있게 됩니다.

안타깝게도 많은 사람이 연금을 몇 년씩 납입하다 포기하고 중도 해지라는 결정을 내립니다. 기대 수명이 늘어나 노후 파산의 위험이 커졌다거나, 연말에 수백만 원을 넣으면 연말정산 시 세액공제로 13월의 보너스를 받을 수 있다거나 하는 등의 단편적인 공포 마케팅과 유인책에 홀려 연금 계좌의 속성과 특징을 충분히 알아보지 않고 시작했기 때문입니다.

대출이 있다면 대출부터 갚고 3년 혹은 5년 투자로 목돈을 만들 목적이라면 ISA를 활용해야 합니다. 부동산을 구입하고 싶다면 애매하게 양다리 걸치지 말고 올인하는 게 더 낫다고 생각합니다. 연금을 제대로 활용하려면 '납입 기간 동안 비과세, 인출 시 과세'라는 제도적 지원 아래 초장기로 납입해 복리 효과를 극대화시키고, 궁극적으로 은퇴 후에 평생 소득원으로 만드는 것을 목표로 삼아야 합니다.

보통 은퇴 후 생활비에 대한 조사 결과를 보면 부부 합산 월간 최소 생활비는 200만 원이고, 적정한 생활비는 약 300만 원 그리고 넉넉한 생활비는 500만 원으로 얘기하곤 합니다. 그리고 은퇴 후 매월 넉넉한 연금을 받으려면 5억 원이 필요하다, 10억 원이 필요하다는 의견이 많습니다. 그러나 은퇴 후 매월 생활비가 얼마나 필요하고 최종적으로 얼마를 만들어야 한다는 강박을 갖진 말길 바랍니다. 물론 생활비가 많으면 좋죠. 하지만 상황에 맞춰 각자의 방식으로 살면 됩니다. 나이 50세, 60세가 되면 다들 적당한 융통성이나 궁리를 가지기 마련입니다.

사실 은퇴 후 월 300만 원의 현금 흐름을 만드는 게 어려운 일이 아닙니다. 경제활동을 했다면 당연히 국민연금을 납입했을 것이고 65세 이후엔 국민연금으로 최소 100만 원은 지급받으리라 예상할 수 있습니다. 국민연금은 물가연동에 종신지급이라는 특징을 가집니다. 또 직업군에 따라 공무원연금, 교직원연금, 군인연금이 국민연금 같은 공적연금으로 운용되고 있습니다. 많은 사람이 연금이 고갈된다고 믿지만 실제 현실화된다고 해도 어떤 대안도 존재하지 않습니다. 소모적인 논쟁일 뿐이죠.

공적연금 이외에 기업연금, 곧 퇴직연금이 있습니다. 직장생활을 해왔고 중도에 인출하지 않았다면 은퇴 후 매월 100만 원씩은 받을 수 있다고 봅니다. 퇴직연금의 종류는 DB(Defined Benefit, 확정급여형)와 DC(Defined Contribution, 확정기여형)로 구분됩니다. 연금의 종류가 무엇이든 월 300만 원으로 시작해 매년 5%의 연봉인상을 경험한 사람이라면 20년 뒤 퇴직연금 계좌에 약 1억 5,000만 원 정도는 쌓여 있을 것입니다. DC로 좀 더 공격적으로 운용했다면 2억 원도 기대할 수 있습니다.

마지막으로 개인연금인 연금저축과 IRP가 있습니다. 세액공제 한도 기준 매년 600만 원을 납입한 경우 납입 기간이 20년이면 원금만 1억 2,000만 원이고, 납입 기간이 30년이면 1억 8,000만 원입니다. 일반적인 연평균 기대수익을 감안하면 최종 3억 원 정도는 달성할 것으로 예상할 수 있습니다. 역시 국민연금과 퇴직연금처럼 은퇴 후 월 100만 원 이상의 재원으로 작동할 수 있다는 말입니다.

이런 배경을 근거로 은퇴 전 회사에서 열심히 일하고 월 50만 원 정도만 개인연금을 납입해왔다면 은퇴 후 퇴직연금과 국민연금을 포함해 매월 300만 원을 지급받는 데는 큰 어려움이 없다고 보는 것입니다.

이렇게 연금을 평생 소득원으로 발전시킨 후에는 돈을 벌면서 빼 쓰면 됩니다. 은퇴 전에는 주식형 중심으로 돈을 불렸다면, 은퇴 후엔 인컴 자산 중심으로 포트폴리오를 개편하고 목표를 낮춰 4% 전후의 배당수익이 나오도록 구성해야 합니다. 이러한 포트폴리오가 완성되면 배당을 통한 정기적인 현금 흐름이 확보되므로 돈을 벌면서 소비할 수 있습니다.

물론 배당 포트폴리오가 원리금을 보장하진 않습니다. 하지만 포트폴리오의 상관성을 고려해 다양한 채권, 리츠, 인프라, 고배당 주식, 커버드콜 등으로 자산을 분배한다면 포트폴리오의 변동성을 상대적으로 낮게 관리할 수 있고, 배당현금 흐름을 목표 수준으로 꾸준히 유지할 수 있을 것입니다. 현실적인 포트폴리오 구축에 대한 내용들을 책에 담으려 노력했으니 많은 참고바랍니다.

바로 내일 은퇴가 예정돼 있다고 한번 상상해보시죠. 현재 나이는 55세이고, 대출은 없지만 현금은 지금 가진 것이 전부이며 고정 생활비로 매월 100만 원씩 반드시 지출해야 한다는 조건입니다. 여러분 앞에 '일시금 3억 원 수령'과 '매월 100만 원 평생 제공'이라는 선택지가 있습니다. 어느 쪽을 선택하겠습니까?

일시금 3억 원을 선택했다면 일단 투자에 자신이 있다는 의미입니다. 만약 매월 100만 원씩 받는다면 40년 뒤 미래 총 수령액은 4억 8,000만 원이 됩니다. 물론 일시금 3억 원보다 크지만 미래 현금 가치를 현재 물가 수준인 2%로 할인하면 약 3억 3,000만 원이므로 일시금 3억 원과 큰 차이가 없습니다. 따라서 3억 원을 받고 운용 수익률을 높이면 고정 지출액 월 100만 원을 차감하고도 40년 이상 지출할 수 있는 금액을 달성할 수 있다고 판단한 것입니다. 예를 들어 일시금 3억 원을 연 3% 배당이 나오는 곳에 투자하고 매달 100만 원씩 출금한다면 44년이 지난 뒤에야 모두 소진될 것입니다. 결국 3억 원을 3%로만 운용해도 매달 100만 원씩 받는 선택과 큰 차이가 없습니다.

매월 100만 원을 선택한 분들의 경우를 생각해보겠습니다. 일시금 3억 원을 받고 월 100만 원씩 출금하면 25년이면 모두 소진될 것이라 판단한 결과입니다. 즉 연평균 3% 이상의 기대수익을 달성하면 좋겠지만 반대일 경우 재앙이 될 수 있다는 점을 고려한 것입니다. 게다가 100세 이상까지 산다면 일시금으로 수령한 3억 원은 그전에 소진될 수 있습니다. 그렇다면 당연히 죽을 때까지 100만 원을 받는 게 더 유리하겠죠.

세상에 공짜 점심은 없습니다. 3억 원이나 월 100만 원이 하늘에서 뚝 떨어지진 않습니다. 연금저축은 2가지 개념을 모두 포함하고 있습니다. 은퇴 전에 연금저축(& IRP) 납입과 운용을 통해 3억 원을 만들고, 은퇴 후에는 이 재원으로 4% 배당 포트폴리오를 구축하면 매년 1,200만 원(3억 원의 4%), 즉 매월 100만 원의 현금 흐름을 만들 수 있습니다. 이로써 3억 원을 깎아 먹지 않는, 소위 마르지 않는 황금연못이라는 평생 소득원을 완성하는 것입니다.

연금저축이 아니어도 평생 매월 100만 원씩 받는 방법이 많습니다. 먼저 공적연금인 국민연금입니다. 국민연금의 경우 보통 30년간 매월 40만 원씩 납입했다면 65세부터 매월 약 100만 원씩 수령할 수 있습니다. 당연히 연금저축과 더불어 평생 소득원으로 활용할 대상입니다.

비과세가 강점인 보험사의 변액연금도 국민연금과 유사한 면이 많습니다. 최저보증 변액연금 기준으로 보면 45세부터 매월 100만 원씩 10년간 납입하면 65세부터 평생 매월 100만씩 받을 수 있습니다. 납입 원금이 약 1억 2,000만 원이라는 부분은 국민연금과의 공통점입니다. 단, 국민연금은 세금을 원천징수하지만 보험은 특징적으로 비과세가 적용됩니다. 보험의 결정적인 단점은 해지 시 수수료가 어마어마하다는 점입니다.

주택연금으로도 100만 원을 수령할 수 있습니다. 2024년 6월 기준표를 보면 공시가격 7억 원(시세 약 10억 원)짜리 소유 주택을 기준으로 55세에 신청하면 매월 100만 원씩 받을 수 있습니다.

또 부동산 임대 수익으로 월세 100만 원을 받을 수도 있습니다. 요즘 유행하는 월 지급 ETF나 주식 투자로도 가능할 것입니다. 임대나 배당수익

프롤로그

은 유동성 제약이 크지 않고 자산 가치 상승도 기대할 수 있어 매력적인 선택으로 보일 수 있습니다. 다만 초기 자본이 커야 한다는 점과 세금 부담이 크다는 한계가 있습니다.

연금저축계좌가 왜 이러한 여러 현금 흐름의 수단들보다 매력적인지는 본문을 통해 확인할 수 있습니다. 더불어 은퇴 후 퇴직연금 및 국민연금을 활용해 세금이라는 비용을 최소화하는 기술적 인출 방법과 연금저축과 퇴직연금의 현명한 운용 방법에 대한 의견들도 전달할 예정이니 차근차근 살펴보길 바랍니다.

앞으로 저와 연금에 대해 알아보는 긴 여행을 하면서 어려운 용어와 이해가 안 되는 부분 때문에 답답하기도 할 것입니다. 정말 실현할 수 있는지 의심하는 분도 있을 것이고 방향을 잃고 헤매는 분도 있을 것입니다. 하지만 이런 과정을 통해 연금에 대한 시야가 넓어지고 연금에 대한 자신만의 철학이 생길 것이라 기대합니다.

이 책은 플레인바닐라투자자문의 제해일 상무의 많은 도움으로 완성하였습니다. 이 외에도 데이터 작업을 도와준 박광덕 연구원과 임직원 여러분께 고마움을 전합니다. 마지막으로 블로그 콘텐츠를 작성해온 여러 필진분들, 특히 '밑이 막히고 위가 열린 투자철학'을 정립하고 여러 투자 아이디어를 공유해 준 전명호 님에게도 감사 인사를 전합니다.

김경식 대표

연금이란 무엇인가

PART
1

누구에게나
연금이 필요하다

1
연금 백만장자를 꿈꿔라

연금 백만장자는 누구일까

최근 들어 미국에 연금 백만장자가 많아졌다는 뉴스를 자주 접합니다. 연금 백만장자란 연금계좌에 100만 달러 이상을 보유한 사람들을 의미합니다. 현재 원화로는 약 13억 원을 보유한 사람이라고 할 수 있습니다. 계산하기 편하게 한국의 연금 백만장자는 연금계좌에 10억 원을 보유한 사람이라고 가정하겠습니다.

미국 내 최대 연금고객을 보유하고 있는 피델리티의 통계 자료를 보면 2024년 2분기 기준으로 약 50만 명이 퇴직연금계좌(401K)에 100만 달러 이상을 보유하고 있습니다. 이는 4년 전 15만 명 수준에서 3배 이상 가파르게 증가한 수치입니다. 401K란 미국의 세법 조항(401조 K항)이 적용된 미국의 퇴직연금을 의미합니다. 우리나라에서도 퇴직연금의 종류를 DB와 DC, IRP로 구분합니다. 401K는 미국에서 가장 대중적이고 수요가 많은 연금입니다. 구체적으로는 회사가 적립하되 종업원이 직접 운용하는 DC의 형태입니다.

미국 피델리티의 연금 백만장자 계좌 수 추이

※ 출처: 야후 파이낸스

피델리티의 전체 연금 고객 약 2,300만 명 중 401K 퇴직연금계좌 보유 고객이 48만 명이니 대략 2%에 해당합니다. 퇴직연금계좌 이외에 자발적으로 납입하는 개인연금 IRA계좌에도 100만 달러 이상 보유한 사람이 약 40만 명이라고 하니 놀랍기만 합니다. IRA는 한국의 연금저축과 IRP처럼 개인납입형 연금계좌를 말합니다. 마땅한 통계자료가 없지만 한국에선 대기업군의 임원급 정도나 돼야 그나마 10억 원 이상의 개인연금 자산을 보유하고 있을 것이고, 한국 전체로는 1만 명 전후로 예상됩니다.

한국과 미국의 기업연금과 개인연금, 사적연금 시장은 규모 면에서 비교가 불가할 정도로 차이가 납니다. 미국의 사적연금 규모는 약 5경 원 수준인 반면, 한국은 미국의 2%가 채 안 되는 약 750조 원 규모에 불과합니다. 사적연금제도 자체도 20년 이상 뒤처져 있을 뿐만 아니라 회사를 열심히 다녔어도 부동산 구매 등으로 중도 인출하는 사례가 많다 보니 한국에서는 연금 백만장자를 찾기가 어렵습니다. 하지만 제도 변화와 인식 전환에 따라 앞으로 한국에서도 대거 등장할 가능성이 높습니다. 물론 지금의 40~50대에게 "너도 연금 백만장자가 될 수 있어."라고 조언하면 말도 안 되는 소리하지 말라고 무안을 주겠죠.

우리나라는 1994년에 개인연금저축을, 2001년에 신연금저축인 연금저축펀드계좌를 도입했습니다. 2011년에 와서야 세액공제 한도를 400만 원으로 적용했고 2023년부터 600만 원으로 상향했습니다. 이렇다 보니 현실적으로 연간 세액공제 한도 내에서 꽉꽉 채워 약 10년간 불입했다고 해도 지금 4,000만~5,000만 원밖에 되지 않습니다.

자발적 납입 형태인 개인연금이 이렇다면 퇴직연금은 어떨까요? 대부분 중간 정산을 했거나 주택 구매 목적으로 중도 인출을 신청한 사람들이 많습니다. 퇴직이나 이직을 했다면 일시금으로 출금하는 사람들이 대부분이죠. 우리나라의 실정을 고려할 때 막상 40~50대의 연금계좌를 열어보면 1~2억 원 정도밖에 없을 겁니다. 물론 연금의 특장점을 분명히 이해하고 제도를 온전히 이용하겠다고 마음먹은 사람도 있을 겁니다. 아마 그런 분들은 연금저축 2억 원에 퇴직연금 3억 원 수준으로 마련해 총 5억 원 정도를 가지고 있으리라 예상합니다.

아무튼 현실적으로 우리나라 40~50대에게 10억 원이라는 숫자는 분명 무리한 목표인 것이 분명해 보입니다. 은퇴 전까지 약 10~15년이 남았다는 가정하에 개인연금 세액공제 한도인 900만 원(월 75만 원)씩 15년을 납입해도 1억 3,500만 원입니다. 남은 기간 퇴직연금이 쌓여도 1~2억 원이니 현재 보유한 2억 원의 연금 자산에 2억 원 정도 더하면 4~5억 원 정도가 확보 가능한 금액입니다.

이는 납입 원금을 기준으로 살펴본 것이고, 여기에 원금을 불려주는 운용 수익이 있습니다. 상황에 따라서는 손실이 날 수도 있지만 일단은 수익이 난다고 생각해보겠습니다. 적극적으로 운용해 향후 10~15년 동안 연 7%의 운용 수익이 생긴다면 현재 보유한 2억 원은 4~5억 원으로 불어날 수 있습니다. 또한 매년 900만 원씩 15년 납입한 개인연금(연금저축, IRP) 잔고는 7% 운용 수익과 만나 약 2.3억 원이 됩니다. 여기에 15년간 퇴직연금을 운용한 결과로 약 2억 원을 포함하면 9억 원 정도는 확보할 수 있습니다.

시간에 투자하라

앞서 현재 2억 원의 연금 잔고를 가진 40~50대도 지금부터 매월 75만 원씩 연 900만 원을 연금저축에 납입하고 회사를 계속 다니면, 15년 뒤에는 10억 원 전후로 확보할 수 있다는 가능성을 보여드렸습니다. 물론 연 7% 수익률을 확정 수익률로 가정하는 것이 비현실적이라는 반론이 있을 수 있습니다. 맞는 말입니다. 세상에 확실한 게 어디 있겠습니까.

일단 미국 시장의 대표 지수(S&P500)를 대상으로 40년간 수백 번의 백테스팅을 해봤습니다. 15년, 20년, 30년간 적립식으로 자산을 운용했다고 가정하고 매월 투자 시점을 바꿔가면서 테스팅한 결과, 연평균 약 7%에 수렴하는 것을 확인했습니다. 평균이 아니라 최악의 사례도 추적한 결과, 30년 정도 투자하면 최악의 성과도 연 6%에 도달했습니다. 미국이

Reference

연평균 수익률과 최종 자산 평가액 구하기

연 7% 수익률이면 2억 원이 10년 후에는 4억 원이 되고, 15년 후에는 5억 5,000만 원이 됩니다. 10년 후 최종 자산 평가액을 산출하는 산식은 현재 원금 2억 원에 (1+7%)^(10년)을 곱하면 됩니다. 역으로 최종 자산 평가액으로 기하평균 수익률 7%를 구하려면 (5.5억 원÷2억 원)^(1÷15)-1로 계산합니다.

72의 법칙을 이용하면 상당히 직관적이죠. 72의 법칙은 투자금이 2배가 되는 시간이라고 보면 되는데, 예를 들어 연평균 기대 수익률 7%로 72를 나누면 10.28이 나옵니다. 즉 10.28은 7%로 운용 시 2억 원이 4억 원이 되는 연도 수입니다. 만약 수익률이 7%가 아니라 3%면 원금이 2배가 되는 시간은 72÷3로 24년이 걸립니다. 보통 7%로 10년이면 2배, 20년이면 약 4배(287%), 30년이면 7배 이상(660%)이라고 생각할 수 있습니다.

일시납이 아니라 매월 납입하는 적금이나 적립식은 구글이나 네이버에서 적립식 계산기를 검색해 계산해보면 됩니다. 예를 들어 검색 결과 상단에 있는 fical.net 계산기로 매월 50만 원씩(연 600만 원), 30년 납입, 7% 수익률인 경우를 계산하면 원금은 1억 8,000만 원, 최종 금액은 5억 8,825만 원으로 산출됩니다.

적립식 복리 계산기 예시

최근 40년 동안 호시기였기에 가능한 결과일 수도 있습니다. 이와 관련해서는 7장에서 좀 더 자세히 다룰 것입니다.

미국이 호시기였다면 최악의 국가는 아마 일본이지 않을까 생각됩니다. 잃어버린 30년이라고 부를 만큼 심각한 디플레이션의 늪에서 장기간 헤어나오지 못했죠(1995년 GDP 5.5조 달러 → 2023년 GDP 4.2조 달러). 일본 주가 지수인 니케이225는 1989년 말 최고점 39,000을 찍었지만 2010년 전후로 마이너스 80%까지 폭락했다가 지금은 다시 상승해 1989년의 최고점에 안착한 상황입니다. 약 35년 만에 제자리를 찾은 것입니다.

만약 1989년 최고점에서 매월 50만 원씩 니케이에 투자했다면 누적 투자 원금은 2억 1,000만 원, 현재 총 평가 금액은 5억 3,000만 원이 되어 있을 겁니다. 장기 적립식 투자를 했다면 그사이 지수가 반토막 이상 났다가 제자리를 찾아왔어도 누적 수익률은 약 150%입니다. 이를 연평균 수익률로 계산하면 약 연 2.6%가 됩니다. 증시 역사상 최악의 시점에 투자했다고 후회막심했겠지만 약 30년이 지나고 보니 지수는 제자리인데도 원금은 2.5배로 불어난 것입니다.

연령대를 낮춰 한국의 20~30대를 대상으로 살펴볼까요? 당연한 결론이지만, 30년 정도 계획해서 실천하면 연금 백만장자가 되는 것이 어렵지 않습니다. 일단 연금저축계좌에 600만 원씩(월 50만 원) 30년을 납입하고 운용 수익이 연 7%만 보장된다면 30년 뒤 약 6억 원을 확보할 수 있습니다.

퇴직연금의 경우 회사를 다니면 1년 뒤부터 회사가 연봉의 12분의 1을 매년 본인의 퇴직연금계좌로 납입해줍니다. 확정기여형 DC계좌를 기준으로 만약 30년 평균 연봉을 4,000만 원이라 가정하면 333만 원씩 매년

잃어버린 30년, 일본의 적립투자 성과

퇴직연금으로 납입된다는 의미입니다. 이 역시 연 7%의 성과가 수반된다면 30년 뒤 약 3억 원이 확보돼 있을 겁니다. 결국 회사 열심히 다니고 급여에서 50만 원씩만 적립한다면 30년 뒤 9억 원을 달성할 수 있다는 것이죠. 미국의 연금 백만장자들도 같은 경로로 100만 달러를 모은 것입니다. 피델리티의 보도자료에 실린 연금 백만장자들에 대한 통계를 살펴보면 그들은 현재 평균 나이 59세이고 401K 퇴직연금계좌에 평균 26년 동안 연간 급여의 17%를 납입해왔다고 합니다. 딱 맞아떨어지지 않나요.

결국 백만장자라는 지위가 미국인만이 가진 특별한 혜택이나 비법도 아니라는 점을 기억해야 합니다. 매우 단순한 행위를 기계처럼 반복했을 때 달성하는 결과입니다. 머리가 비상한 사람만 연금 백만장자가 되는 것은 더더욱 아닙니다. 주변에 머리가 좋은 사람들이 수익이 나는 족족 팔아버리는 것을 볼 수 있을 겁니다. 눈앞의 이익만 본다면 투자를 잘하는 것처럼 보여도 결국 그렇게 자산을 운용해서는 돈을 벌 수 없습니다.

머리 회전보다는 묵직하게 기다리는 성향이 중요합니다.

MZ세대는 현재 20대 초반에서 40대 초반까지 해당됩니다. 이들이 살아가는 투자 환경은 과거 선배들이 살아온 투자 환경보다 훨씬 낫습니다. 일단 10년 전만 하더라도 연금저축의 세액공제 총 한도가 400만 원이었는데 지금은 900만 원으로 늘어났습니다. 거기에다 16.5%의 세액공제를 해주니 약 100만 원 이상의 이익도 매년 얻을 수 있습니다. 매년 600만 원씩만 납입하더라도 납세해야 할 세금 중 최대 99만 원을 돌려받습니다. 어떤 사람은 지금의 세액공제 혜택을 1년마다 지급되는 13.2~16.5%의 정기예금 이자라고도 표현하더군요. 사람마다 상황이 다르다 보니 가장 긍정적인 시나리오를 기반으로 설명드린 것입니다.

분명 연금은 좋은 제도입니다. 젊은 사람일수록 비트코인계좌나 주식계좌를 개설할 게 아니라 연금제도의 어깨에 먼저 올라타는 것이 똑똑한 선택입니다. 5년 이내 목돈을 만들 용도라면 ISA연금 이전도 가능한 ISA 절세계좌를 활용해도 좋습니다. 이런 얘기들은 책에서 계속 반복될 것입니다.

기성세대들은 중간 정산이나 중도 인출 같은 온갖 유혹에 못 이겨 퇴직연금을 깼습니다. 요즘에는 퇴직금이나 퇴직연금의 중간 정산도 막혔고 중도 인출도 쉽지 않습니다. 여러모로 MZ세대에게는 연금 백만장자가 될 수 있는 환경이 잘 조성돼 있습니다.

미국의 젊은 직장인들 사이에서는 '401K 백만장자(401K Millionaire)'가 목표인 챌린지가 확산되고 있습니다. 레딧과 같은 공유 채널들을 통해 투자 정보를 교환하고 서로를 독려하며 응원하는 모습도 쉽게 볼 수 있습니다. 우리나라라고 연금부자 미국인의 성공 루트를 따라가지 말란 법은 없습니다. 연금 백만장자는 한국에서도 충분히 현실성 있는 목표입니다.

위대한 투자자 찰리 멍거(Charlie Munger)는 "큰돈은 사고파는 데 있지 않고, 기다리는 데 있다."고 말했습니다. 고수익을 올리는 데는 생각보다 많은 노력이 필요하지 않습니다. 계획대로 실천하고 기다리는 것이 전부입니다.

2
노동 없이 받는 월급

노후에 필요한 것은 부동산보다 현금

2023년 가계금융복지조사 통계자료를 보면 국내 순자산 기준으로 상위 20%(순자산 5분위)의 평균 순자산은 약 13억 5,000만 원이고, 연간소득은 1억 2,000만 원입니다. 순자산 13억 5,000만 원은 달러로 100만 달러에 해당됩니다. 즉 우리나라 순자산 상위 20%의 평균이 백만장자라고 볼 수 있습니다.

이 상위 20%의 자산을 열어보면 자산의 80%가 부동산이고, 20%가 금융 자산이라는 흥미로운 특징을 확인할 수 있습니다. 거주 주택과 기타 부동산이 11억 원 정도이고 예적금과 보험, 전월세보증금 등이 3억 원 정도라는 의미입니다. 반면 미국인의 평균 가계 자산 중 비금융 자산(부동산 등) 비중은 약 30%이고 주식, 채권, 펀드, 연금, 예금 등 금융 자산들이 70%로 구성돼 있습니다. 완전히 반대의 구성입니다.

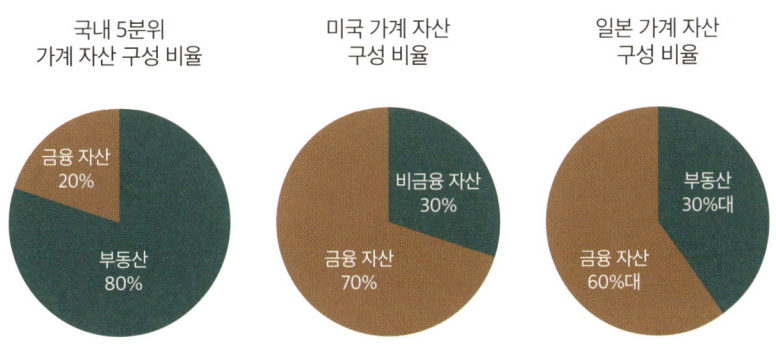

1950년대 이후 미국의 데이터를 살펴보면 미국인은 금융 자산을 항상 60% 이상 유지했다는 것을 확인할 수 있습니다. 가계 내 부동산 비중이 가장 높았던 시기는 인플레이션이 급등했던 1979년 전후, 또 서브프라임 모기지 사태가 터지기 전인 2005년 전후였습니다. 당시에도 가계 내 부동산 비중은 최대 39%였습니다. 미국은 자본주의의 상징인 국가답게 주식과 채권, 펀드 등 금융 시장에 대한 국민들의 신뢰가 대단하다는 것을 알 수 있습니다.

일본의 형편은 조금 다릅니다. 일본의 평균 가계 자산의 흐름을 보면 1990년 초 가계 자산에서 차지하는 비금융 자산(부동산 등)의 비중은 약 65%였고, 금융 자산의 비중은 35%였습니다. 하지만 지금 일본의 상황은 완전히 역전된 상태입니다. 부동산의 비중이 30%대이고 금융 자산의 비중이 60%대입니다. 부동산 자산의 보유 비중이 30년간 하락하고 예금의 보유 비중이 늘어난 것은 부동산 가격이 하락하고 사람들의 인식이 변화했기 때문입니다. 부동산 가격의 하락이 인식의 변화를 이끈 유일한 동력은 아닙니다. 주거 및 생활 패턴의 변화에 따라 렌트의 개념이 확산된 데다 부동산은 반드시 오른다는 신화가 사라지다 보니 언제든 사고 싶을 때 대출을 활용해 사는 쪽으로 바뀐 것입니다.

한국도 가계 자산의 비중이 서서히 바뀔 것입니다. 일본처럼 부동산의 가치가 녹아내려서 또는 인구구조상 수요가 낮아지기 때문일 수도 있겠지만 무엇보다 현재의 자산 비중으로는 은퇴 후 소득이 끊겼을 때 살아남지 못하기 때문입니다. 최근 한국의 주택연금 가입자 수가 2018년 말 6만 명 수준에서 2023년 말 12만 명을 돌파한 것을 보면 현금 흐름이 없는 실물 자산의 과잉이 가져온 자연스런 결과라고 생각됩니다.

결국 한국의 백만장자라는 신화는 실물을 쌓아 이룬 결과일 뿐, 현금이 넉넉한 상황은 아닙니다. 또 예기치 못한 은퇴로 인해 고정소득이 끊긴다면 노후에 유동성 문제에 직면할 가능성이 큽니다. 혹여 그때까지도 자녀 교육비와 대출이자 부담이 큰 상황이라면 소비를 급격히 줄이면서 자산을 매각해야 하는 난감한 상황에 직면할 수도 있습니다.

돈이 일하게 하라

만약 부동산과 같은 실물 자산이 아니라 연금과 같은 금융 자산으로 10억 원이 있다면 어떨까요. 예를 들어 10억 원을 현재 한국 국채 10년물에 투자한다면 약 3%의 쿠폰금리를, 달러로 환전해 미국 국채 10년물에 투자한다면 반기마다 연 4%의 이자를 받습니다. 즉 10억 원으로 연 3,000만~4,000만 원의 현금 흐름을 만들고 국채인 만큼 만기 보유 시 원금도 보호받습니다. 은퇴 전 평균 근로소득이 6,000만 원 정도라면 50%

이상의 소득 대체 효과를 얻는다는 의미입니다. 65세가 되면 국민연금도 지급될 테니 월평균 100만 원 이상을 기대할 수 있습니다.

만약 이 정도의 금액이 부족하다면 퇴직연금에서 퇴직금이 우선 인출된다는 점을 활용해 금융소득종합과세 부담 없이 인출할 수 있습니다. 운용 수익을 제외한 회사납입금(퇴직금)이 남아 있다면 금융소득종합과세에 대한 부담 없이 현금을 확보할 수 있습니다. 하지만 한국 은퇴자들의 대다수가 퇴사할 때 퇴직금을 일시금으로 출금하는 것이 현실입니다.

좀 더 적극적인 배당 운용에 대해 살펴보겠습니다. 그동안 모아뒀던 개인연금과 퇴직연금으로 은퇴 후에 배당형 포트폴리오를 구성할 수도 있습니다. 당장은 국채 금리가 높아 좋은 환경이지만 금리는 언제 내려갈지 모르는 변수에 해당합니다. 배당형 포트폴리오는 보통 국채와 회사채 등 채권 자산, 배당이 높고 사업이 안정적인 고배당 주식 그리고 부동산 리츠, 안전한 확정 금리인 예금 등으로 구성하는 것입니다.

물론 채권은 금리에 따라 위아래로 움직이고 고배당 주식도 시장 상황에 따라 흔들리긴 하지만 테크놀로지 주식처럼 크게 널뛰지 않습니다. 그리고 경기 사이클(Business Cycle)에 따라 가격이 움직이다 보니 10년, 30년 놓아두면 우상향의 자산 가치 상승을 기대할 수 있습니다.

본인의 위험 성향에 따라 배당 수익률을 낮게는 3%, 높게는 7% 수준으로 구성할 수 있으며 국채 투자보다 몇천만 원 높은 현금 흐름을 기대할 수도 있습니다. 또 장기간 투자에 따른 가격 상승으로 투자 원금이 불어나는 덤도 기대할 수 있습니다. 안정적인 국채나 예금에 자산을 박아두는 것보다 배당 포트폴리오를 운용하는 것이 매력적인 이유입니다.

위대한 투자자 워런 버핏은 "잠자는 동안에도 돈이 들어오는 방법을

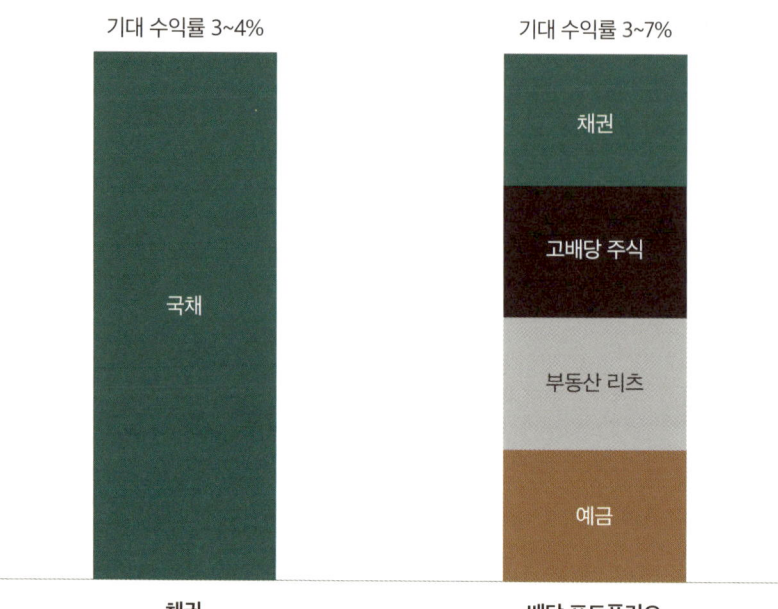

찾아내지 못한다면 당신은 죽을 때까지 일을 해야만 할 것이다."라고 말했습니다. 지금 우리가 살펴보는 연금의 국채 투자나 배당 포트폴리오 투자가 곧 잠자는 동안에도 돈이 들어오는 대표적인 방법입니다.

이렇듯 연금은 현금 흐름이자 노후에도 일하지 않고 돈을 버는 것을 의미합니다. 그런데 사람들에게 연금저축에 대해 물어보면 연말정산 세액공제로만 생각하는 경우가 많습니다. 그렇다 보니 적극적으로 운용하기보다 원리금이 보장되는 예금 같은 것에 묵혀둡니다. 심지어 연금저축을 권유하는 금융회사 직원들도 원리금 보장으로 운용하는 경우가 많습니다. 물론 그런 방식이 꼭 나쁘다는 말은 아닙니다.

연금은 크게 두 구간으로 구분 지을 수 있습니다. 첫 번째는 돈을 불리는 구간, 두 번째는 돈을 벌고 소비하는 구간입니다. 보통 젊을 때 연금에 돈을 납입하면 돈을 쌓는다고 생각하는데, 저는 더 적극적인 개념으로 생각합니다. 대략 20~30년에 달하는 납입 기간의 투자를 통해 복리효과를 극대화해야 하며 돈을 불려야 하는 구간이 돼야 합니다.

은퇴 후에는 복리효과로 불린 연금 자산에서 4% 수준의 배당이 나오는 생산구조로 만들어야 합니다. 쌓인 원금을 인출하는 개념이 아니라 운용 수익을 통한 배당현금 흐름을 인출하자는 것입니다. 그러면 연금 자산 자체는 크게 훼손되지 않을 것입니다. 또 노후에 큰돈이 들어가야 할 때 일부 인출하면 되고, 죽기 전까지 다 못 쓰고 남으면 상속이나 증여를 하면 됩니다.

즉 기존 연금의 개념이 젊어서 쌓고 은퇴 후 빼서 쓰는 수동적 의미였다면, 이제는 젊어서 돈을 적극적으로 불리고 은퇴 후엔 젊을 때 불린 돈이 돈을 버는 적극적 생산 기제로서의 연금으로 재해석한 것입니다.

여러분은 돈으로 살 수 있는 가장 가치 있는 것이 무엇이라고 생각하나요? 정답은 없습니다만 개인적으로는 경제적 자유라고 생각합니다. 물론 비용과 시간이 많이 소요되는 가치입니다. 경제적 자유란 생계를 위해 일할 필요가 없는 상태, 노동하지 않고도 정기적으로 소득이 발생하는 상태, 다른 사람에 의해 통제받지 않고 내 시간표대로 원하는 삶을 사는 상태를 의미합니다.

월급이나 연봉은 내 시간을 고용주에게 제공한 대가이고 경제적 자유는 노후의 내 시간을 내가 사두는 것이라고 생각합니다. 이는 꾸준히 돈을 버는 생산구조와 연결되며 노후에 내가 하고 싶은 일을 할 수 있는 출발점이기도 합니다. 저는 여러분이 젊어서 납입하고 세액공제를 받고 돈을 불리는 것만이 중요한 것이 아니라, 은퇴 후 생산수단을 완성시키고 궁극적으로 경제적 자유의 가치를 달성할 수 있는 수단으로서의 연금에 공감하길 바랍니다.

■ **연금의 생애**
① 돈을 불리는 구간: 20~30대에 시작해 은퇴 전 60세 전후까지
  - 복리효과 극대화가 목표, 연평균 7%가 적정
  - 늦었다 생각하지 말고 적은 돈이라도 꾸준히 납입, 주식형을 중심으로 적극적으로 운용

② 돈을 버는 구간: 은퇴 이후 죽을 때까지
  - 꾸준한 배당현금 흐름과 절세효과 극대화가 목표, 연평균 4% 전후가 적정
  - 종합소득세 허들을 넘지 않도록 인출하고 소비, 다양한 인컴 자산으로 분산 운용

평생 월급 받는
연금투자의 원리

3
연금은 결국 집중 투자와 자산 배분

성공 투자는 효율적인 자산 배분이다

흔히 사랑은 타이밍, 투자도 타이밍이라는 말을 합니다. 그런데 살다 보니 사랑이 타이밍인지는 잘 모르겠습니다. 타이밍 때문에 놓친 거라면 애초에 인연이 아니었겠죠. 타이밍이 아니라 매 순간 자신에게 솔직할 수 있는 용기가 가장 중요하지 않았나 싶습니다. 투자도 타이밍이 중요하다고 하는데 맞는 말입니다. 물론 한두 번 타이밍을 맞출 순 있어도 두 번, 세 번 연속으로 맞추는 경우가 희박한 게 문제죠. 만약 연속 세 번의 저점과 고점의 주가 타이밍을 맞춘 사람이라면 이미 역사적인 부자가 돼 있을 겁니다. 물론 큰돈을 투자할 만큼의 용기도 있어야겠죠.

1986년 미국에서는 〈포트폴리오 성과의 결정 요인〉이란 제목의 논문이 발표됐습니다. 5페이지밖에 안 되는 내용으로 저널에 실렸는데 그 내용을 살펴보면 미국 내 대형 펀드 100여 개를 선별해 10년간의 분기별 성과를 기반으로 회귀분석을 실시한 결과를 보여줍니다. 논문의 핵심은 자산 배분이 자산 운용 성과의 93.6%를 결정한다는 것입니다. 보통 사람이라면 좋은 성과의 펀드나 투자 상품을 보면서 펀드 매니저의 뛰어난 종목 선정 능력이나 귀신처럼 고점과 저점을 잡아내는 마켓 타이밍 예측 능력이 펀드의 성과를 차별화한다고 생각할 것입니다. 하지만 논문에서는 그런 것들이 펀드 성과에 약 10%도 기여하지 못한 것으로 설명합니다. 논문 발표 이후에도 여러 테스트가 진행됐고 상황에 따라 정도의 차이는 있으나 결국 자산 배분의 성과 기여도가 가장 높다는 결론입니다.

자산 배분이란 주식과 채권, 실물 자산, 현금 등에 적절하게 배분하는 것입니다. 좀 더 세분화하면 주식은 선진국과 이머징 마켓으로, 또는 각 국가나 섹터 및 스타일로 구분할 수 있습니다. 채권은 투자 등급과 채권 만기, 발행 주체 등에 따라 구분되기도 합니다. 실물은 부동산뿐만 아니라 원자재, 즉 원유와 금, 구리, 농산물로 구분됩니다.

자산 배분은 2가지로 구분됩니다. 먼저 정적인 자산 배분은 본인이 선호하고 유망하다고 생각하는 자산 중심으로 투자 비중을 꾸준히 유지하는 것이고, 동적인 자산 배분은 시의적절하게 비중을 조절하는 것입니다. 자산 배분과 관련해서는 워런 버핏의 스승이라고 알려진 벤저민 그레이엄(Benjamin Graham)의 5:5 포트폴리오 투자(주식 50%, 채권 50%) 또는 6:4 포트폴리오 투자(주식 60%, 채권 40%)가 유명합니다. 1950년대에는 현대 포트폴리오 이론의 아버지로 불리는 해리 마코위츠(Harry Markowitz)라는 사람이 등장해 포트폴리오 이론을 구체적으로 소개했고 이후 효율적인 포트폴리오 구성에 대한 다양한 시도가 지금까지 이어지고 있습니다.

초장기 투자의 승자는 결국 주식

저는 효율적인 포트폴리오 이론에 대해 소개할 생각도 없고, 또 그렇게 복잡하게 투자하라고 권할 생각도 없습니다. 물론 목표 수익률이 분명하고 제한된 범주 내에서 운용해야 하는 기관이라면 포트폴리오 모델이 필요합니다. 하지만 개인, 특히 초장기 연금투자를 통해 돈을 불리려는 사람에게는 적합하지 않다고 봅니다. 일단 지나치게 복잡하고 손이 많이 갑니다. 오히려 인덱스의 아버지라 불리는 존 보글(John Bogle)의 말처럼 위험(변동성)을 친구처럼 생각하고 모든 주식을 소유하고 보유하는 것이 최선의 돈 불리기 전략이라고 믿습니다.

앞서 말했듯이 종목 선별이나 마켓 타이밍보다 자산 배분이 운용 성과를 결정짓는 가장 중요한 요인이란 점에 대해 의심하지 않습니다. 다만 20~30년을 염두에 두고 초장기 투자를 하는 사람에게는 주식과 채권, 부동산 등에 자산을 배분하라고 조언하지 않습니다. 물론 투자자의 성향을 반영해 여러 자산으로 배분할 수도 있지만 그 대상이 내 딸아이라면 그냥 주식에만 장기 투자하라고 할 것입니다.

단기적으로 보면 주식이 채권보다 위험한 것이 맞습니다. 하지만 시간을 길게 보면 장기 인플레이션에 따른 자산 침식을 방어하고 구매력을 보전하는 데 주식만 한 자산이 없습니다. 제러미 시걸(Jeremy Siegel) 교수는 《주식에 장기 투자하라》에서 지난 200년 이상의 데이터를 기반으로 주식과 장기 채권, 단기 채권의 표준편차를 보유 기간별로 추적했습니다. 그 결과, 보유 기간이 20년 이상 넘어가면 주식이 장기 채권이나 단기 채권보다 표준편차가 낮아지는 것을 확인할 수 있습니다.

시걸 교수는 실질 수익률도 추적했는데, 주식을 20년 보유했을 때 최고 수익률은 연평균 12.6%, 최저 수익률은 1.0%였고, 30년 보유했을 때 최고 수익률은 연평균 10.6%, 최저 수익률은 2.6%였다고 합니다. 반면 채권은 20년 보유 시 최고 수익률이 연평균 8%대이고, 최저 수익률이 -3%대였습니다. 결국 200년 이상의 회귀분석 결과, 주식을 20년 이상 보유했을 경우 손실이 난 적은 없고 최악의 상황에서도 연평균 1% 이상의 성과를 얻었다고 볼 수 있습니다. 그에 반해 채권은 연평균 -3%라는 손실을 경험할 수 있다고 해석됩니다.

저도 시걸 교수의 회기분석 데이터가 의심스러워 미국, 한국, 일본을 대상으로 30년간의 데이터를 롤링 백테스팅을 해봤습니다. 그 결과도 마찬가지로 주식은 장기 투자 시 어느 시점에 진입하더라도 연평균 플러스 성과를 달성했습니다. 이처럼 주식이라는 자산의 경우 위험과 보상이라는 역상관성의 개념이 초장기라는 시간 앞에 의미가 없다는 것을 알 수 있습니다. 참고로 아래에 백테스팅 결과를 표로 정리했습니다.

중장기 투자 기간별 연평균 수익률
(분기 단위 미국 S&P500에 적립식 투자 가정, 단위: %)

구분	5년	10년	15년	20년	25년	30년
최고 수익률	31.89	20.31	16.18	13.71	9.01	7.37
최저 수익률	-6.82	-0.90	1.41	3.94	4.92	6.01
평균 수익률	7.46	7.09	7.08	6.57	6.29	6.74

※ 대상 기간: 1980년 1월~2024년 7월. 배당 재투자된 S&P500지수 대상(비용 반영 안 됨)
※ 분기 단위 적립식 투자 및 환오픈을 가정한 분석

연금으로 돈을 불리겠다는 목적으로 초장기 투자를 계획한다면 주식을 중심으로 채우되 선진국과 이머징 마켓, 테크놀로지 섹터 등으로 이미 분산된 펀드로 구성하면 됩니다. 부동산 섹터나 채권 자산은 본인이 유망하다고 생각되거나 안정성을 추가로 확보하고자 할 때 추가하면 됩니다. 이때 비교 과정을 반드시 거쳐야 합니다. 비교 대상은 벤치마크 지수와 동종 유형 그룹이 될 것입니다. 1년 이내의 단기 성과가 아니라 3년 이상의 성과를 비교하고 비교 기간이 길수록 좋습니다. 또 변동성을 통해 위험 대비 성과도 반드시 비교해야 합니다. 10년, 20년 투자해야 하는 대상을 조급하게 생각해 3개월, 6개월 성과로만 판단해선 안 됩니다.

투자할 때는 반드시 충분히 검증된 성과만을 판단 기준으로 삼아야 합니다. 또한 지금 주목받는 펀드나 ETF는 되도록 멀리하길 바랍니다. 돌이켜보면 브릭스(BRICS) 투자, 브라질 채권, 베트남 투자, 4차 산업 혁명, 2차 전지 테마, 메타버스 등처럼 당시에 무섭게 떠오르던 테마도 시간이 지나 결국 시들어버리고 아무도 거들떠보지 않더군요.

적극적 투자와 보수적 운용의 합

앞서 연금을 크게 2가지 구간으로 구분했습니다. 돈을 불리는 시기와 돈을 벌면서 소비하는 시기입니다. 쉽게 말해 돈을 불리는 시기는 돈을 납입하는 30년이고, 돈을 버는 시기는 돈을 인출하는 30년이라고 보면 됩니다. 태어나 부모와 학교의 보호를 받으며 30여 년을 자라고 배운 이후에는 30년간 열심히 일하고 사랑하고 연금 저축하고, 이후 30년 이상은 자신이 원하는 삶을 자유롭게 살고 마무리하는 것입니다.

연금을 중심으로 구분되는 이 2가지 구간의 포트폴리오는 달라야 합니다. 돈을 불리는 시기에는 되도록 주식시장을 중심으로 적극적으로 투자하고, 불린 돈을 인출하면서 생활하는 시기에는 배당 포트폴리오를 중심으로 보수적으로 운용해야 합니다. 목표 수익률도 돈을 불리는 시기에는 연 7%가 적합하고, 돈을 인출하는 시기엔 4% 이하가 적합하다고 봅니다. 자칫 돈을 인출하는 시기에 지나치게 성장 주식을 중심으로 운용한다면 노후생활에 문제가 커질 수 있습니다.

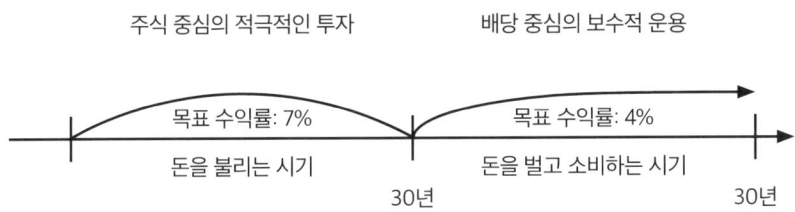

연금 설계를 시작할 때는 가장 먼저 목표 금액을 설정합니다. 자신의 현실을 반영해 매월 또는 분기, 매년 기준으로 납입할 수 있는 금액을 고민해야 합니다. 무엇보다 꾸준히 납입하는 것이 가장 중요합니다. 이때 일반계좌가 아니라 연금계좌를 활용하는 것은 납입 기간 동안 세금이 부과되지 않아 복리효과를 극대화할 수 있기 때문입니다. 또한 부수적으로 매년 100만 원 전후의 세액공제의 혜택도 기대할 수 있습니다.

이후 꼬박꼬박 납입하고 기대 수익률 연 7%가 실현된다면 연금 백만장자도 가능합니다. 물론 매년 계단식으로 7%의 수익이 누적되는 것은 아닙니다. 어떤 해는 오르고, 어떤 해는 내리기도 할 겁니다. 하지만 앞서 데이터를 통해 주식시장은 상승과 하락의 과정을 거치면서 우상향해 왔다는 것을 확인했습니다. 과거 데이터 분석에 대한 믿음이 흔들리면 여기저기 기웃거리면서 종목 선별이나 마켓 타이밍에 의존하기 시작하고, 그때부터 연금계좌는 예금보다도 못한 성과에 머물 수 있습니다.

단순하고도 기계적인 납입 과정을 10년 이상 실천하다 보면 돈이 불어날 것이고 자신의 목표를 달성했다면 은퇴 이후 경제적 자유의 길에 들어서게 됩니다. 이때부터는 돈을 인출하고 소비하는 시기입니다. 이제부터는 세금이 부과되기 때문에 세금을 최소화하도록 현명한 인출 플랜을 수립해야 합니다. 이 설계에 따라 세율 차이와 부수적인 비용 차이가 상당히 커지므로 납입할 때보다 인출할 때 더 신중하게 계획을 세워야 합니다.

보통 인출 시기를 소비하는 구간으로 말하는데, 한편으론 돈을 버는 시기라고 말할 수 있습니다. 이때부터는 자산의 안정성이 중요하므로 적극적으로 자산 배분을 하고 목표도 약 4%의 배당현금 흐름이 나오도록 포트폴리오를 구축해야 합니다. 그러면 납입 기간 동안 불린 돈이 배당의 원천이 되어 남은 시간은 돈을 소비하는 시기이자 돈을 버는 구간이 됩니다. 단, 돈을 번다고 해도 일종의 월급처럼 꾸준한 현금 흐름을 확보했다는 의미일 뿐, 투자로 큰돈을 불린다는 의미는 아닙니다.

이제 어떻게, 무엇으로 포트폴리오를 구성할지 고민될 것입니다. 먼저 자산들의 과거 성과, 배당, 변동성(표준편차)을 확인해야 합니다. 다음 표를 보면 구간 연평균 수익률은 2012년을 기준으로 구분했습니다. 2000년부터 2012년까지는 이머징 마켓이 연평균 8.8%로 선진국 대비 우수했고, 2013년부터 현재까지는 미국 시장이 압도적인 성과를 나타내고 있습니다. 주식투자 시 기대할 수 있는 배당 수익률은 2% 전후이고 변동성은 선진국과 이머징 마켓이 비슷한 수준입니다. 반면 배당주와 리츠, 골드는 꾸준한 성과를 보여주고 있고, 배당주는 변동성이 상대적으로 낮지만 리츠의 변동성은 상당히 높습니다. 배당 수익률은 일반주식 대비 당연히 높게 유지됩니다. 채권은 2013년 이후 수익률이 1%대로 낮아졌습니다. 변동성은 주식보다 현저히 낮습니다.

어떤 자산의 수익률이 높은지 낮은지를 따지기 전에 자산들의 속성을 찬찬히 들여다보길 바랍니다. 앞으로 구체적으로 다룰 예정이므로 포트폴리오에 대해 자세히 설명하진 않겠지만 돈을 불리는 시기에는 주가지

주요 자산들의 구간 연평균 수익률 및 변동성, 배당, 밸류에이션 (단위: %)

구분	지수명(Index)	구간 연평균 수익률		변동성	배당 수익률	PER(배)
		2000~2012년	2013년 1월~2024년 8월			
주가지수	MSCI All Country Index	2.4	10.6	15.3	1.5	22.5
	MSCI Emerging Market	8.8	3.2	16.0	2.4	12.0
	미국S&P500 (SPX)	1.7	14.6	16.6	1.3	27.5
	나스닥100 (NDX)	-2.1	19.9	21.9	0.6	37.6
배당주식	미국다우존스배당100지수	9.7	13.4	14.7	2.8	17.1
채권지수	미국종합채권지수	6.3	1.6	6.4	3.4	-
	미국하이일드 채권지수	6.0	4.5	7.6	5.8	-
부동산	All REITs지수 (FTSE NAREIT)	12.4	8.0	20.2	3.9	26.3
골드	국제 금 현물가격(런던 PM)	14.3	3.6	-	-	-

※ 연평균 수익률은 배당을 반영한 총수익률로, 연평균 기하 수익률로 산출, 변동성은 3년 주간 데이터 기준(출처: Bloomberg)
※ 2024년 8월 말 기준, 배당 수익률과 PER은 해당지수를 벤치마크하는 대표 ETF의 데이터를 참조
※ 미국채권지수: Bloomberg US Agg Bond Index, 하이일드지수: Markit iBoxx USD Liquid High Yield Index

PART 1 연금이란 무엇인가

수, 즉 주식을 중심으로 투자해야 하고, 미국과 선진국 그리고 이머징 마켓으로 분산해 투자해야 합니다. 또한 돈을 벌면서 소비하는 구간에서는 배당현금 흐름과 변동성 관리가 우선인 만큼 채권과 배당주식, 부동산 리츠 등을 중심으로 운용하고 주식은 적당한 범위 내에서 노출시켜야 합니다.

　돈을 불리는 시기보다 돈을 인출하는 시기일수록 편입해야 할 종목 수도 많아지고 포트폴리오를 구성하는 데 더 복잡할 수 있습니다. 역설적이게도 이 시기에 고배당에 집착해선 안 됩니다. 예를 들어 파생상품 옵션을 이용해 배당 수익률을 10% 전후로 높인다거나 재무 리스크가 큰 고배당주와 리츠가 고배당을 주는 경우, 또는 신용 위험이 큰 회사채가 높은 이자를 제공하는 것도 대표적인 미끼들입니다. 노후에 배당 수익률이 아무리 낮아져도 미끼를 덥석 물면 안 됩니다. 배당 수익률은 때에 따라 2%가 될 수도 있고, 5%가 될 수도 있습니다. 시장의 정상적인 금리와 배당 수준을 고려해 포트폴리오를 구성하고 무리한 욕심을 내면 안 됩니다.

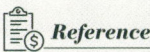
Reference

900만 원씩 30년은 9억 원

- **매년 900만 원씩 30년 투자로 9억 원 만들기**
  ① 연금저축계좌에 매년 900만 원(매월 75만 원) 납입
  ② 연평균 7%의 수익률이 기대되는 자산에 투자: 글로벌 주식형 펀드 중심
  ③ 30년간 실천하고 기다림

- **9억 원을 만드는 조력자들**
  절세는 곧 비용 최소화이고, 운용 기간 중 비용을 최소화하면 복리효과는 최대화됨
  ① 복리효과: 투자 원금 2억 7,000만 원. 최종 평가액 8억 5,000만~8억 8,000만 원 기대
  ② 과세이연: 30년 운용 기간 동안 비과세, 인출 시 저율 분리과세
  ③ 세액공제: 매년 세액공제로 148만 5,000원 또는 118만 8,000원

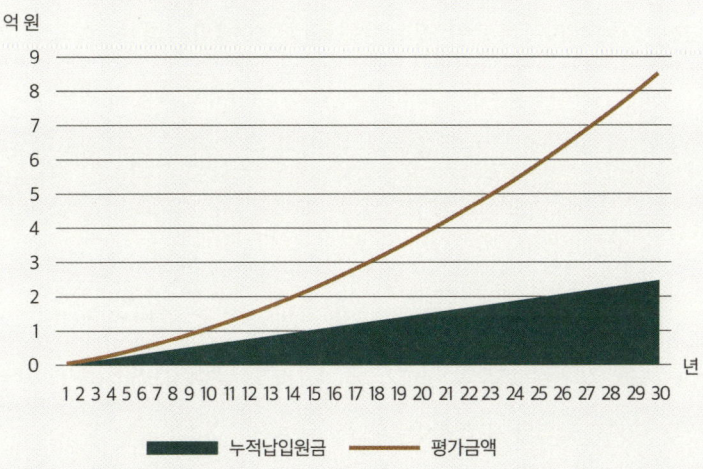

매년 900만 원 납입과 연 7% 수익이 만났을 때 기대 효과

PART 1 연금이란 무엇인가

4
중요한 것은 수익률이 아니라 수량

수익률은 충분조건, 납입액은 필요조건

　2024년에 은퇴한 미국의 케이시는 현재 59세입니다. 케이시는 26년 전인 1998년 말부터 2023년 말까지 매년 뱅가드자산운용의 S&P500 펀드(VFINX)에 1만 달러씩 투자해왔습니다. 입사 이후 매년 회사에서 401K 퇴직연금계좌로 1만 달러씩 납입해주고 그녀는 자동으로 뱅가드 S&P500 펀드를 매수하도록 설정해뒀습니다. 매년 나오는 배당금도 해당 펀드에 재투자했죠. 현재까지 납입 원금은 26만 달러이고, 그녀의 401K 계좌의 평가 금액은 2024년 6월 말 기준으로 약 122만 달러입니다. 총 누적 수익률은 약 370%, 연평균 수익률은 약 6%입니다.

　케이시의 사례를 두고 사람들은 펀드매니저가 워낙 운용을 잘했기 때문이라거나 S&P500지수가 많이 올라서 좋은 결과가 나왔다고 예상합니다. 일단 뱅가드 펀드는 미국의 대표적인 주가지수인 S&P500지수를 추종하는 패시브 스타일의 펀드입니다. 해당 펀드매니저들은 주가지수와 최대한 오차가 없도록 운용하고 관리하는 것을 목표로 삼습니다. 주가지수 대비 초과성과 달성을 목표로 삼는 액티브 스타일의 펀드매니저와는 지향점이 다릅니다.

일단 뱅가드 펀드는 펀드매니저가 마켓 대비 운용을 잘했다고 볼 수 없습니다. S&P500지수는 해당 기간 동안 크게 올랐고 배당 재투자를 감안해 약 610%의 수익을 달성했습니다. "케이시의 누적 성과는 370%인데, 패시브 펀드라면 610%가 돼야 하지 않나?" 네, 맞습니다. 케이시는 최초 26만 달러를 투자한 게 아니라 1만 달러씩 매년 분할 납입했기 때문에 수익률이 낮게 나오는 것입니다.

만약 케이시가 26년 전에 1만 달러만 매수하고, 추가 납입 없이 그대로 뒀다면 610%가 올랐으니 현재 자산은 약 7만 달러가 돼 있겠죠. 훌륭한 성과는 맞습니다. 그런데 26년 만에 7만 달러를 모았다면 큰 의미가 있을까요? 7만 달러는 경제적 자유를 얻기에는 턱 없이 부족한 금액입니다. 또는 케이시가 매년 1,000달러씩 투자했다고 가정해도 12만 달러가 됐을 겁니다. 한화로 1억 5,000만 원에 해당되는 금액으로 노후의 삶을 여유 있게 만들 순 없습니다.

수익률이 아무리 높고 투자 기간이 길어도 납입 금액이 작으면 100만 달러를 만들기가 쉽지 않습니다. 결국 100만 달러라는 돈, 또는 10억 원이라는 상징적인 숫자는 수익률로 달성되는 것이 아니라 매년 얼마를 납입했느냐가 결정합니다.

수익률은 예측하기 어려운 변수입니다. 특정한 해에는 20% 이상 급등하기도 하고, 어떤 해에는 -20% 급락하기도 합니다. 하지만 20~30년 장기 투자를 하면 주가지수의 연평균 수익률은 보통 연 7% 전후로 수렴합니다. 그렇다 보니 경제적 자유를 얻을 정도의 목표를 달성하려면 수익률이 충분조건이고, 납입액을 늘리는 것이 필요조건이라 할 수 있습니다.

즉 돈을 불리는 단계에서 무슨 펀드에 가입하고 언제 사고팔지를 고민하는 것은 시간 낭비라는 결론을 내릴 수 있습니다. 과시성 소비를 줄이고 납입액을 높이고자 고민하고 실천하는 것이 더 중요하다는 의미입니다. 따라서 투자자의 기질이 중요합니다. 케이시는 1998년 러시아 모라토리움, 2000년대 초반 닷컴버블과 엔론사의 파산, 2008년 글로벌 금융위기(이하 GFC), 2010년대 들어서는 유럽의 재정위기, 2020년 코로나 사태 등을 경험했지만 한 번도 펀드를 교체하거나 매도하지 않았습니다. 한번 물면 놓지 않는 근성이 무엇보다 필요합니다.

DC와 DB의 차이점

1만 달러, 우리나라 돈으로 대략 1,000만 원을 매년 납입하기란 결코 쉽지 않습니다. 물론 불가능한 일도 아닙니다. 일단 회사에 입사하면 1년 뒤부터 연봉의 12분의 1인 약 8.3%가 매년 퇴직연금에 적립됩니다. 여기서 말하는 퇴직연금은 DC형입니다. 반면 퇴직연금 DB형은 근로자 개인의 DC 계좌에 적립하지 않습니다. 회사에 적립해 회사가 책임지고 운용하고 퇴직 직전 3개월 평균 급여에 근속 연수를 곱해 지급합니다. 쉽게 말해 DB는 근로자가 딱히 고민할 게 없는 운용 방법입니다.

DC와 DB의 차이를 간단한 계산을 통해 알아보겠습니다. 만약 A라는 사람이 입사 후 월급 300만 원을 받다가 임금이 연 5%씩 상승했다면

20년 뒤 월급은 758만 원이고 여기에 20년을 곱한 최종 DB금액은 약 1억 5,000만 원입니다. 반면 DC는 매년 한 달 월급만큼 근로자의 계좌로 납입해줬으니 20년간 총 납입액은 약 9,900만 원 정도가 됩니다.

이렇게 비교하면 DB를 통해 얻는 자산이 더 커 보입니다. 하지만 위의 단순 계산 결과는 DC의 운용 성과를 반영하지 않은 총 납입액만 따진 것입니다. 특정 직급부터 임금 상승률이 급격히 둔화하는 것을 반영하면 또 결과가 달라질 수 있습니다.

DC와 DB의 운용 차이 예시

연차	월급여 (연 5% 상승)	DC형	DB형
1년	300만 원	회사 누적 납입금 9,920만 원 즉 연평균 약 500만 원을 근로자 계좌에 회사가 납입	근로자에게 지급하지 않고 회사가 책임지고 운용 관리
5년	365만 원		
10년	465만 원		
15년	594만 원		
20년	758만 원		
최종 퇴직연금 현황		1억 9,523만 원*	1억 5,162만 원**

*연평균 7% 수익률로 운용된 것으로 가정
**퇴직 전 3개월 평균급여 758만 원×근속 연수 20년

월 300만 원으로 직장생활을 시작하고 매년 5%의 연봉 인상을 경험한 사람의 20년간 DC납입액은 연평균 약 500만 원이 됩니다. 만약 A가 퇴직연금(DC와 DB) 이외에 연금저축계좌를 개설하고 연봉의 약 10%를 자발적으로 적립했다면 20년간 연금저축납입액 연평균 금액은 약 590만 원입니다. 결국 A는 사적연금인 퇴직연금 DC계좌와 연금저축계좌를 합해 연 1,000만 원 이상을 적립한 셈이 됩니다. 사회초년생일 때는 연간

1,000만 원을 납입하기가 힘들 수 있습니다. 하지만 시간이 지나 근속 연수가 늘어나면 자연스럽게 연간 1,000만 원을 납입할 수 있게 됩니다.

시장은 통제할 수 없지만 수량은 통제할 수 있다

연금계좌의 납입액을 늘리는 것은 곧 수량을 늘리는 것과 같은 맥락입니다. 예를 들어 펀드를 매수하거나 ETF, 또는 주식을 매수하면 매수 수량이 늘어납니다. 자산은 보유하고 있는 수량과 보유 자산의 가격으로 평가되므로 얼마를 납입했는지는 중요하지 않습니다. 연금계좌도 보유하고 있는 펀드의 기준가격과 보유 좌수를 곱해 계산하고 ETF도 보유 주식 수와 현재가로 평가하기 때문입니다.

기준가격은 수익률의 결과이고 수량은 펀드를 매수할 때마다 받는 좌수입니다. ETF의 경우에는 주식 수입니다. 당연히 기준가와 함께 수량이 커져야 평가액이 커질 것입니다. 하지만 기준가는 우리가 통제하거나 결정할 수 있는 것이 아니므로 우리의 의지에 의해 결정할 수 있는 것은 수량뿐입니다. 따라서 주식시장이 하락해 투자 대상의 가격이 하락한다면 수량을 늘릴 수 있는 좋은 기회를 얻는 것입니다. 반대로 가격이 상승하면 같은 금액으로 얻을 수 있는 수량이 줄어들겠죠. 예를 들어 주가지수가 1만 원일 때는 100만 원으로 100주를 살 수 있지만 8,000원일 때는 125주를 살 수 있습니다. 주가가 20% 빠진 대신 수량을 25% 더 살 수 있습니다. 주가지수가 더 내려가 5,000원이라면 주가는 50% 하락했지만 주식은 200주, 즉 100%를 더 살 수 있습니다.

이는 가격과 수량에 대한 간단한 이해를 돕기 위한 예일 뿐, 기업(개별 주식)의 물타기와 시장의 저가매수는 구분해야 합니다. 기업의 주가가 크게 하락했다면 물타기를 통해 주식 수도 크게 늘리고 평균 매입 단가도 낮출 수 있습니다. 하지만 개인이 기업의 주가를 예측하기는 어렵습니다. 그만큼 주식 매수에는 개별 기업의 리스크가 존재합니다. 주식을 사는 사람이 있다면 파는 사람도 있겠죠. 주식을 파는 사람 입장에서는 현재 자신이 가진 주식이 비싸고 기업의 펀더멘탈을 살펴봤을 때 회복되기 어렵다고 판단해 매도할 수 있습니다. 그렇다면 공매도 투자자는 뭘 보고 급락한 주식에 또 공매도를 하는 것일까요? 하락에는 드러나지 않은 이유가 반드시 있습니다. 섣불리 저가매수에 물타기를 하면 안 되는 것입니다.

한편 주식시장 자체를 매수하는 것은 개별 기업 고유의 리스크를 희석시키고 최소화시킵니다. 주식시장은 경쟁에서 도태되는 기업을 퇴출시키고 살아남는 기업들로 재구성되는 일종의 자정 능력을 갖고 있습니다. 물론 시장이 절대로 망하지 않는다고 말할 수는 없습니다. 개별 주식이 아닌 주가지수를 대상으로 역방향(인버스) 투자를 하는 투자자들도 있습니다. 그들도 시장이 사라질 거라고 생각하고 매도하진 않습니다.

한 치 앞도 예측할 수 없는 주식시장에 뛰어들어 내일 또는 한 달 뒤 반드시 높은 수익률을 안겨줄 거라는 헛된 희망으로 매수하지 말길 바랍니다. 그보다는 시장은 결국 오른다는 믿음을 가지고 현재의 하락이 곧 수량을 늘릴 좋은 기회라 생각하고 매수하길 바랍니다.

5
운동량이 증가할수록 수익은 감소한다

엉덩이가 무거운 사람이 이기는 게임

주식이 하락하고 오르는 것은 늘상 있는 일입니다. 투자를 통해 10% 손실을 봤다고 하면 예적금에 익숙한 사람들은 "왜 무모하게 그런 짓을 할까, 예금에만 넣어두면 예금자보호도 되고 연 2~3%는 수익이 보장되는데." 할 겁니다.

다음 표를 통해 2000년 이후 나스닥 주가지수가 10% 이상 하락했던 경우를 살펴보겠습니다. 약 24년간 14번 이상 10% 이상의 하락을 경험했고 하락 중간값은 약 -18%입니다. 거의 1.7년마다 한 번꼴로 평균 -18% 손실을 경험했다고 봐도 무방합니다. 또 2000년 이후로는 50% 전후로 허리가 잘리는 쇼크를 여러 번 경험했습니다.

미국 주요 주가지수가 10% 이상 하락했던 사례

나스닥지수				S&P500지수			
하락시점	하락일수	회복일수	최대 하락률	하락시점	하락일수	회복일수	최대 하락률
2023년 9월	39	13	-10.2%	2023년 8월	63	24	-10.2%
2021년 11월	277	293	-36.4%	2021년 11월	195	318	-25.4%
2020년 9월	41	45	-11.8%	당시 S&P500은 10% 이내 하락			
2020년 2월	23	53	-30.1%	2020년 2월	23	103	-33.9%
2019년 5월	20	22	-10.1%	당시 S&P500은 10% 이내 하락			
2018년 8월	80	81	-23.6%	2018년 9월	65	81	-19.7%
2015년 7월	143	122	-18.2%	2015년 5월	66	103	-14.1%
2012년 6월	47	67	-12.0%	당시 S&P500은 10% 이내 하락			
2011년 5월	108	85	-18.7%	2011년 5월	108	99	-19.3%
2010년 4월	49	85	-17.3%	2010년 4월	49	87	-15.9%
2007년 10월	339	539	-55.6%	2007년 10월	355	1021	-56.7%
2006년 11월	65	68	-14.7%	당시 S&P500은 10% 이내 하락			
2004년 1월	138	86	-18.6%	당시 S&P500은 10% 이내 하락			
2000년 3월	647	3155	-77.9%	2000년 3월	637	1166	-49.1%
평균	72.5	83	-18.4%	평균	66	103	-19.7%

 2000년 3월 닷컴버블이 붕괴되던 시기에는 2년여(647일)에 걸쳐 급락을 보이며 고점에서 -78%까지 내려왔고, 고점을 다시 회복시키는 데 10년여(3,155일)의 시간이 걸렸습니다. 그리고 2007년 고점을 형성하고 2008년 GFC를 지나면서 약 -56%까지 하락합니다. 이를 회복하는 데는 539일이 걸렸습니다. 이 외에도 2020년 2월엔 코로나 셧다운으로 -30%, 2021년 11월에는 인플레이션 급등으로 -36% 하락을 경험했습니다.

 S&P500지수는 24년간 총 9번, 10% 이상 하락을 경험했습니다. 나스닥

보다 변동성이 낮다 보니 큰 폭의 하락 빈도수가 상대적으로 적습니다. 하지만 추세적으로 한번 크게 하락하기 시작하면 나스닥의 하락 이상으로 하락률이 크게 빠지곤 합니다.

여기서 주목할 부분은 평균 회복 기간이 83일 정도라는 것입니다. 물론 닷컴버블 이후 회복까지 약 10년이 소요되는 경우도 있지만 보통 3개월 이내면 회복됐다고 볼 수 있습니다. 여기서는 급락 사례만 살펴보고 상승하는 사례는 따로 설명하지 않았습니다. 10% 이상 급등 사례는 무수히 많아 일일이 나열하기 어렵기 때문입니다.

만약 1999년 연말 최고점에 50만 원을 투자하고, 매월 50만 원을 나스닥에 투자했다면 시뮬레이션 결과는 다음과 같습니다. 2024년 7월까지 매월 납입했다면 회수로는 총 296회이고 투자 원금은 1억 4,800만 원입니다. 총 평가금액은 8억 원이 넘습니다. 투자자본 대비 누적 수익률은 약 5배 수준인 480%입니다.

나스닥 주가지수 추이와 시뮬레이션 결과

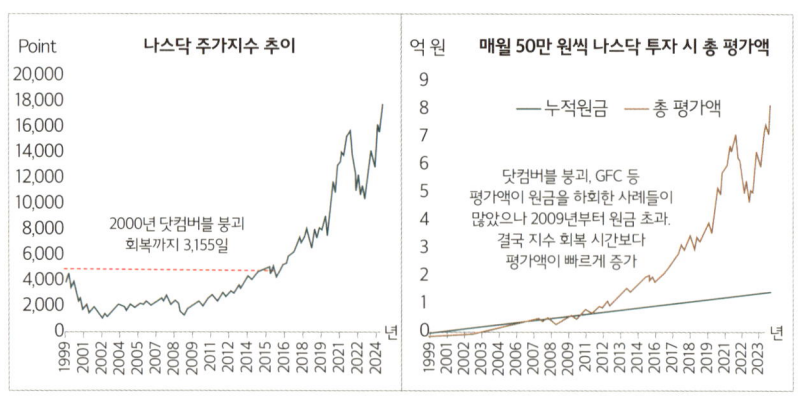

앞서 말했듯 나스닥이 1.7년마다 18%의 손실을 경험했고, 심지어 반토막 수준으로 쇼크를 경험한 상황도 여러 차례인데 5배 수익을 냈다니 믿기 힘들 겁니다. 예적금만 하는 사람들은 왜 손실을 감수하면서까지 투자해야 하는지 이해하지 못한다고 했지만 결과를 본다면 투자의 진면모를 알 수 있습니다.

그런데 정작 나스닥에 오래 투자했던 사람 중에 이렇게 수익을 내는 사람은 많지 않습니다. 이유는 간단합니다. 매매를 했기 때문이죠. 주식 투자자의 평균 보유 기간은 얼마나 될까요? 조사를 따로 하지 않았지만 아마도 6개월, 아니 3개월도 안 될 것입니다. 미국의 시장조사기관에 따르면 미국인들의 주식 보유 기간은 평균 6개월이라고 합니다. 전 세계 주식 투자자들도 무수히 사고팔기를 반복합니다.

투자와 관련해 재밌는 일화가 하나 있습니다. 월가의 영웅으로 불리는 피터 린치(Peter Lynch)는 피델리티 마젤란 펀드를 1977년부터 1990년까지 13년간 운용하고 46세에 은퇴한 전설적인 펀드매니저입니다. 피터 린치가 운용한 마젤란 펀드는 13년 동안 연평균 29.2%라는 경이로운 성과를 달성했습니다. 13년 중 4년은 마이너스의 해를 경험하기도 했고 S&P500 지수를 매년 이긴 것도 아닙니다. 13년 중 단 7년, S&P500 대비 초과성과를 올렸을 뿐입니다.

피터 린치도 1987년 10월 19일 월요일에 블랙먼데이를 경험했습니다. 그날은 단 하루 동안 다우지수가 약 -23% 폭락한 날입니다. 종목이 아닌 지수가 폭락했으니 개별 종목들이 받은 충격은 더 컸을 겁니다. 이후 며칠 동안 추가 하락했고, 당시의 하락폭을 회복하기까지 약 1년 이상이 소요됐습니다.

주식시장에선 블랙먼데이와 같은 일이 늘상 일어납니다. 그때마다 언론에서는 시스템 붕괴니 대공황이니 국가부도니 운운합니다. 그 순간 심지가 약한 사람들은 손실을 확정하고 도망갑니다. 어렵게 하락을 버틴 사람도 손실이 겨우 회복되면 "고맙습니다!" 하고 도망가기 마련이죠. 그러다가도 자신이 판 가격보다 크게 오르면 FOMO(Fear Of Missing Out, 고립공포감 혹은 보유하지 못한 두려움) 심리가 작동하면서 고가에 다시 따라 삽니다.

마젤란 펀드의 연평균 수익률 29%의 성과는 누적 수익률로 따지면 약 2,800% 이상에 해당합니다. 원금의 28배라는 성과가 있으니 당연히 투자자들의 돈이 몰렸을 겁니다. 하지만 나중에 조사해보니 놀랍게도 마젤란 펀드에 투자했던 투자자들의 절반(Average)이 손실을 봤다고 합니다. 2,800%를 달성한 펀드에 투자하고도 손실을 본다니 쉽사리 믿기지 않을 겁니다. 대다수 투자자의 투자 패턴이 문제였습니다. 펀드 기준가가 오르면 흥분해서 따라 사고, 기준가가 하락하면 불안해서 환매하는 패턴을 반복했기 때문입니다. 이러한 현상을 두고 뉴스에 민감하게 반응한다는 의미에서 뉴스 매매, 재료 매매라고도 합니다.

펀드나 주식을 장기간 보유하는 것이 말처럼 쉽지 않습니다. 하지만 반복해서 말하지만 최고의 펀드매니저를 고르고 최상의 종목을 선별하는 것은 중요하지 않습니다. 대중이 따라가는 패턴, 자신이 가진 경박한 기질을 극복하는 것이 가장 중요합니다. 특히 연금과 같은 장기 투자처라면 더욱 그렇습니다. IQ가 150이건, 좋은 대학을 나와 박사학위를 가졌건, 좋은 집안에서 태어난 금수저건 간에 투자에서 큰 수익을 놓치는 이유는 수익이 났을 때 곧바로 팔아버리는 습성 때문입니다. 오히려 머리가 조금 나쁘더라도 묵묵하고 엉덩이가 무거운 사람들이 빅머니를 얻곤 합니다.

요즘 한국에선 ETF가 난리입니다. 성장 속도만 보면 전 세계 1위가 아닐까 싶습니다. 가뜩이나 작은 파이를 놓고 경쟁이 치열하다 보니 ETF 바닥이 난리가 아닙니다. 투자자 입장에서는 경쟁이 치열해지면 자신들에게 좋은 것이 아닌가 생각하겠지만, 결과적으로는 투자자를 자극하는 금융회사들의 배만 불릴 뿐입니다. 또 많은 사람이 연금저축과 퇴직연금 계좌를 통해 ETF로 단타매매를 하고 있습니다. 시장이 좋을 때는 상관없지만 시장이 하락하고 나면 ETF가 가진 편리함이 주는 배신의 대가를 치를 것입니다.

토끼가 아닌 거북이가 돼라

워런 버핏은 주주서한을 통해 운동량이 증가할수록 수익은 감소한다고 강조했습니다. 뉴턴의 운동법칙에 빗대어 투자자의 패턴을 비꼰 것입니다. 그리고 만약 위대한 투자자의 조건이 대단한 수학 실력이라면 본인은 아마 신문 배달이나 하고 있었을 것이라고 말하기도 했습니다. 투자를 할 때는 그저 사칙연산과 확률 계산 정도의 수학 실력만 갖추면 된다고 한 것이죠.

연금투자를 하기로 마음먹었다면 가급적 목표를 달성하기 전까지 초심을 잃지 않길 바랍니다. 시장이 급등락하더라도 자신이 몰고 있는 차로 계속 정속 주행을 하면 됩니다. 자신보다 잘나 보이는 사람들이 알려주는 길에서 핸들을 꺾지 말고 천천히 가는 것이 곧 지름길이라 여기세요. 만약 그 길이 매우 위험하다는 경고를 보게 되더라도 브레이크를 밟지 마세요. 부를 쌓는 추월차선은 분명 존재하겠지만 그 확률은 매우 낮습니다. 추월차선을 들락날락하기보다 서행차선으로 운행할 때 목적지까지 도달할 가능성이 높습니다. 주식시장이 빠르게 움직이더라도 자신만큼은 서행차선을 유지하길 바랍니다.

그럼 이런 질문을 할 수 있습니다. 결국 시장은 1929년 미국의 대공황, 1970년대 인플레이션, 1987년 블랙먼데이, 1997년 한국의 IMF, 2000년 닷컴버블 붕괴, 2008년 GFC 등을 거치며 반토막 나는 손실을 경험하는데 이런 리스크들은 피해야 하지 않느냐, 잠시 피해 있다가 저점에 매수하면 수익이 엄청 커질 수 있는 것 아니냐고 말이죠.

맞는 말입니다. 다만 그러한 리스크를 정확히 예측하는 것은 포기해야 합니다. 세상 누구도 시장의 리스크를 예측할 수 없습니다. 다만 자신만의 특정한 기준을 세운다면 이를 근거로 비중을 조절할 수는 있습니다. 뒤에서 시장을 판단하는 기준에 대해 설명할 텐데, 역시 그러한 기준에 부합하더라도 주식을 모두 비우는 것은 매우 위험할 수 있습니다. 본인의 기준에 따라 시장이 불안하다고 판단되면 위험 자산과 안전 자산의 비율을 조절하는 정도의 액션을 취하면 됩니다.

피델리티와 함께 또 하나의 실제 사례를 소개해드리겠습니다. 소설가 마이클 루이스(Michael Lewis)가 2008년 GFC를 소재로 쓴 책 《빅 숏(Big Short)》입니다. 〈빅쇼트〉라는 영화로도 만들어진 작품입니다. 그런데 많은 사람이 영화를 보고도 주식을 공매도(空)해서 성공한 이야기라고 오해를 하는 경향이 있습니다. 여기서 공매도의 공(空)은 '비어 있다'라는 뜻의 한자어로 특정 주식을 보유하지 않은 상태로 주식을 빌려서 매도하는 것을 의미합니다. 보통 해당 주식이 떨어질 것으로 예상될 때 주식을 소유하지 않은 상태에서 빌려서 매도하고 다시 낮은 가격에 사들여서 빌린 주식을 돌려주는 투자 방식입니다.

예를 들어 A라는 사람이 주식 1만 주를 빌려 1만 원에 매도하면 1억 원의 돈이 들어옵니다. 이후 주가가 하락해 5,000원에 1만 주를 매수해 돌려준다면 A는 5,000만 원의 수익을 얻습니다. 물론 공매도자는 주식을 빌려주는 사람에게 대여에 따른 수수료를 지급하겠죠. 하지만 영화 〈빅쇼트〉의 주인공들은 주식을 공매도한 것이 아닙니다. 채권이 망하면 돈을 버는 보험(크레디트디폴트스왑)에 가입했고 엄청난 보험료를 지불해온 것입니다.

영화는 당시 미국 사회의 복합적인 문제점을 블랙코미디 형태로 풀어냅니다. 부동산담보대출 단계에서 상환부실의 문제점, 그러한 대출을 기반으로 한 채권(MBS)들, 다시 유동화할 목적으로 합성채권(CDO)으로 구조화시킨 문제점 그리고 금융기관과 채권평가사, 미디어까지 공생하고 상부상조하는 비윤리적인 문제점을 모두 다 꼬집습니다. 그리고 이러한 문제들 사이에서 기회를 포착한 늑대들이 등장합니다. 그들은 채권의 부실을 간파하고 이를 헤지(Hedge)하는 보험의 수요가 커질 것이라 내다보고 보험을 투기적으로 사들입니다.

결국 해당 투자로 당시 마이클 버리(Michael Burry) 박사는 약 500% 수익을 올렸나 봅니다. 영화 속에서 칠판에 수익률을 끄적이는데 489%라고 쓰더군요. 누군가는 월스트리트의 문제점을 지적하고 영화 속 주인공들이 대단한 영웅인 양 말합니다. 제 생각에 영화 속 인물들이 보여준 이야기는 영웅담이 아니라 채권 가치투자의 정석을 보여준 사례일 뿐입니다. 결국 그들도 탐욕의 늑대들과 크게 다를 바 없어 보입니다.

그럼 왜 〈빅쇼트〉의 사례를 소환한 것일까요? 그토록 요란하게 투자해 손에 쥔 수익률이 489%에 불과하기 때문입니다. 당시 나스닥지수형 펀드나 ETF를 보유했던 사람이라면 약 50%의 손실을 경험했을 겁니다. 둘의 차이는 엄청납니다. 나스닥 주가지수가 다시 고점을 회복하기까지 539일이 걸렸습니다. 즉 539일 만에 원금이 회복된 것입니다. 만약 그들이 그대로 보유하고 있었다면 15년이 지난 지금 500% 이상의 수익을 달성하고 있을 것입니다. 결국 당시에는 주식을 팔지 못한 바보였을지 몰라도 시간이 흘러 그도 제2의 마이클 버리가 될 수 있었을 겁니다.

여러분도 마이클 버리, 워런 버핏, 피터 린치와 같은 위대한 투자자가 될 수 있습니다. 그들은 철저한 가치분석을 기반으로 투자한다는 공통점을 갖고 있습니다. 우리가 위대한 투자자처럼 분석을 잘하지는 못하더라도, 단지 주식을 보유하고 장기 투자를 하는 것만으로도 그들과 같은 수익을 달성할 수 있습니다. 조건이 하나 있다면 가급적 아무것도 하지 않는 것입니다. 더 큰 수익을 얻고자 한다면 수량을 늘리면 됩니다. 주식시장을 예측해 늘리려고 한다면 실패하고 말 것입니다. 자신이 계획한 대로만 기계적으로 투자하면 자연스럽게 수량을 키울 수 있습니다. 〈빅쇼트〉란 영화를 보고 비관론에 꽂혀서 인버스 ETF나 CDS를 매수하지 말길 바랍니다. 비관론자는 명예를 얻지만 가난하다는 말이 그냥 생긴 말이 아닙니다.

연금제도의 이해

6
한국과 미국의 연금제도 차이

미국과 한국의 공적연금과 사적연금

미국은 1982년부터 퇴직연금 401K제도를 시행했으니 벌써 40년이 지났습니다. 반면 한국은 2005년 말에 시작됐으니 20년도 채 되지 않았죠. 납입 기간이 상대적으로 긴 만큼 적립액도 미국이 높은 건 당연한 결과입니다. 미국의 퇴직연금과 같은 사적연금제도는 공적연금과 함께 90여 년간 발전해왔습니다. 노후빈곤을 해소하기에는 공적연금만으로 부족할 것을 예측하고 이를 민간에서 사적연금제도를 통해 자율로 채워나갈 수 있도록 충분한 보상으로 유인하고 지원하고 있습니다.

미국의 퇴직연금시장이 팽창하다 보니 공적연금이 상대적으로 취약할 것이라 예상하기 쉽지만 그렇지도 않습니다. 미국인이 수령하는 사회보장연금의 월평균금액은 2023년 말 기준 1,778달러(약 250만 원)입니다. 한국에서 20년간 국민연금을 납입한 사람의 월평균 수령액인 약 100만 원보다 2배 이상 많은 금액입니다.

　미국은 근로자와 사업주가 각각 기본 월소득의 6.2%씩 12.4%를 납입하고 67세부터 연금을 수령받는 반면, 한국은 근로자와 사업주가 각각 4.5%씩, 총합 9%를 매달 국민연금에 납입하고 65세 이후부터 연금으로 수령받습니다. 미국의 12.4%와 한국의 9%를 소위 보험요율이라고 합니다. 최근에는 각국에서 미래 세대의 부담을 낮추고 연금 파산을 막기 위해 현재 보험요율(내는 돈)을 높이고 소득 대체율(받는 돈)을 낮추는 논의가 중요한 이슈로 떠오르고 있습니다.

　소득 대체율은 연금 가입자가 가입 기간 동안 벌었던 평균 소득 대비 받게 될 연금 수령액의 비율입니다. 예를 들어 소득 대체율이 40%라는 것은 가입 기간 월평균 소득이 500만 원이었다면 연금으로 월 200만 원을 받게 된다는 의미입니다.

　맥킨지컨설팅의 조사자료에 따르면 한국은 공적 및 사적연금을 포함한 현재 소득 대체율이 약 47%인 반면, 미국은 2배 수준인 81%라고 합니다. 두 국가의 소득 대체율 격차는 공적연금(사회보장연금과 국민연금)이 아니라 사적연금(퇴직연금과 개인연금) 때문입니다.

　미국의 사적연금제도는 오래전부터 소득 대체율 문제를 미리 간파해 사적연금시장을 활성화시키고자 다양한 측면에서 노력한 결과이기도 합니다. 예를 들어 장기간 과세를 이연시켜 투자수익을 높이는 환경을 제공하거나 연금을 납입하면 연말정산 때 세액공제로 현금을 제공하거나, 또는 중도에 인출하지 않고 연금으로 수령받을 경우에는 낮은 연금소득세를 부과하는 것과 같은 절세 혜택을 기본적으로 제공합니다.

　한국에서도 미국을 비롯한 선진국 사례를 배우고 있습니다. 다만 세액공제 한도에서는 차이가 있습니다. 한국은 최근 연금저축과 IRP계좌 합산에 대한 세액공제 한도를 연간 900만 원으로 높였습니다. 공제율을 16.5% 적용할 경우 최대 약 148만 원을 공제받을 수 있습니다. 미국은 연령대별로 납입 한도가 다른데 이미 1987년도에 연간 7,000달러(약 900만 원) 수준이었고 현재는 2~3만 달러 수준입니다. 미국의 세액공제 한도인 2~3만 달러는 원화로 따지면 소득공제 납입 한도가 3,000만~4,000만 원 정도로, 한국의 약 4배 수준입니다. 즉 세금에서 공제될 수 있는 그릇이 한국의 약 4배인 셈입니다. 물론 해마다 바뀌고 있으므로 숫자들에 집착할 필요는 없습니다.

또한 미국은 고용주의 추가자금지원책(매칭플랜)도 시행해 추가 퇴직납입에 대한 동기부여를 제공하고 있습니다. 2005년부터는 연금계좌에서 원리금 보장 유형만 선택하던 사람들을 자동으로 수익성이 높은 비보장형 상품에 투자할 수 있게 유도하는 디폴트옵션제도도 시행하고 있습니다. 한국에서는 2023년에야 비로소 디폴트옵션이 시작됐습니다.

공적연금과 사적연금 운용의 결과

공적연금과 사적연금을 설명했으니 해당 제도를 중심으로 은퇴 후 연금으로 발생하는 현금 흐름을 한번 추적해보겠습니다. 무엇보다 연금 가입자 입장에선 중요한 문제니까요. 앞서 연금으로 100만 달러를 모은 케이시를 다시 소환해보겠습니다. 26년간 열심히 연금을 납입했던 케이시는 은퇴 후 자산 관리를 위해 연금 전문가와 상담했습니다. 연금 전문가는 케이시에게 이렇게 조언했습니다.

"기존의 돈을 불리는 과정에서 얻었던 기대 수익률 연 7%는 잊어버리세요. 그리고 목표를 배당 수익률로 전환하고 배당 수익률은 합리적으로 4%로 설정합시다. 그리고 그에 맞는 포트폴리오 다각화를 고민해보죠."

현재 케이시의 연금계좌에는 122만 달러가 있고 이를 여러 자산들로 배분해 4%의 인컴 포트폴리오를 구축한다면 매년 4만 8,800달러의 배당현금 흐름을 확보할 수 있습니다. 매월 세전 약 4,066달러의 연금을 수령할 수 있다는 의미입니다. 세율이 우리와는 좀 다르니까 임의로 5% 정도라고 해두겠습니다. 결국 세후 약 3,800달러를 매월 배당금으로 수령할 수 있게 됩니다.

다각화한 포트폴리오가 하락하면 손실을 보니 말짱 도루묵이 아닌가 싶지만 다각화는 변동성을 낮추는 역할을 합니다. 특히 배당 자산의 특성상 변동성이 낮고, 자산 간 상관성을 고려한 포트폴리오를 구성할 경우 주식형 대비 절반 이하로 위험을 낮출 수 있습니다. 배당 자산은 하락하기도 하겠지만 또 상승하기도 하므로 은퇴 후 30년 이상의 긴 기간 동안 자산 가치의 등락을 크게 신경 쓰지 않아도 되고 배당현금 흐름에만 집중하면 됩니다.

연금 전문가의 도움으로 케이시는 퇴직연금계좌에서 매월 3,800달러를 받고, 이 외에도 사회보장연금인 공적연금을 통해 약 2,000달러를 받습니다. 결과적으로 약 6,000달러, 원화로는 700만~800만 원을 매월 수령할 수 있게 됐습니다. 미국의 물가가 아무리 높다고 해도 연금 가입자가 검소하게 자신이 하고 싶은 것과 먹고 싶은 것을 먹으면서 살기에는 부족함이 없는 수준이라 할 수 있습니다.

한국인이라면 가능한 일일까요? 계속 말씀드렸지만 연금 백만장자는 한국인도 충분히 달성할 수 있는 미래입니다. 연금 백만장자의 투자 기간, 투자 대상, 납입 행태 등을 벤치마크해 도전한다면 그들과 같은 수익과 현금 흐름을 얻을 수 있습니다. 그런 의미에서 한국에서도 앞으로 연금 백만장자들이 속속들이 등장할 것이라 기대합니다. 다만 몇 가지 패턴의 변화가 전제돼야 합니다.

일단 가계 자산을 고려할 때 부동산에 지나치게 집착해선 안 됩니다. 그리고 금융 자산의 비중을 적극적으로 늘려야 합니다. 추가적으로 소득공제 한도에 맞춰 연금에 투자하겠다는 의지를 가지고 실천해야 합니다. 무엇보다 퇴직하거나 이직할 때 퇴직금을 절대 일시금으로 수령해선 안 됩니다. 만약 집을 살 때 연금을 중도 인출해야겠다는 계획을 갖고 있다면 책을 덮고 부동산 유튜브를 보길 권합니다.

미국에 연금 백만장자가 많은 이유

미국의 연금 백만장자가 많은 근본적인 배경이 무엇일까요. 그것은 시장에 대한 신뢰 차이입니다.

일본의 가계 자산은 부동산 붕괴와 주식시장 붕괴 이후 부동산 비중이 30%대로 급격히 줄어들고 예금 비중이 늘었습니다. 미국은 1950년대부터 부동산 자산이 가계 자산 비중에서 40%를 넘어선 적이 없습니다. 게다가 미국인은 금융시장, 특히 주식시장에 대한 신뢰 그리고 펀드와 ETF 같은 간접 투자 상품을 상당히 신뢰하는 경향이 있습니다.

한편 한국인은 퇴직 시점에 연금을 일시금으로 찾는 경우가 많습니다. 구체적으로 약 90%가 여전히 일시금으로 받고 약 10%만이 연금 형태로 받는다고 합니다. 또 아직 퇴직하지 않았어도 오래전에 퇴직금을 중간 정산한 사람들도 많습니다. 지금은 중간 정산이 어려운 환경이지만 예전에는 회사가 중간 정산을 받도록 유도하는 경우도 빈번했습니다. 중간 정산을 받으면 이상하게 쓸 곳이 많아집니다. 그 돈으로 대출을 갚았다면 그나마 다행일 정도로요.

요즘은 중도 인출을 통해 정산을 받는 경우도 많습니다. 연간 5만 명씩 퇴직연금 중도 인출자들이 나오는 실정입니다. 대부분 30~40대로 인출 사유 중 78%가 주거와 관련된 부분입니다. 주택 구입과 임차를 위해 연금을 깨는 것이죠. 현실이 이렇다 보니 나이가 들어 임원 직급을 달아도 연금으로 모아둔 돈은 얼마 되지 않습니다. 아이들을 해외에 유학 보내고 주말에는 친구들과 골프 치고 1년에 한두 번 해외여행을 다니면 정말 저축할 돈이 없어집니다.

미국에 친구들이 몇 명 있는데, 대부분은 금융기관에 근무하고 나머지 제조업과 자영업에 몸담고 있습니다. 그들은 여유 자금이 생기면 연금에 추가 납입하는 것이 일상입니다. ELS 같은 상품이 금리보다 높은 수익을 준다고 해도 가입하지 않고 중국이나 인도, 브라질과 같은 이머징 마켓 붐이 불어도 별로 동요하지 않습니다. 엔비디아와 같은 고성장 주식을 직접 매수하지도 않습니다.

물론 뉴스에 투자 정보들이 등장하면 관심 갖기도 하지만 대부분 직접 투자에는 손대지 않습니다. 자신의 분석이나 감만으로 월스트리트의 전문가보다 나은 성과를 달성하기 어렵다는 것을 인정하기 때문입니다. 그런 만큼 이웃이 대박을 냈다고 해도 질투하거나 시기심을 갖지 않습니다. AI 주식이 급등해도 FOMO 같은 불안감을 갖지 않죠. 이미 자신의 연금계좌에서 가입한 펀드들이 고금리 채권, 고성장 테크놀로지 기업, 이머징 마켓 등에 투자하고 있기 때문입니다.

특히 미국에 사는 친구들뿐만 아니라 다른 누구에게도 연금으로 ETF를 매매한다는 이야기를 들어본 적이 없습니다. 직장생활을 하면서 ETF로 연금트레이딩을 한다는 것은 사실상 불가능하다고 봐야 합니다. 401K와 같은 퇴직연금계좌에서 ETF를 매매할 수 있도록 거래창을 열어둔 회사도 많지 않기 때문입니다. 그냥 펀드나 하라는 것입니다.

그럼에도 불구하고 투자 성과는 상당히 만족스러운 듯합니다. 미국 대표 주가지수인 S&P500이 연평균 10%씩 달성하고 있으니 이보다 더 나은 대안은 없다고 봅니다. 따라서 그들은 여유 자금이 생길 때마다 연금계좌에 납입하는 것을 당연하게 생각합니다. 지금까지 달성한 수익률도 높고 절세 혜택도 최고의 조건이며 고용주의 매칭플랜도 기대할 수 있기 때문입니다. 그만큼 퇴직 전에 연금을 깨는 것은 미국인에게 상상하기 힘든 일입니다.

연금계좌 내역의 투자 현황을 살펴봐도 큰 차이를 확인할 수 있습니다. 2023년 3분기 기준으로 미국의 401K 퇴직연금계좌를 분석해보면 채권과 초단기 머니마켓 펀드에 대한 투자 비중이 약 15% 이내이고 혼합형 28%, 미국 주식형 47%, 해외 주식형 11% 비중으로 투자하고 있는 것을 알 수 있습니다. 혼합형의 40%가 주식이라고 보면 미국 주식에 약 58%(11%+47%), 해외 주식에 11%로 투자해 총 주식 투자 비중은 약 70%로 추정할 수 있으며 연평균 수익률은 약 7%입니다.

반면 한국의 퇴직연금계좌의 총 350조 원 중 85%인 296조 원이 원리금 보장형으로 운용되고 있습니다. 단순히 DB(확정급여형)냐 DC(확정기여형)냐 하는 차이 때문이 아닙니다. DB의 경우 회사(사용자)가 운용 주체가 되고, 직원이 퇴직하면 마지막 3개월의 평균 임금과 근속 연수에 맞춰 퇴직금을 지급해야 합니다. 따라서 평균 임금 상승률과 퇴직연금 운용에서 얻는 낮은 수익률의 차이를 매년 메꿔야 하므로 회사 입장에서는 보수적으로 운용하게 됩니다. 그런 이유로 국내 DB는 약 95%가 원리금 보장형으로 운용되고, 운용 수익률도 평균 2%를 넘기지 못하고 있습니다.

DC의 경우에는 개인이 직접 운용하기 때문에 위험 자산 편입비를 높일 수 있습니다. 하지만 실제 투자 현황을 보면 DC에서도 원리금 보장형에 80% 이상을 투자하고 있습니다. 이렇다 보니 DC의 연평균 수익률도 약 2%에 불과한 상황입니다.

정리하자면, 미국은 연금의 적립 기간이 길고 납입 한도도 크다는 배경 덕분에 연금 백만장자가 많다고 볼 수 있지만, 결정적으로 다른 나라보다 연금제도와 주식시장에 대한 신뢰가 크다는 것이 차이를 만들고 있습니다. 제도에 대한 신뢰는 여유 자금을 추가 납입하는 선택으로 이어집니다. 중도에 환매하지 않고 연금으로 수령하는 선택으로도 이어집니다. 주식형 펀드에 적극적으로 투자하는 데도 망설이지 않게 만듭니다.

한국과 미국의 연금제도 비교

목적	구분			한국	미국
1층	기초 생활 보장	국민 연금	명칭	국민연금	사회보장연금
			특징	연간 급여의 9% 의무 납입, 수령 연령 65세	급여의 12.4% 의무 납입, 수령 연령 67세
2층	안정 적인 생활	퇴직 연금	명칭 1	확정기여형 DC	확정기여형 DC, 401K가 대표적
			명칭 2	확정급여형 DB	확정급여형 DB
			특징	[DC 기준] • 연간 급여의 1/12(8.3%)을 기업이 적립하고 근로자가 운용 • 과세이연의 비과세로 복리 효과 극대화, 인출 시 과세 • 55세 이후 연금 또는 일시 금 수령 • DB는 사전에 확정(3개월 평균 임금×근속 연수)	[401K 기준] • 급여에서 자동으로 연금계 좌로 이체 • 과세이연의 비과세로 복리 효과 극대화, 인출 시 과세 • 연간 납입 한도: 근로자 2 만 3,000달러, 기업 합산 6만 9,000달러 • 기업매칭제도* 활용 • 59.5세 이전 조기 인출 시 페널티
3층	여유 로운 생활	개인 연금	명칭 1	연금저축계좌	트래디셔널 IRA
			명칭 2	IRP**	
			특징	• 세액공제, 과세이연, 인출 시 과세 • 연간 납입 한도 합산 1,800만 원 • 조기 인출 시 페널티	• 소득공제, 과세이연, 인출 시 과세 • 연간 7,000달러까지 납입 가능(50세 이상 8,000달 러) • 조기 인출 시 10% 페널티
		비과세 계좌	명칭	ISA	Roth IRA
			특징	• ISA의 비과세 한도는 200 만 원, 초과 시 9.9% 분리 과세 적용 • 연간 납입 한도 2,000만 원, 누적 1억 원까지 • 금융소득종합과세 대상자 제한	• 수익에 대해 세금 미부과 • 연간 7,000달러까지 납입 가능(50세 이상 8,000달 러) • 연간소득이 일정 금액 이 상이면 가입 불가

* 직원의 연간 연금 납입 금액을 기준으로 기업(고용주)가 추가로 납입하고 지원하는 제도
** IRP는 퇴직연금DC, 연금저축펀드제도 적용

7
복리와 절세의 마법

연금계좌가 가진 최대 장점

경제적 자유를 위해 비트코인, 일반 주식, 미국 주식에 투자하고 있는데, 굳이 연금을 통해 투자할 필요가 있을까요? 퇴직연금이든 연금저축이든 출금하는 데 제약이 크므로 매력이 떨어진다고 봐야 하지 않을까요? 왜 연금계좌(연금저축펀드계좌와 퇴직연금계좌)를 선택해야 할까요? 그것은 바로 복리효과와 절세효과 때문입니다.

① 복리효과
장기 투자를 하면 일반계좌에서도 복리효과를 기대할 수 있습니다. 하지만 세전 결과를 말하는 것일 뿐입니다. 일반계좌는 운용 기간 중 이익금에 대해 15.4%의 세금이 원천징수로 빠지게 되는 반면, 연금계좌는 운용 기간 중 비과세이므로 복리효과를 높일 수 있습니다. 세금 외에도 펀드보수도 일반계좌보다 연금계좌가 매우 저렴합니다. 연금계좌에서도 ETF의 매매 수수료가 부과되기는 하지만 일반계좌에서 발생하는 수수료보다 저렴합니다. 퇴직연금계좌에서는 ETF 매매 수수료를 징수하지 않습니다.

일각에선 주식시장의 복리효과가 그리 기대할 만한 것이 아니라고 주장기도 합니다. 예를 들어 5,000만 원을 보유한 사람이 3.45%의 연복리 예금 또는 개인투자용 국채에 20년간 예치하면 세전 약 1억 원으로 불어납니다. 2024년 9월 기준으로 개인투자용 국채투자의 수익률 살펴보니 3.45%로 높은 편이었습니다. 물론 20년을 기다리지 못하고 중간에 매도할 경우 복리가 아닌 단리가 적용되고 가산 금리도 사라져 기대수익이 대폭 낮아진다는 단점이 있습니다. 물론 예금은 예금자보호도 되고 국채는 국가신용등급이니 무위험이라고 볼 수 있죠.

만약 KOSPI200 인덱스 펀드나 ETF에 5,000만 원을 투자해 20년간 보유하고 연 4.4%의 수익률을 기록했다면 최종 금액은 세전 1억 2,000만 원이 됩니다. 세전 기준 2,000만~3,000만 원 더 벌겠다고 상대적으로 위험한 인덱스펀드에 투자하시겠습니까? 주식 인덱스는 위험 자산일뿐더러 편입에 따른 보상 금액이 그리 크지 않습니다. 연 4.4%의 수익률에 모험을 하기보다 만기 보유 시 원리금이 보장되는 국채나 예금에 투자하는 게 현명합니다.

주식시장은 어떨까요? 한국의 향후 GDP 성장률을 연 2%로 가정하고 주식시장에 투자했을 때 5,000만 원은 20년 뒤 약 7,400만 원으로 불어납니다. 역시 연 3.45%짜리 국채를 매수하는 것이 현명한 선택입니다. 하지만 한국의 주가지수는 지난 45여 년 동안 연평균 8%대의 성장을 기록했습니다. 성장률이 4%, 8%, 10%라면 주식을 선택해 얻는 기회수익의 폭은 1억 원, 2억 원, 3억 원 정도입니다. 그리고 주식시장에서 발생하는 기회손실의 폭은 상대적으로 작은 2,000만~3,000만 원 정도로 보는 게 적절하다고 생각합니다. 실제로 KOSPI200의 누적 총수익률은 지난 20년, 즉 2004년 8월부터 2024년 8월까지 408%였습니다. 5,000만 원을 투자했다면 약 2억 원 이상으로 불어났다는 말입니다. 결과적으로 주식은 예금이나 채권과 비교해 약 1억 원 이상의 높은 보상을 안겨줄 수 있습니다.

그럼 주식과 연금계좌를 연계해 생각해보겠습니다. 연금은 거치식으로 목돈을 투자할 수 없는 구조이고 연간 납입 한도가 1,800만 원으로 제한돼 있습니다. 즉 적립의 형태로 꾸준히 납입해야 하는 특징이 있습니다. 대신 당장 목돈이 없더라도 20년, 30년 정도 납입하면 투자 누적 원금이 1억 원, 2억 원으로 커지고 그에 따른 복리차익도 커집니다. 따라서 안전한 연복리 예적금에 자산을 예치하는 것보다 연금을 활용해 위험 자산인 주식형에 적립한다면 수억 원의 보상을 얻을 수 있습니다. 손실을 감내한 결과로는 충분한 대가입니다.

정리하면, 일반계좌를 통해 투자하면 세금과 비용 측면에서 불리하므로 연금계좌를 활용해 복리효과를 극대화하는 것이 최고의 선택입니다. 연금계좌에서 중도 인출을 하면 기타소득세를 낸다는 단점도 있지만 엄밀히 말해 절세혜택을 반납하는 수준이며 당연한 결과입니다. 하지만 중도 인출에 대한 제약은 단점이라기보다 오히려 장기 투자를 강제하는 긍정적 효과로 작용합니다. 만약 이러한 페널티가 없었다면 잦은 출납과 매매를 반복하게 돼 복리효과는 물 건너가버리고 말 것입니다.

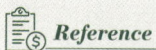
Reference

펀드명과 펀드클래스

펀드명이 길다 보니 찾기도 불편하고 투자를 했다고 해도 기억나지 않는 경우가 많습니다. 펀드명에는 일종의 규칙이 있습니다.

IBK 플레인바닐라 EMP 증권투자신탁[혼합-재간접형] Cpe
　①　　　　　②　　③　　　　④　　　　⑤　　　⑥⑦

펀드명에서 제일 앞부분은 ① 운용사명이 붙습니다. 다음에는 ② 펀드의 성격, 투자 지역, 전략 등이 따라 붙고, ③ 자산의 종류인 증권 또는 부동산, 혼합자산, 특별자산 등을 설명하는 명칭도 붙습니다. 그리고 ④ 투자신탁, 곧 펀드(Fund)라는 명칭도 붙습니다. 간혹 자(子)라는 단어가 붙곤 하는데, 이는 투자신탁의 운용 편의성을 위해 펀드가 모자(母子) 구조로 구성돼 있다는 의미입니다. 즉 자펀드는 모펀드를 매수함으로써 간단하게 투자 목적을 이루도록 설계된 것입니다. 모펀드는 운용보수 같은 보수가 따로 붙지 않습니다. 또한 자펀드가 편입할 종목들이 편입돼 있으므로 자펀드가 모펀드를 매수한다고 해서 이해상충의 문제가 발생할 소지는 없습니다. 운용 편의성 차원에서 모자 구조를 활용하는 것입니다.

그다음에는 ⑤ 주식형, 혼합형, 채권형, 리츠, 재간접형 등의 펀드 유형이 표시됩니다. 그중 재간접형은 영어로 'Fund of funds'를 의미합니다. 역외 펀드나 ETF처럼 펀드에 다시 간접 투자하는 형태여서 재간접이라고 부르는 것입니다. 그러면 자펀드가 모펀드를 편입하는 모자 구조도 재간접이 아닐까 생각할 수 있지만 자펀드가 모펀드를 편입하는 것은 재간접으로 보지 않습니다.

마지막으로 ⑥ 펀드의 클래스가 영문으로 표시됩니다. 크게 A, C, P, R, F, W 등으로 구분됩니다. A는 선취 수수료를 지불하는 펀드를 의미하며 펀드 매수 시 선취 수수료를 1회 징수합니다. A 클래스의 경우 선취 수수료가 없는 C 클래스에 비해 연간으로 징수하는 평잔 수수료가 낮습니다. C 클래스의 경우 C1, C2, C3처럼 숫자가 붙는 경우가 있고 Ci, Cf, Cw, CP, CR처럼 문자가 붙는 경우가 있습니다.

C 클래스는 선취 수수료는 없는 대신 ⑦ C 다음에 붙은 숫자나 문자에 따라 운용 방식이 구분됩니다. 숫자는 투자 기간이 경과하면 보수가 내려가는 펀드클래스제도(CDSC제도)를 의미합니다. 1년 미만은 C1, 1년 이상은 C2, 2년 이상은 C3과 같이 펀드가 자동으로 교체되고 펀드의 수수료도 같이 내려가기 시작합니다.

문자는 가입 조건을 설명하는 표시입니다. I는 기관 또는 일정 금액 이상의 투자자만 매수할 수 있는 클래스, F는 펀드나 신탁 같은 다른 상품에서 재간접으로 펀드를 매수할 때 사용하는 클래스, W는 랩어카운트계좌, P는 연금계좌로만 매수가 가능한 펀드 클래스, R은 퇴직연금계좌에서 매수할 수 있는 펀드 클래스를 의미합니다. 또 CPe, CRe의 경우, 오프라인이 아니라 온라인으로 매수할 수 있다는 의미에서 e를 붙입니다. 당연히 보수는 일반계좌에서 매수가 가능한 A 클래스나 C 클래스보다 CPe와 CRe 같은 연금 클래스가 저렴합니다. 예를 들어 IBK 플레인바닐라 EMP 펀드의 경우 CPe의 총 보수는 연 0.87%이고, CRe는 연 0.794% 인 데 반해, A 클래스는 선취 수수료 1%에 총 보수로 연 1.19%를 부과합니다. C 클래스는 선취 수수료는 없는 대신 연 1.44%의 총 보수를 부과합니다. 이처럼 연금계좌에서 매수할 때 펀드의 보수가 일반계좌에서 매수할 때 대비 약 절반 수준으로 저렴합니다.

② 절세효과

연금계좌의 장점 두 번째는 절세효과입니다. 연금의 절세효과는 과세이연에 따른 비과세 수익과 매년 세액공제를 통한 수익으로 설명할 수 있습니다. 그러면 인출 시 연금소득세로 과세하는 연금의 경우 징수 기간을 유예한 것이니 조삼모사가 아니냐 생각할 수 있습니다. 다시 말해 일반계좌의 원천징수는 수익금에 한해 제한되는데, 연금인출액 전체를 대상으로 하는 연금소득세 덕분에 자칫 세금이 더 커질 수 있다는 우려가 있을 수 있습니다.

다음 표에서 보듯이 매월 50만 원씩, 연 600만 원을 30년간 납입한 연금계좌 투자자와 일반계좌 투자자가 있다고 가정하고 연수익률 5%, 7%, 10%에 따른 과세이연 기대효과를 살펴보겠습니다. 매월 50만 원씩 연 600만 원, 기간 30년, 금리는 연수익률, 복리 방식은 연복리를 적용하고 적립식 계산기를 이용해 계산했습니다. 일반계좌의 연수익률은 일반세율(15.4%)을 차감해 5%는 4.230%, 7%는 5.922%, 10%는 8.460%를 적용해 산정했습니다.

30년 투자 시 연수익률별 과세이연 기대효과(단위: 원)

연수익률				5%	7%	10%
	투자 원금			180,000,000	180,000,000	180,000,000
연금계좌	연금투자 평가액		A	409,429,398	588,254,547	1,040,424,694
	세액공제 누적액 (13.2% 공제)		B	23,760,000	23,760,000	23,760,000
	연금소득세 납부액 (5.5% 가정)		C	22,518,617	32,354,000	57,223,358
일반계좌	일반계좌 세후 평가액		D	357,747,978	482,895,623	773,695,360
과세이연 효과	비과세효과(E)		A-D	51,681,420	105,358,924	266,729,334
	세액공제효과(F)		B-C	1,241,383	-8,594,000	-33,463,358
	과세이연효과 종합차익		E+F	52,922,803	96,764,924	233,265,976

    7%를 기준으로 살펴보면 두 사람의 투자 원금은 1억 8,000만 원(50만 원 ×360개월)입니다. 연금계좌의 최종 평가액은 약 5억 8,800만 원입니다. 과세를 적용한 일반계좌 최종 평가액은 약 4억 8,200만 원이므로 비과세에 따른 효과는 약 1억 원입니다. 연금계좌 투자자는 매년 세액공제 13.2%를 받는다고 가정했으니 납입액 600만 원의 13.2%씩 30년을 곱하면 2,376만 원(79만 2,000원×30년)의 세액공제 누적수익을 추정할 수 있습니다. 만약 투자자가 인출할 경우에는 연금소득세가 붙습니다. 이때 연금소득세 구간 중 가장 높은 세율인 5.5%를 적용하면 약 3,235만 원(5억 8,800만×5.5%)을 지불하게 됩니다. 세액공제효과는 세액공제수익에서 연금소득세를 차감한 것이므로 위 사례에서는 세액공제로 얻은 수익보다 연금소

득세로 나갈 비용이 더 크며 그 비용이 약 860만 원에 해당됩니다. 최종적으로 비과세를 통해 얻은 이익인 1억 535만 원에서 세액공제 마이너스 금액인 860만 원을 차감하면 약 9,600만 원을 절감한 것입니다.

간혹 연금계좌에서 인출할 경우 원금을 포함한 총 인출액에 대해 연금소득세를 부과하므로 절세효과가 크지 않다고 말하는 사람들이 있습니다. 하지만 예시에서 살펴봤듯이 장기 투자자일 경우 작게는 수천만 원, 많게는 수억 원에 이르는 절세효과, 즉 비용절감효과를 얻게 됩니다. 물론 인출 시점에서 세액공제는 지난 과거의 현금 흐름이고 연금소득세는 미래의 마이너스 현금 흐름이라는 점, 실제 연금소득 중 상당 부분은 비과세 수익의 재투자에 의한 것이란 점 등을 고려하면 비교가 적절치 않은 면이 있습니다. 절세효과를 설명하기 위해 단순화된 예시라는 점을 감안하길 바랍니다.

이 같은 절세 비교 방식을 적용해보면 굳이 내지 않아도 될 세금을 내는 경우도 찾아볼 수 있습니다. 한국 주식형 펀드나 한국 주식 ETF가 대표적입니다. 한국 주식형 펀드나 ETF는 자본 차익의 비과세, 배당소득에 대해서만 과세합니다. 배당소득이 0이라고 가정할 경우, 연금계좌와 일반계좌의 비과세 차익은 없습니다. 하지만 연금계좌는 내지 않아도 되는 연금소득세가 과거에 받은 세액공제 금액을 초과할 경우 손해가 커질 수 있습니다. 예를 들어 다음 표를 보면 연수익률 5%일 경우 세액공제효과로 약 124만 원 이익을 보지만, 7%일 경우 비과세효과가 0원이므로 약 859만 원의 비용이 세액공제효과(B-C)로 발생하는 것이고, 10%일 경우에도 비과세효과가 0원이니 세액공제차액인 약 -3,346만 원의 비용, 즉 내지 않아도 되는 비용이 발생하는 것입니다. 따라서 연금 포트폴리오에 국내 주식형 펀드를 편입하는 것은 비효율적입니다.

다만 포트폴리오의 수익을 위해 국내 투자를 완전히 배제하기는 어려울 수 있으니 시의적절하게 활용하되 국내 주식형 상품은 일반계좌를 활용하는 것이 낫다고 봅니다. 국내 고배당 주식형이나 고배당 리츠 같은 경우에는 자본차익보다 배당수익이 더 크므로 비과세효과가 클 수 있습니다.

국내 주식 펀드(ETF)에 30년 투자 시 연수익률별 과세이연 기대효과(단위: 원)

	연수익률		5%	7%	10%
투자 원금(매월 50만 원, 연 600만 원)			180,000,000	180,000,000	180,000,000
연금계좌	국내 주식 펀드 연금투자	A	409,429,398	588,254,547	1,040,424,694
	세액공제 누적액 (13.2% 공제)	B	23,760,000	23,760,000	23,760,000
	연금소득세 납부액 (5.5% 가정)	C	22,518,617	32,354,000	57,223,358
일반계좌	국내 주식 펀드 일반투자	D	409,429,398	588,254,547	1,040,424,694
과세이연 효과	비과세효과 (E)	A-D	0	0	0
	세액공제효과(F)	B-C	1,241,383	-8,594,000	-33,463,358
	과세이연효과 종합차익	E+F	1,241,383	-8,594,000	-33,463,358

물론 연금계좌에도 한계는 있습니다. 연금계좌에서 한국은 물론 미국의 개별 주식이나 채권에 직접 투자할 수 없고, 암호화폐에도 투자할 수 없습니다. 이 종목들에 직접 투자를 원한다면 일반계좌를 활용하고 연금계좌에서는 펀드와 ETF를 활용하면 됩니다. 물론 직접 투자를 한다고 해서 장기 성과가 좋다는 보장은 없습니다. 오히려 개별 리스크만 키울 뿐

입니다. 또 간혹 연금계좌에서 간접 투자를 하면서 펀드 수를 너무 많이 보유하는 경우를 보곤 합니다. 펀드 자체가 특정 종목이 아닌 여러 종목에 분산되므로 펀드나 ETF 수를 많이 보유할 필요는 없습니다. 펀드는 적으면 3개, 많으면 5개 정도로 투자해도 충분합니다.

8
안정적 노후를 위한 연금투자 전략

연금은 복권이 아니다

　복권에 당첨되는 상상을 해본 적이 있나요. 서울에 좋은 집 한 채 살 수조차 없는 돈이라고는 해도 당첨금이라는 목돈이 들어왔을 때 어떻게 쓸지 상상한 경험은 많을 겁니다. 복권 당첨이 아니라 조금 구체적인 상황을 가정해보겠습니다. 만약 자신이 현재 50세이고 수중에 5억 원, 또는 10억 원이 있다면 어떻게 할 계획인가요? 은퇴가 가시권에 들어오는 시점에 대출까지 받아 부동산에 투자하기도 애매하고 고수익을 좇아 요즘 유행하는 미국 주식을 사는 것도 불안할 겁니다. 그렇다고 낮은 금리의 예금으로 가지고 있기는 조금 아쉽습니다.

　이럴 때 좋은 대안은 배당투자입니다. 배당 수익률이 연 5% 정도라면 5억 원으로 매년 2,500만 원씩 배당금을 받을 수 있습니다. 10억 원이 있다면 연 5,000만 원을 받을 수 있습니다. 여기도 변수는 있습니다. 바로 금융소득종합과세입니다. 모든 소득에는 당연히 세금이 붙지만 금융소득종합과세는 누진세라는 결이 다른 체계가 적용됩니다. 소위 종합소득세를 내는 새로운 세상으로 진입합니다. 쉽게 말해 이자와 배당소득으로 연 2,000만 원 이상을 받으면 금융소득에 근로소득, 사업소득 등을 합친 뒤 최대 45%까지 누진세율을 적용하는 것입니다. 그러면 과표에 따라 세율도 달라지고 건강보험료와 국민연금까지도 영향을 받습니다.

'세알못'인 사람 중에는 많이 벌면 많이 내야 한다고 대인배처럼 말하는 사람도 있습니다. 하지만 정작 자신이 나이가 들어 금융소득종합과세 대상자가 되고 실제로 몇 년 경험해보면 세알못의 과잉납세가 곧 호구임을 체감할 것입니다. 흔히 탈세는 범죄, 과잉납세는 호구, 절세는 곧 미덕이라고 말하곤 합니다. 절세가 곧 개인과 사회의 성장으로 이어지기 때문입니다.

하지만 연금계좌에서 배당투자를 하면 세금 걱정을 하지 않아도 됩니다. 연금계좌에서 받은 배당금을 인출하면 분리과세가 적용되기 때문에 금융소득종합과세 걱정 없이 배당수익을 얻을 수 있습니다. 이렇게 설명하면 많은 사람이 연금계좌가 매력적이라고 생각하지만, 한편으로는 자신의 연금계좌에 5억 원, 10억 원을 모을 수 있을지는 모르겠다고 합니다. 연금을 마치 복권처럼 생각해 가능성을 낮게 보기 때문입니다. 거듭 말씀드리지만 연금은 시간을 두고 기다리는 과정에 투자해야 합니다. 세액공제 한도만큼 꾸준히 납입하고 퇴직금을 중간에 인출해 써버리지 않는다면 충분히 가능합니다.

연금의 시작은 정확한 설계

연금 가입자들을 보면 보통 세액공제에만 집중합니다. 매년 연말정산 대비 한도를 얼마나 소진했는지를 보고 지금 얼마나 모여 있는지만 봅니다. 그런데 정작 연금이 얼마까지 모일지, 또는 노후에 어떻게 쓸지 생각하는 사람은 많지 않습니다. 연금 적립의 목적은 세액공제가 아닙니다. 궁극적인 목적은 인출입니다. 절세혜택과 높은 수익률은 미래의 인출을 위한 수단일 뿐입니다.

세액공제 한도인 연 900만 원을 20년간 납입하면 원금만 1억 8,000만 원입니다. 30년간 납입하면 2억 7,000만 원이 됩니다. 즉 20년간 직장생활을 하면 퇴직금으로 20개월치 월급이 쌓이고 30년이면 30개월치의 월급이 쌓이는 것입니다. 하지만 많은 사람이 연금저축과 퇴직연금으로 누적되고 불어난 수익을 어떻게 인출하고 사용할 것인지는 고민하지 않습니다.

연금 적립은 긴 시간의 여정이고 그 출발은 계획(설계)에서 시작돼야 합니다. 그런 다음 납입과 운용, 궁극적으로 인출과 소비 그리고 상속 및 증여로 마무리됩니다.

■ **연금투자의 4단계**
① 계획 → ② 납입과 운용 → ③ 인출과 소비 → ④ 상속과 증여

연금투자라는 여정에서는 설계와 인출이 가장 중요합니다. 설계 단계

는 납입과 운용 단계에서 얻은 피드백을 통해 조정과 보완이 이뤄질 수 있습니다. 하지만 전반적인 목표의 좌표를 설정하는 단계이므로 납입이나 운용보다 훨씬 중요한 단계입니다. 납입과 운용은 종목 선정과 마켓 타이밍에 지배되지 않고 시간과 복리에 의해 결정되는 만큼 결국 기계적이고 반복적인 과정으로 수량을 늘리는 데만 집중하면 됩니다. 소비도 돈을 쌓고 불려야만 가능한 단계이므로 차후의 문제입니다.

납입과 운용 과정은 매우 심플하게 접근해야 합니다. 연금투자를 연속적으로 실천하지 못하는 책임은 투자자 자신에게 있습니다. 그 바탕에는 심리적 불안과 허세, 질투 등이 자리 잡고 있고요. 이런 난관을 극복하고 연속성을 가지고 실천하도록 만들려면 처음부터 현실적인 목표와 계획을 얼마나 명확하게 세우는지가 중요합니다.

자금을 얼마나 모으고 어떻게 쓸지를 제대로 계획하면 운용에 대한 전략도 자연스럽게 세울 수 있습니다. 우선 시장의 상황이나 본인의 나이와 관계없이 수익률 극대화에 맞춰 운용하다가 1차 목표에 도달한 이후부터는 보수적으로 운용하면 됩니다. 대표적인 예가 주식 중심으로 운용하다가 목표에 도달하면 수령을 대비해 인컴 전략으로 전환하는 것입니다. 연금저축은 초장기 레이스인 만큼 시장에 휘둘리고 욕심에 눈이 멀어 길을 잃기 쉬우니 목표를 확실히 설정하길 바랍니다.

연금의 구성
이해하기

PART
2

여유로운 생활을 위한 연금저축

9
연금저축의 목표는 연금 수령이다

주객이 전도된 연금저축

왜 연금저축을 가입하는지 물으면 보통 "세액공제 때문에…"라는 대답이 돌아옵니다. 물론 틀린 말은 아닙니다. 하지만 연금저축의 목적이 세액공제가 되면 안 됩니다. 세액공제가 목적이면 연금저축에 투자한 자금은 세액공제를 받고 나면 목적을 달성한 것이니 방치되기 일쑤입니다. 실제 이런 경우가 많습니다.

저축의 목적은 소비입니다. 연금저축을 하면서 어떻게 쓸지 생각해본 적이 있나요? 얼마나 모을 수 있을지 생각해본 적 있나요? 스스로 질문해보길 바랍니다. 목적이 없으면 표류합니다. 그리고 연금저축의 과정은 초장기 레이스인 만큼 목적지가 명확해야 지치지 않습니다. 연금의 진정한 목적은 세액공제가 아닌 연금 수령에 맞춰져야 합니다. 수령 방법을 알고 목표 금액을 정해야만 나의 연금이 진짜 가치를 발휘합니다.

연금의 수령에 대한 관심이 크지 않은 것은 연금저축제도가 도입된 후 연금 수령 사례가 많지 않기 때문입니다. 일단 연금저축을 계획 중이라면 얼마나 적립해 어떻게 받을지 목표를 먼저 세워야 합니다. 보통 연금저축 관련 책들을 보면 돈을 납입하고 운용하는 데 집중하는 경우가 많습니다. 저는 반대로 연금 수령에 대해 먼저 설명하겠습니다. 연금의 궁극적 목적은 인출을 통한 소비이기도 하지만 연금으로 불린 돈을 수령하는 단계에서 비용, 즉 세금이 발생하기 때문입니다.

대부분 어렵게 돈을 벌고 불리다가 정작 비용이 나가는 단계에서 무기력하게 순응하는 경우가 많습니다. 연금의 꽃은 복리효과와 비용절감입니다. 2가지 효과가 결합되기 때문에 연금을 통해 부가 업그레이드되는 것입니다. 납입과 운용 과정에서 기대할 수 있는 복리효과는 기다림과 수동적인 기능이 필요한 반면, 인출 과정에서 기대할 수 있는 비용절감에는 현실이고 적극적인 액션이 필요합니다. 인출과 수령 과정을 정확히 알고 대응해야 연금투자라는 긴 여정을 아름답게 마무리할 수 있습니다.

연간 1,500만 원씩 10년 수령이 핵심

연금저축계좌를 운용하면 세액공제를 해주고 운용 수익에 대한 비과세 혜택을 줍니다. 대신 만 55세 이후 연금으로 수령할 때 연령에 따라 3.3~5.5%로 과세합니다. 이를 연금소득세라고 합니다. 연금계좌로 납입할 때 혜택으로 받은 세액공제율 13.2% 또는 16.5%(연소득에 따라 차등 적용) 그리고 이자와 배당에 대한 원천징수세율 15.4%에 비하면 연금소득세율은 매우 낮은 편입니다. 또 연금계좌에서 수익을 내고 받으면 금융소득종합과세 걱정이 없을 뿐만 아니라 실효 세율도 낮습니다.

이렇게 낮은 세율로 연금을 수령하기 위해서는 조건이 있습니다. 연금 관련 계좌에서 세액공제를 받은 원금과 연금 관련 계좌에서 발생한 운용수익을 10년 이상 기간에 걸쳐 연 1,500만 원 이내로 인출해야 합니다. 10년 이상 일정한 비율로 인출하지 않거나 연 1,500만 원을 초과해 인출하면 종합소득세에 합산돼 과세하거나 16.5%의 기타소득으로 과세하는 방법 중 선택해야 합니다. 즉 절세효과를 최대한으로 누리려면 연금 잔고가 많더라도 연간 1,500만 원까지만 인출해야 합니다.

연금계좌에 3억 원이 있고 매년 1,500만 원만 인출하겠다고 계획했다면 어떻게 될까요? 3억 원으로 연 5%의 배당 포트폴리오를 구성해 운용할 경우, 3억 원의 5%면 연간 1,500만 원의 수익이 발생합니다. 결국 매년 1,500만 원을 인출해도 적립했던 원금 3억 원은 소진되지 않습니다. 4% 배당이 나오도록 설계하고 매년 1,500만 원씩 인출해도 30년 뒤에는 원금 1억 3,000만 원이 남아 있습니다. 하지만 목표 수익률을 낮춰 연 3%의 배당 포트폴리오를 구성할 경우, 원금의 대부분이 사라지게 됩니다. 만약 은퇴 전인 60세 즈음에 3억 원이 있고 연간 1,500만 원씩만 인출하겠다고 마음먹는다면 30년간 90세까지는 무리 없다는 계산이 나옵니다.

매년 1,500만 원씩 인출 시, 3억 원 배당 포트폴리오의 잔고 추이

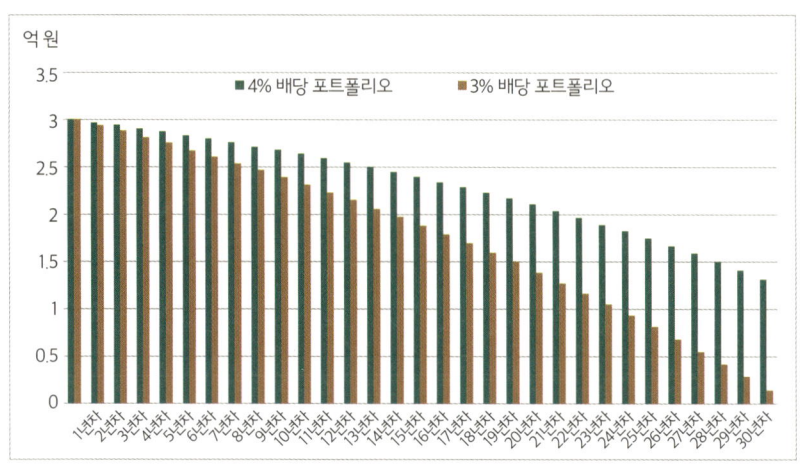

매년 1,500만 원씩 인출 시, 7억 원 배당 포트폴리오의 잔고 추이

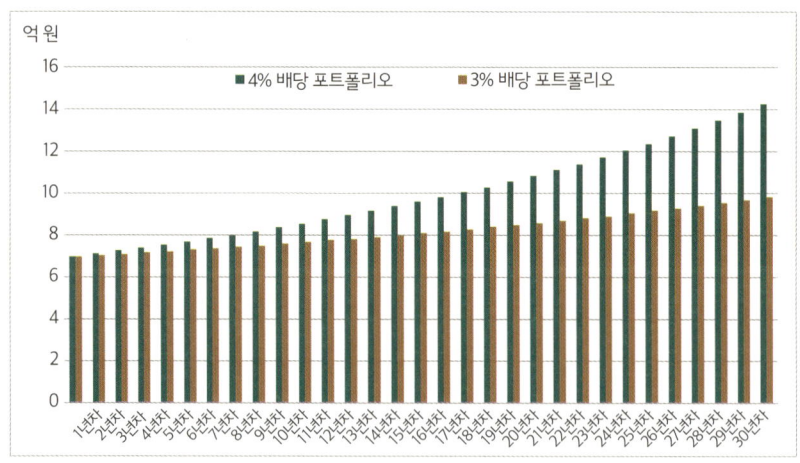

비교를 위해 다시 연금 잔고를 7억 원으로 가정하고 매년 1,500만 원씩 인출하면 어떻게 될까요? 상식적으로 7억 원의 4% 배당은 2,800만 원이고, 3% 배당은 2,100만 원이므로 1,500만 원씩 매년 인출하더라도 원금 7억 원은 줄지 않습니다. 은퇴 이후 저율과세의 한도인 연간 1,500만 원씩만 인출하겠다고 마음먹는다면 은퇴 전 연금 목표액을 3억~4억 원으로만 잡아도 된다는 얘기입니다.

연 3~4%의 배당이 나오도록 포트폴리오를 구성하는 것은 어렵지 않습니다. 2024년 9월 현재 미국 국채 10년물 쿠폰 금리(이표)가 3.875%이고, 한국 10년 국채도 3.5%입니다. 참고로 이표란 채권증서에 표시된 지급이자율(연간 지급이자를 액면가로 나눈 비율)을 말합니다. 과거 채권증서에 여러 쿠폰을 붙여놓고 이자지급일에 하나씩 떼어서 지급받던 데서 유래한 용어입니다.

국내 리츠는 평균 6% 이상의 배당을, 고배당 주식 ETF도 연 4% 배당을 기대할 수 있습니다. 예금과 채권, 부동산 리츠와 고배당 주식 일부만

한국과 미국의 주요 국채 조건 예시(2024년 9월초 기준)

구분1	구분2	만기	쿠폰 금리	이표 지급 빈도	만기 수익률
한국 국채	3년물	2027년 6월 10일	3.250%	반기	2.92%
	10년물	2034년 6월 10일	3.500%	반기	3.04%
	20년물	2044년 9월 10일	2.875%	반기	2.97%
미국 국채	3년물	2027년 8월 15일	3.750%	반기	3.48%
	10년물	2034년 8월 15일	3.875%	반기	3.65%
	20년물	2044년 8월 15일	4.125%	반기	4.04%

으로도 충분히 4% 이상의 포트폴리오를 구성할 수 있습니다. 포트폴리오의 평가액이 등락할 수 있지만 안전 자산 비중을 60% 이상 유지하면 크게 걱정할 필요도 없습니다. 물론 연금 목표액을 3억~4억 원 수준에서 만족해선 안 됩니다. 가급적 은퇴 전에 돈을 많이 불려놓는 것이 좋습니다. 앞서 7억 원의 예시를 보여드렸듯이 인출해도 원금이 훼손되지 않을 정도로 자산을 만들어놓으면 노후에 경제적 자유를 보장받을 수 있습니다. 생활비가 아니라 예비비로써 돈이 필요한 시점에 언제든지 사용할 수 있습니다. 물론 1,500만 원 이상 인출할 때 따르는 종합소득세나 기타 소득세는 감내하고 출금해야 합니다. 하지만 하늘이 무너질 정도의 일은 아닙니다. 퇴직연금의 퇴직금 인출분을 활용하면 대부분 해결할 수 있는 문제입니다. 이는 뒤에서 다시 설명하겠습니다.

10
3억 원 저축에
월 125만 원으로 살 수 있을까

3억~4억 원을 저축할 수 있을까?

연금저축 세액공제 한도인 연 600만 원을 기준으로 생각해보겠습니다. 물론 IRP까지 포함하면 세액공제 한도는 현재 연 900만 원이긴 하지만 연금저축계좌의 한도 금액인 600만 원으로 국한해 가정하겠습니다. 이는 세액공제를 받을 수 있는 한도일 뿐, 총 합산 기준으로 따지면 1,800만 원까지 납입할 수 있습니다.

연금저축으로만 제한해 600만 원을 10년간 납입하면 투자 원금만 6,000만 원입니다. 납입 기간이 20년이면 원금은 1억 2,000만 원, 25년이면 1억 5,000만 원, 30년이면 1억 8,000만 원이 됩니다. 투자 수익률을 적용해 투자 원금과 수익금을 포함한 기대 잔고를 추적해보면 연 5%의 수익률일 경우 20년 후에는 약 2억 원, 25년 후에는 약 3억 원, 30년 후에는 약 4억 원을 넘게 됩니다.

당연한 얘기지만 투자 수익률이 높아지고 투자 기간이 길어질수록 누적되는 연금 잔고는 기하급수적으로 증가합니다. 매년 600만 원씩 30년을 납입하고 연 7%의 수익률을 달성할 경우 원금은 1억 8,000만 원이지만 누적 잔고는 6억 1,000만 원입니다. 연 10%의 수익률일 경우 누적 잔고는 10억 9,000만 원으로 불어납니다.

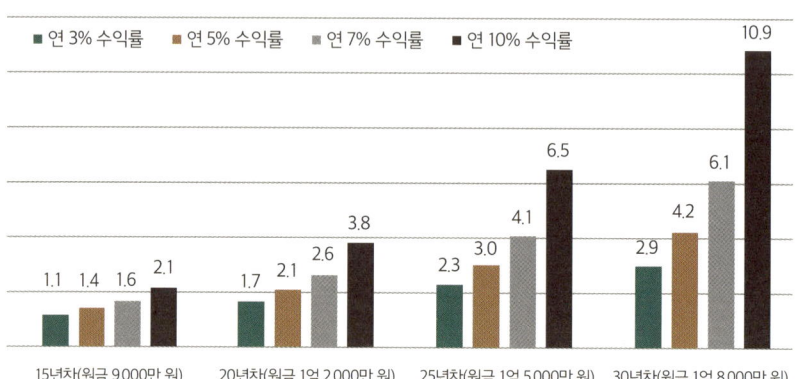

연금저축에 매년 600만 원 납입 시 기대 수익률별 누적 연금 자산 추정치
(단위: 억 원)

연 7%와 연 10%의 수익률을 달성하기란 매우 어려운 일입니다. 하지만 실제로 미국 S&P500지수는 2004년 6월 말부터 2024년 6월 말까지 20년간 연평균 10.3%를 달성했고, 한국의 KOSPI지수도 같은 기간 연평균 8.5%를 달성했습니다. 미국 다우지수의 100년간 연평균 수익률은 8.3%이고, KOSPI지수는 1980년 이후로 현재까지 연평균 8.8%를 달성하고 있습니다. 해마다 수익률은 등락을 거듭합니다. 하지만 상승기 수익률이 압도적으로 높기 때문에 지수를 대상으로 한 장기 투자에서 연평균 8% 이상의 수익률을 달성하는 것은 늘상 있던 일입니다.

하나 더 주목할 부분이 있습니다. IRP를 활용하면 세액공제 한도가 연 900만 원까지 늘어나고 그에 따라 적립할 수 있는 재원이 상당히 커진다는 것입니다. 다음 그림에서 30년 후의 결과만 말씀드리면 900만 원씩 30년 납입 시 투자 원금은 2억 7,000만 원이 됩니다. 만약 투자 수익률이 5%라면 연금 자산은 누적 6억 3,000만 원이 돼 있을 것이고 7%라면 9억 1,000만 원, 10%라면 16억 원을 달성하게 됩니다.

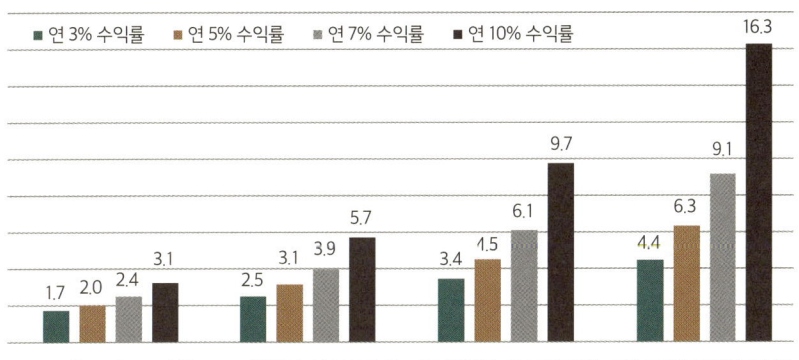

IRP를 활용해 매년 900만 원 납입 시 기대 수익률별 누적 연금 자산 추정치
(단위: 억 원)

매년 900만 원이라는 납입액이 부담스러울 수 있습니다. 사회초년생이거나 결혼, 주택 마련 등으로 인해 지출이 많은 경우 연금을 시작해도 세액공제 한도를 다 소진하기 어렵습니다. 따라서 처음 5년간은 연간 400만 원(월 33만 3,000원), 이후 5년간은 연 700만 원, 그 후에는 연 900만 원 납입처럼 납입액을 점차 늘려가는 것이 현실적입니다.

납입액을 차등으로 배분해 초기 5년간 400만 원, 이후 5년간 700만 원, 이후 10년간 900만 원으로 투자할 경우, 연 5% 수익률로는 20년 후 2억

3,000만 원을 달성할 수 있습니다. 400만/700만/900만 원의 납입액 비율을 조금 조정해 900만 원을 15년간 납입해 총 25년을 납입하면 3억 5,000만 원의 연금 자산을 모을 수 있습니다. 30년이면 5억 원으로 불어납니다. 물론 수익률이 조금만 높아져도 복리효과로 인해 자산 가치는 크게 상승합니다. 결국 초기에 자금이 넉넉하지 않더라도 본인의 능력 내에서 꾸준히 연금을 납입하는 것이 중요합니다.

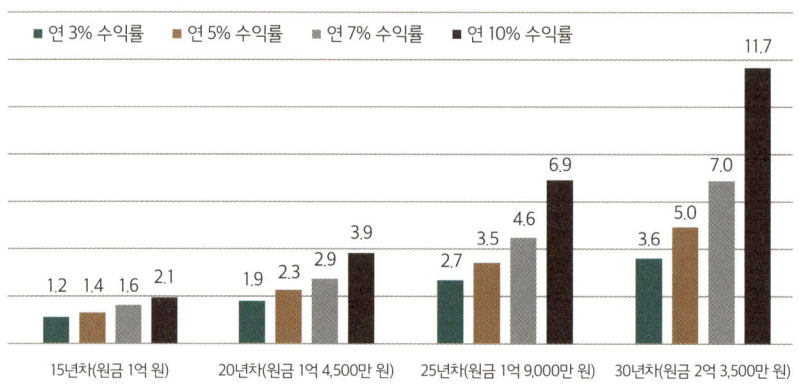

처음 5년간 400만 원, 이후 5년간 700만 원, 이후 900만 원씩 납입하는 경우
(단위: 억 원)

이제 "연금저축으로 3억 원, 4억 원 같은 큰돈을 모을 수 있을까?"라는 질문에 충분히 가능하다고 답할 수 있는 이유를 아시겠죠. 최종 연금 자산의 결괏값을 3억 원에서 10억 원대로 대폭 상승시키는 변수는 바로 납입액과 투자 기간 그리고 수익률입니다. 이렇듯 납입 기간을 20년 이상 유지하겠다고 마음먹고 매년 600만 원 납입을 실천한다면 수익률이 과거 평균에만 수렴하더라도 3억~4억 원을 모을 수 있습니다.

연 1,500만 원으로 충분한 노후생활이 가능할까?

다음으로 생각해 볼 것은 종합소득세를 피하기 위해 연 1,500만 원, 즉 월 125만 원에 해당하는 돈으로 생활이 가능한가의 문제입니다. 물론 가능은 하겠지만 쉽지는 않습니다. 이제 우리는 인출플랜 보완이라는 단계로 넘어가야 합니다. 보완재로는 퇴직연금과 국민연금이 대표적입니다.

퇴직연금계좌 내에 입금된 퇴직금은 연간분리과세 한도 1,500만 원에 포함되지 않습니다. 따라서 국민연금이 나올 때까지는 퇴직금으로 부족한 자금을 보충해야 합니다.

55세를 연금 인출의 시점으로 본다면 55세에서 65세까지 연금저축과 IRP계좌의 인출금과 퇴직연금에 입금된 퇴직금을 인출해 부족분을 메울 수 있습니다.

65세를 기점으로 퇴직연금과 국민연금을 보완재로 활용하는 법

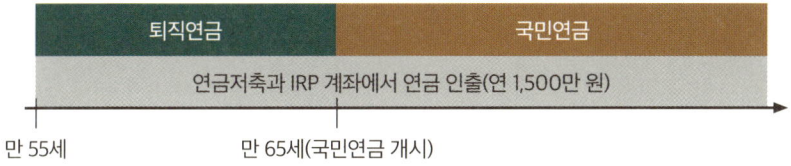

퇴직연금을 55세에서 65세 사이에 모두 소진하지 않고 활용하는 방법도 있습니다.

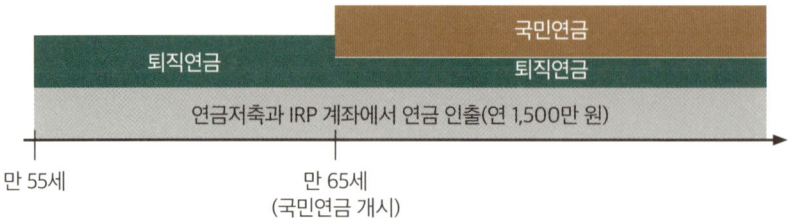

퇴직연금이나 국민연금 같은 보완적 수단을 쓰는 것 외에도 제도적 변화를 기대할 수도 있습니다. 분리과세 혜택을 받을 수 있는 연간 수령한도인 1,500만 원은 향후 확대될 수 있습니다. 실제로 세법 개정을 통해 2024년부터 연간 수령한도가 1,200만 원에서 1,500만 원으로 확대된 바 있으니 점진적으로 수령한도가 상향될 것으로 기대됩니다.

11
연금 수령의 걸림돌, 기타소득세

기타소득세가 부과되는 경우

연금 관련 계좌로 절세효과를 누리려면 세액공제를 받은 원금과 운용수익을 10년 이상 기간에 걸쳐 연 1,500만 원 이내로 인출해야 합니다. 만약 나눠서 인출하지 않고 목돈을 인출하는 경우 16.5%의 기타소득세가 과세됩니다. 충분히 나눠서 인출하더라도 인출액이 연 1,500만 원을 초과하면 종합소득세에 합산돼 과세하거나 16.5%의 기타소득으로 과세하는 방법 중 선택해야 합니다. 특히 연 1,500만 원을 초과해 인출하는 경우 한도 초과 금액뿐만 아니라 모든 인출액이 기타소득세 또는 금융소득종합과세 대상에 포함되므로 더욱 조심해야 합니다.

기타소득세가 징수되는 경우는 크게 2가지로 구분할 수 있습니다.

① 연금으로 받지 않고 중도 인출이나 해지하는 경우

중도 인출하거나 연금계좌를 해지한 경우 당해 납입, 추가 납입으로 세액공제를 받지 않은 원금을 제외한 전액에 대해 기타소득세가 과세됩니다. 끝까지 유지해 연금으로 받더라도 법으로 정한 연금 수령 조건에 따라 일정 기간 이상 꾸준히 나눠 받지 않아도 기타소득세가 과세됩니다. 그러나 이때는 전체 금액이 아니라 한도를 초과한 금액에 대해서만 기타소득세가 과세됩니다. 법으로 정해진 연간 연금 수령 한도는 다음 계산식으로 확인할 수 있습니다. 연금 수령 연차는 만 55세가 1년, 이후 매년 1년씩 늘어납니다.

■ **연금 수령 한도 계산식**

$$\frac{\text{연금계좌 평가액}}{11-\text{연금 수령 연차}} \times 1.2 = \text{연금 수령 한도}$$

연금 수령 한도 계산식이 의미하는 바는 55세 이후 연금 수령 연차가 11년차가 되는 만 66세부터 연금 잔고에 따른 수령 한도가 없어지고 연간 수령한도인 1,500만 원만 지키면 저율의 분리과세 혜택을 받을 수 있다는 것입니다(위 계산식의 분모값이 0이 되면 한도가 없어짐). 또 만 55세가 됐을 때 최소 1억 2,500만 원이 있어야 분리과세 한도인 연 1,500만 원까지 인출할 수 있다는 것입니다. 뒤집어 생각하면 연금계좌 납입액이 1억 원을 넘기 전까지는 적용 대상이 아니므로 연간 인출 한도인 1,500만 원을 고려할 필요가 없습니다. 이 시기에는 연간 1,500만 원의 인출 한도보다 연금 규모를 늘리는 데 신경 써야 합니다.

② 저율 분리과세 한도를 초과해 인출한 경우

연금 자산이 크면 연간 연금 수령 한도도 커집니다. 연금계좌에 3억 원이 있다면 만 55세에 인출할 수 있는 금액은 연 3,600만 원입니다. 하지만 분리과세를 적용받으려면 연 1,500원까지만 인출해야 합니다. 만약 연금계좌에서 연 1,500만 원 이상 출금하면 전액에 대해 기타소득세 또는 종합소득세(선택 가능)로 과세됩니다.

사례로 이해하는 기타소득세

연금 수령의 조건을 감안하지 않고 인출하는 경우, 어떤 규정의 제한을 받는지 살펴보겠습니다. 계산 편의상 연금계좌 평가액이 1억 원이고 이후 수익과 손실이 없는 상황이라고 가정하겠습니다.

① 첫해 한 번에 90%를 인출하고 이후 1%씩 인출한 경우

첫해 연금 수령 한도는 1억 원÷(11-1)×1.2로 연 1,200만 원입니다. 첫해에 9,000만 원을 인출하면 1,200만 원까지는 연금으로 인정받지만 나머지 7,800만 원은 연금으로 인정받지 못해 기타소득세(16.5%)가 과세됩니다. 이후 매년 100만 원씩 인출하는 금액은 연금으로 인정받아 낮은 세율로 분리과세됩니다.

② 10년간 인출하지 않다가 한 번에 전액을 인출한 경우

10년이 경과하면 연금 수령 한도가 없어집니다. 1억 원 전액을 연금으로 인정받을 수 있는 것이죠. 그러나 저율의 분리과세 혜택을 받으려면 연금을 연간 1,500만 원 한도로 인출해야 합니다. 1억 원을 한꺼번에 인출하면 한도를 초과했기 때문에 1억 원 전액이 기타소득세(16.5%) 또는 종합소득세 합산 중 선택한 소득으로 과세됩니다.

피하지 못한다면 즐기라는 말이 있지만 세금의 경우에는 해당되지 않습니다. 세금은 피할수록 좋습니다. 적어도 기타소득의 실체를 이해하고 적절하게 활용해야 합니다. 기타소득세는 투자자에게 불이익을 주는 과징금이 아니라 혜택을 되돌리는 추징의 성격을 띱니다. 세액공제(13.2% 또는 16.5%) 또는 비과세 혜택(15.4% 원천징수 미징수)을 주는 이유는 연금소득의 확보를 유도하는 정책적 선택에서 비롯합니다. 만약 투자자가 이를 제대로 지키지 않는다면 되돌릴 수밖에 없으며 바로 그러한 방법으로 기타소득세를 부과하는 것입니다.

기타소득세는 연금 수령의 원칙만 지키면 피할 수 있습니다. 연금 자산이 큰 경우 어쩔 수 없이 마주쳐야 하지만 실체를 알고 전략적으로 대응하면 오히려 전략적으로 활용할 수 있는 여지도 있습니다. 기타소득세가 부담스럽고 번거롭다는 이유로 연금저축을 멀리해선 안 됩니다.

12
연금저축을 시작해야 하는 시기

빠르면 빠를수록 좋다

　연금의 장점인 세제 혜택을 제대로 누리기 위해서는 연금 수령 시 인출액을 연간 1,500만 원 이내로 제한해야 하는 번거로움이 뒤따릅니다. 인출 금액 제약으로 인해 생기는 부족한 부분은 퇴직연금과 국민연금으로 어느 정도 보완할 수 있습니다. 그러면 연금저축은 언제부터 시작하면 좋을까요.

　연금저축 가입에는 연령 제한이 없습니다. 빠르면 빠를수록 좋습니다. 여유가 된다면 미성년 자녀가 사회에 첫 발을 디딜 때를 대비해 미리 계좌를 만들어 납입해주는 것도 좋습니다. 물론 연금저축을 시작하는 데에는 현실적인 제약들이 있어 쉽지 않은 일입니다.

　이때 세제 혜택이 동기부여가 될 수 있습니다. 연금저축계좌와 개인이 추가로 납입해 운용하는 IRP계좌 같은 연금 관련 계좌는 연간 1,800만 원까지 납입이 가능합니다. 이 중 최대 연 900만 원까지 세액공제 혜택을 받을 수 있습니다. 그런 이유로 사회초년생들은 노후 준비보다는 연말정산에 대비할 목적으로 최대 140만 원이 넘는 세액공제를 받을 수 있는 절세상품으로 연금저축을 접합니다. 보통 이것을 13월의 보너스라고 부르곤 합니다.

미래에 대한 준비는 빠를수록 좋습니다. 하지만 당장의 이익이 없다면 동기부여가 되지 않습니다. 연금저축의 장기적 이익은 과세이연(비과세 운용 후 저율과세)이지만 당장의 이익은 납세자가 내야 할 세금을 차감해주는 세액공제입니다. 총 급여 5,500만 원(종합소득 4,500만 원) 이하인 경우 연금저축 납입 금액의 15%(지방소득세 포함 시 16.5%)를 세액공제하고, 초과하는 경우에는 12%(지방소득세 포함시 13.2%)를 세액공제합니다. 연금저축 및 IRP 추가 납입 금액 기준 연 최대 900만 원, 세액공제금액 기준 148만 5,000원(총 급여 5,500만 원 초과인 경우 118만 8,000원)까지 세액공제가 가능합니다.

만약 세금이 0원이면 어떻게 될까요? 세금이 0원이라면 세액공제가 필요 없습니다. 세금이 0원인 경우는 소득이 크지 않은 상태에서 부양가족, 교육비, 기부금, 청약저축 등 세금 부과 시 공제되는 항목이 많은 경우입니다. 본인의 세금이 0원인지 확인하려면 연말정산 시 결정세액이 얼마인지 확인하면 됩니다.

만약 급여가 낮고 기존 공제 항목이 많아 결정세액이 0원인 사람이 금융 회사나 친구로부터 연말정산 시 세액공제로 148만 원을 받을 수 있다는 얘기만 듣고 세액공제를 목표로 납입했다면 낭패를 볼 수 있습니다. 연금저축의 절세혜택이 세액공제만 있는 것은 아닙니다. 과세를 이연시켜주는 강력한 면과 함께 연금으로 받을 때 낮은 세율을 적용해주는 것이 강점입니다. 따라서 당장의 세액공제가 연금저축의 납입 목적이라면 고민해봐야 합니다.

결정세액은 홈택스의 연말정산 프로세스에서 최종 환급액(차감징수세액)과 함께 확인할 수 있습니다. 결정세액은 최종적으로 부담해야 할 세금을 말하며, 연말정산을 통해 결정세액에서 원천징수된 세금을 차감해 환급 여부가 결정됩니다. 최종 연말정산의 결과가 세금의 환급이더라도 결정세액이 있다면 연금저축과 같은 절세 상품으로 추가적인 세금 환급이 가능합니다.

보통 총 급여 3,500만 원의 1인 가구에서 주택청약저축과 신용카드 공제를 제외한 다른 공제 항목(부양가족, 주택 관련 비용, 연금저축, 보장성 보험, 교육비, 의료비, 기부금 등)이 없다면 결정세액은 100만~120만 원 정도로 추정합니다. 여기에 부양가족이 있거나 보험 가입, 기부금 등의 지출로 인해 결정세액이 없거나 소액인 경우라면 연금저축의 세액공제 혜택은 의미가 없습니다. 위와 같은 경우가 아니고 일정 금액이 있다면 세액공제를 목적으로 연금저축 투자를 검토할 시점입니다.

13
연금을 대신할 절세투자 ISA

중단기 목돈 만들기에는 ISA

　연금저축은 세액공제 혜택을 주는 대신 중도 해지하면 기타소득세를 과세합니다. 앞서 결정세액이 0원이라 세액공제할 세액 자체가 없거나 차량 구입, 주택 분양, 결혼 자금 마련 등의 특정 목적을 위한 자금을 모아야 한다면 연금저축은 적합하지 않습니다. 이런 경우에는 절세 기능이 있는 주택청약종합저축과 ISA가 대표적인 대안이 됩니다.

　주택청약종합저축은 보통 주택 분양을 받기 위한 수단으로만 생각하는데, 미래의 내 집 마련을 위한 준비뿐만 아니라 당장의 절세효과도 기대할 수 있는 상품입니다. 특정 요건을 만족하면 주택청약종합저축 납입금의 40%를 300만 원 한도로 소득공제 받을 수 있습니다.

　ISA(Individual Savings Account, 개인종합자산관리계좌)는 1인당 1계좌만 보유할 수 있는 절세계좌입니다. ISA로 지정한 계좌에서 운용되는 예금, 펀드,

주식 등의 이자와 배당소득을 통산해 200만 원까지 비과세, 200만 원을 초과하는 수익에 대해서는 9.9%로 저율 분리과세되는 제도입니다. 종합소득세 과세 대상자는 가입할 수 없고 연간 납입 한도는 2,000만 원, 최대 1억 원으로 제한돼 있습니다.

납입 한도만 있을 뿐 납입을 강제하지는 않아서 여유 자금이 있을 때 입금해 운용하고 3년 후 원하는 시점에 해지하고 재가입할 수 있습니다. 3년을 채우지 못해도 해지할 수 있지만 세제 혜택은 받을 수 없습니다. 또 원금은 언제든 출금할 수 있어 급하게 자금을 활용해야 할 때 꺼내 쓸 수 있습니다.

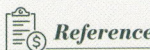 *Reference*

ISA에 대한 오해

1. 만기까지 해지가 불가능하다.
해지하면 세제 혜택이 없을 뿐 해지할 수 있습니다. 더불어 원금은 만기 전에도 출금할 수 있어 인출에 큰 제약이 없습니다.

2. 인출 시 강제 현금화된다.
만기까지 그대로 두면 모든 자산이 현금화됩니다. 3년이 지난 후 연장할 수 있으며 이후 원하는 시점에 현금화해 해지하면 됩니다. 단, 금융소득종합과세 대상자가 되면 계약이 연장되지 않고 해지됩니다.

3. 주식 매매에 최적화된 계좌다.
국내 주식의 매매 차익이 과세되는 시점에는 주식 매매에도 활용할 만하지만 제도 도입 유예로 국내 주식의 매매 차익이 비과세되는 현재와 같은 상황에서는 국내 주식보다 이자와 배당소득이 발생하는 상품을 운용하는 것이 적합합니다.

연금저축과 ISA 비교

구분	연금저축	ISA
가입 자격	누구나	국내 거주 중인 만 19세 이상
납입 한도	연간 최대 1,800만 원	연간 최대 2,000만 원, 5년간 최대 1억 원
의무 납입 기간	가입 기간 5년 이상이어야 하며, 만 55세 이상부터 연금으로 수령 가능	3년(연장 가능)
중도 인출	언제든 가능, 다만 인출 시 세제 혜택을 받은 부분에 대해서는 반납하고 기타소득세를 내야 함	언제든 가능, 다만 납입 원금을 초과한 금액은 중도 해지 조건을 적용해 추징 가능
세제 혜택	• 세액공제 혜택(한도 600만 원, 공제율 16.5%) • 과세이연 혜택(운용 중 비과세, 인출 시 연금소득세 3.3~5.5%)	• 이익과 손실을 통산해 순소득에 대해 혜택 • 200만 원까지 비과세, 초과금액은 9.9% 분리과세
투자 가능 상품	• 펀드, ETF • ISA와 달리 국내 주식, ELS에 투자 불가	• 국내 주식, 펀드, ETF, ELS 등 • 해외 상장 주식 및 ETF는 매매 불가
종합비교	• 은퇴 후 넉넉한 소비를 위한 10억 원 만들기 장기 프로젝트를 고민한다면 연금저축 선택 • 연금저축은 복리효과 성공 조건을 갖추고 있음. 장기 투자, 꾸준한 납입, 비과세, 과세이연의 삼박자 • ISA는 중단기 목돈(1억~2억 원) 만들기에 최적화됨 • ISA는 최대 납입 한도 1억 원으로 제한되고, 비과세가 200만 원으로 한정된다는 측면에서 부의 극대화 수단으로는 한계가 있음	

이처럼 ISA는 연금의 대체 상품으로 적합하고, 동시에 보완하는 상품으로도 활용할 수 있습니다. 연금 관련 계좌는 납입 한도가 연간 1,800만 원으로 제한돼 있는 반면, ISA 만기 자금을 연금계좌로 이전하는 경우 납입 한도 제한 없이 이전할 수 있어 연금계좌의 자산 규모를 크게 늘릴 수 있습니다. 그리고 납입액의 10%에 대해 최대 300만 원까지 추가 세액공제 혜택을 줍니다. 따라서 연금계좌 외에 추가로 투자한다면 ISA를 먼저 검토하는 것이 좋습니다.

연금저축계좌를 운용하고 있지 않더라도 중도 출금의 가능성이 있고

5년 이내 단기로 목돈을 만들 목적이라면 ISA가 적합합니다. 반면 중도 출금의 가능성이 없고 은퇴 이후 넉넉한 생활비나 예측 불가능한 삶의 예비비를 마련하고자 한다면 연금저축을 꾸준히 납입하는 것을 추천합니다. 돈을 크게 불리고자 한다면 긴 기다림을 전제로 복리효과와 비용 절감이 필수입니다. 연금저축의 10년 이상 장기 투자와 과세이연의 절세효과가 이 조건을 충족시킵니다.

14
제2의 연금저축 IRP

연금저축과 환상의 콤비

연금 관련 세액공제 혜택은 연금계좌에 대해 연 600만 원, IRP(Individual Retirement Pension)계좌 납입금을 포함해 연 900만 원입니다. 이 말은 IRP계좌에만 연 900만 원을 납입해도 전액 세액공제가 가능하다는 의미입니다. 반대로 연금저축계좌는 연 900만 원을 입금해도 600만 원만 세액공제 혜택을 받습니다.

세액공제를 받을 수 있는 금액 이외에 추가 입금도 가능합니다. 연간 입금 한도가 1,800만 원이므로 세액공제를 받는 금액 이외에 추가로 입금할 수 있는 금액은 연 900만 원입니다. 세액공제를 받지 않은 자금들은 필요할 때 언제든 과세 없이 인출할 수 있습니다.

연금저축계좌와 IRP의 세액공제 한도와 납입 한도

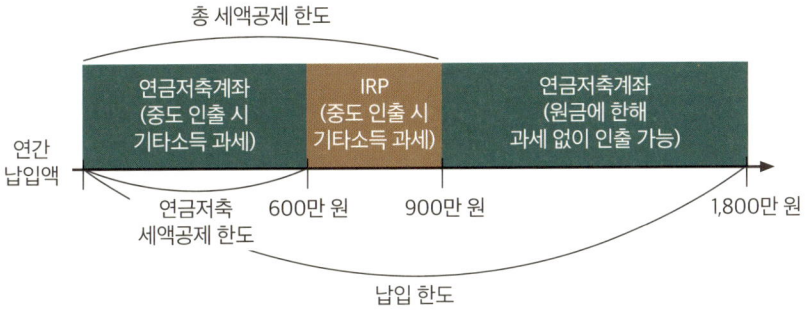

IRP계좌만 이용해도 세액공제를 최대한으로 받을 수 있습니다. 일반적으로는 연금저축계좌를 함께 활용하며 세액공제 한도를 초과한 추가 납입은 연금저축계좌를 활용하는 경우가 많습니다. 연금계좌를 IRP계좌와 병행해 활용하는 가장 큰 이유는 연금저축에 대한 세액공제가 먼저 도입됐기 때문입니다. 오래됐기에 익숙한 것이죠. 하지만 구조적으로도 차이가 있습니다.

엄밀하게 구분하면 IRP는 퇴직연금계좌입니다. 실제로 퇴직연금제도가 도입된 회사에서는 퇴직금을 IRP계좌로 지급합니다. 근로자는 IRP를 해지해 퇴직금으로 수령하거나 IRP계좌를 유지하며 연금으로 수령(연금 수령 시 퇴직소득세 30~40% 감면)할 수 있습니다.

IRP와 연금저축의 차이

IRP계좌는 개인이 별도로 개설해 퇴직금을 받는 용도 이외에 연금저축계좌처럼 운용할 수도 있습니다. 적립과 세액공제, 수령이라는 기본

틀은 연금저축과 동일하지만 퇴직연금이기에 운용에서 차이가 있습니다.

① 위험 자산 최대 70%까지만 편입 가능

연금저축과 달리 퇴직연금은 좀 더 안정적인 운용을 위해 주식과 같은 위험 자산을 70%까지만 편입할 수 있습니다. 30% 이상은 예금, 채권형/채권 혼합형(주식 등 위험 자산 비중 50% 이내) 상품으로 운용해야 합니다. 장기 투자를 통해 자산을 크게 늘리고자 하는 경우 상당한 제약이 될 수 있습니다.

② 일부 중도 인출 불가

IRP계좌는 해지 후 전액을 인출할 수 있지만 일부 자금에 대한 중도 인출은 제한적입니다. 반면 연금저축계좌는 일부 자금을 중도 인출할 수 있습니다. 세액공제를 받은 경우 기타소득세(16.5%)가 징수되긴 하지만, 세액공제를 받지 않은 납입금은 세금 없이 인출할 수 있습니다. 연금저축이 계좌를 유지하면서 일정 수준으로 출금할 수 있으므로 편의성 면에서 IRP 대비 우위를 가집니다.

③ 대출 불가

연금계좌를 운용하기 시작할 때는 해지하지 않고 끝까지 유지할 수 있는지를 따져야 합니다. 결혼, 주택 마련 등과 같은 이벤트로 해지할 가능성이 있다면 연금보다 ISA가 더 적합합니다. 연금저축계좌는 예상외의 자금이 필요한 경우에 자산을 담보로 대출이 가능합니다. 이자를 부담해야 하기 때문에 비용이 발생하긴 하지만 상황에 따라 해지하지 않고 단기로 자금을 활용할 수 있습니다. 반면 퇴직연금계좌는 노후 보장을 위해 담보와 같은 질권 설정에 제한을 두며 그로 인해 대출이 불가능합니다.

따라서 운용의 유연성을 고려해 일반적으로 연금계좌를 먼저 활용하고 세액공제 한도가 초과되면 IRP에 추가 납입을 하는 경우가 일반적입니다. 이후 다시 납입 한도까지 연금저축계좌를 활용하는 이유는 자금 필요 시 추가 납입한 원금을 출금하고 수익은 연금계좌에 남겨 계속 비과세로 운용할 수 있기 때문입니다.

15
연금계좌를 키우는 추가 납입

ISA를 활용한 추가 납입

　연금과 관련된 세액공제 혜택은 최대 연 900만 원이고, 20년간 납입하면 원금만 1억 8,000만 원입니다. 연간 900만 원, 매월 75만 원을 20년간 꾸준히 납입한다는 것이 말처럼 쉬운 일은 아닙니다. 소득이 많지 않은 사회초년생, 결혼 후 이제 막 자리를 잡은 신혼부부라면 더욱 그렇습니다. 또 2023년 이전까지는 연금저축의 세액공제 한도가 연 700만 원이어서 기존 투자자들도 현재 대비 적은 금액을 적립해왔습니다.

　현실적으로 40대와 50대 중 연금계좌를 꾸준하게 유지한 사례는 많지 않습니다. 지금부터라도 연 900만 원씩 납입한다고 해도 연 3~5%의 배당수익만으로 연 1,500만 원의 현금 흐름을 만들 수준으로 자산 규모를 키우기는 쉽지 않습니다. 이때 추가 납입을 활용하면 됩니다.

　연금계좌로 추가 납입할 수 있는 방법은 2가지입니다. 연간 납입 한도 1,800만 원을 모두 소진하는 것과 ISA 만기 자금을 입금하는 것입니다. 먼저 납입 한도 1,800만 원을 모두 소진하면 10년간 납입 원금만 1억 8,000만 원이 됩니다. 만약 10년 이상 투자할 시간이 남아 있는 경우라면 연금계좌의 규모를 일정 수준으로 키울 수 있습니다.

ISA 만기 자금은 짧은 기간 내 연금계좌 규모를 늘리고자 하는 경우에 활용하기 좋습니다. ISA계좌는 매년 2,000만 원씩 5년간 최대 1억 원까지 납입할 수 있습니다. 즉 5년간 2,000만 원씩 ISA에 납입하고 동시에 연금계좌에 1,800만 원씩 납입할 경우 ISA는 만기 시 납입 원금만 1억 원이 되고 연금계좌는 9,000만 원이 됩니다. ISA계좌의 1억 원을 연금계좌로 이전하면 연금계좌는 총 1억 9,000만 원이 됩니다. 이때 ISA 만기 자금이 입금되면 납입 금액의 10%, 최대 300만 원까지 추가 세액공제도 가능합니다. 즉 연금계좌 납입에 따른 900만 원, ISA 납입에 따른 300만 원, 총 1,200만 원이 세액공제 대상이 되는 것입니다.

추가 납입으로 자산 규모를 늘린 경우 연금계좌에 납입된 금액 중 세액공제를 받지 않은 금액은 비과세로 언제든 인출할 수 있다는 추가 이점이 있습니다. 연금계좌의 경우 매년 추가 입금한 900만 원이 여기에 해당됩니다. 만약 5년간 납입했다면 4,500만 원, 10년이면 9,000만 원입니다. ISA의 경우는 5,000만 원을 입금하고 첫해에 300만 원의 추가 세액공제를 받았다면 4,700만 원, 1억 원을 입금했다면 9,700만 원을 제한 없이 인출할 수 있습니다. 이 자금들은 연금계좌 내에서 비과세로 운용하며 수익을 쌓다가 자금이 필요할 때 인출할 수 있습니다.

추가 납입금 활용 시 주의사항

자유로운 인출과 비과세 운용을 고려하면 추가 납입을 좀 더 적극적으로 활용하는 방안도 생각할 수 있습니다.

첫째, 연금계좌를 비과세 통장처럼 사용하는 경우입니다. 여유 자금이 있을 경우 수시로 연금계좌에 입금해 비과세로 운용하고 필요할 때마다 찾아서 쓰면 됩니다. 다만, 제한적으로 가능한 방법이어서 실효성은 크지 않습니다. 예를 들어 추가 납입으로 연 1,800만 원의 납입 한도를 소진하고 나서 중도 인출을 해도 한도가 다시 회복되진 않습니다. 즉 몇 번의 납입과 인출을 반복해 해당 연도의 납입 한도를 모두 소진하면 더 이상의 추가 납입이 불가능해집니다. 따라서 입출금을 자주 하기보다 반드시 필요한 인출 목적으로만 활용해야 합니다.

둘째, 세액공제 대상이 아니어서 비과세로 인출할 수 있는 금액과 다른 금액을 혼합해 연 1,500만 원 이상으로 꾸준하게 인출하는 방법입니다. 연금계좌 잔고 4억 원 중에 세액공제를 받지 않거나 추가로 납입한 자금이 1억 5,000만 원이라면 연금에서 발생하는 배당금을 매년 1,500만 원 인출하고, 추가로 납입한 1억 5,000만 원을 매년 3,000만 원씩 5년간 인출하는 것입니다. 하지만 연금저축계좌에서 연금이 인출될 때는 세액공제를 받지 않은 금액이 먼저 인출되므로 현실적으로 불가능합니다. 위의 예시처럼 매년 4,500만 원을 인출하면 3년까지는 추가 납입한 원금 1억 5,000만 원에서 총 1억 3,500만 원이 인출된 것으로 처리돼 비과세가 적용되지만 4년차에는 추가 납입한 자금이 1,500만 원밖에 남아 있지 않아 4,500만 원 중 3,000만 원은 분리과세 한도 적용 대상으로 분류됩니다다. 즉 1,500만 원은 비과세, 3,000만 원은 기타소득세 또는 종합소득세 중 선택해 과세됩니다.

이런 제한들이 불합리해 보일 수도 있습니다. 하지만 세액공제 한도를 모두 소진하는 것조차 빠듯한 현실에서 추가 납입까지 가능한 일부 투자자만 누릴 수 있는 연금의 비과세 혜택을 제한한다는 측면에서 보면 어느 정도 이해되는 부분이기도 합니다.

안정적인 생활을 위한 퇴직연금

16
퇴직연금제도의 도입 이유

퇴직연금제도의 종류와 차이

　연금저축계좌와 더불어 노후를 대비하는 제도 중 하나가 퇴직연금입니다. 퇴직연금제도가 도입된 후 퇴직금은 이제 없어졌다고 오해할 수 있습니다. 결코 그렇지 않습니다. 근로자는 퇴직이나 이직 시 IRP계좌를 만들고 회사는 해당 계좌로 퇴직금을 지급합니다. IRP계좌 해지 후에 일시금 수령을 선택하면 퇴직금과 동일하게 수령할 수 있고 IRP계좌를 계속 운용하면서 연금으로 받으면 퇴직연금이 되는 것입니다.

　퇴직연금제도는 퇴직금 보호라는 목적에서 도입됐습니다. 과거의 퇴직금 제도는 퇴직 재원을 사내에 두었기 때문에 기업에 문제가 발생하면 퇴직금을 받지 못할 위험이 있었습니다. 반면 퇴직연금제도는 근로자의 퇴직금 재원을 외부 기관에 예치하므로 기업의 사정과는 상관없이 퇴직금 재원을 보호받을 수 있습니다.

퇴직연금제도는 퇴직금의 연속성도 확보할 수 있습니다. 퇴직금은 원래 노후를 대비하기 위한 자금이지만 평생직장의 개념이 사라진 지 오래된 만큼 이직 과정에서 지급된 퇴직금이 다른 용도로 사용되는 경우가 많습니다. 퇴직연금을 활용하면 이직할 경우 기존 회사의 퇴직금이 직접 지급되지 않고 퇴직소득세가 징수되지 않은 상태로 IRP계좌에 입금됩니다. 이후 IRP계좌를 유지하며 운용하다 새로운 회사에서 퇴직할 경우에 발생한 퇴직금도 동일한 IRP계좌로 받을 수 있습니다. 즉 근로자는 근무지가 바뀌더라도 퇴직소득세가 비과세된 상태로 적립한 퇴직금을 계속 운용할 수 있습니다.

2장에서 설명한 DC와 DB의 차이와는 약간 다른 각도로 한 번 더 설명해보겠습니다. 우선 근로자의 퇴직연금 관련 재원을 외부에 예치해 운용하는데, 누가 운영할 것인지에 따라 퇴직연금제도의 형태가 달라집니다. 확정급여형 DB은 회사가, 확정기여형 DC는 근로자가 운용하는 제도입니다. 이 외에도 소규모 사업장을 위해 DC와 실질적으로 유사한 IRP제도도 있습니다.

DB를 선택하면 회사가 운용을 책임집니다. 운용 손실이나 수익에 관계없이 근로자가 퇴직하면 회사는 기존 퇴직연금제도와 동일하게 최근 3개월의 평균 임금에 근속 연수를 곱한 퇴직금을 IRP계좌로 입금해줍니다. 근로자는 퇴직 후 IRP계좌를 해지해 일시금으로 받을 수도 있고 IRP계좌에서 계속 운용한 후 연금으로 받을 수도 있습니다. 결론적으로 DB는 외부에서 운용된다는 것 이외에는 기존 퇴직금과 다른 점이 없습니다. 즉 가입자(근로자) 입장에서 상대적으로 신경을 덜 써도 됩니다.

DC를 선택하면 가입자인 근로자가 직접 운용합니다. 운용 수익이 늘어나면 퇴직 시 받는 퇴직금도 늘어나고 반대로 손실이 발생하면 퇴직금이 줄어듭니다. DB에서는 퇴직하는 시점에 회사가 퇴직금을 지급하는 반면, DC에서는 근로자가 운용하기 때문에 매년 퇴직금에 해당하는 연간 임금 총액의 12분의 1을 퇴직연금계좌에 퇴직급여 분담금으로 입금해줍니다. 이후 근로자는 입금된 자금을 직접 운용하고 퇴직 시 IRP계좌로 입금받습니다.

퇴직연금의 종류와 비교

구분	확정급여형(DB)	확정기여형(DC)	개인형 퇴직연금(IRP)
퇴직연금 재원	3개월 평균 임금×근속 연수	연간 임금 총액의 1/12+운용 결과	퇴직급여+개인납입금+운용 결과
운용 주체	회사	가입자	가입자
중도 인출	불가능	특정 사유에 한해 가능	
제도 변경	DC로 전환 가능	불가능	불가능

　DB와 DC는 퇴직금을 늘리기 위한 요소에서도 차이가 있습니다. DB에서는 퇴직 직전 3개월 평균 임금이 중요합니다. 과거 임금이 얼마인지는 영향을 주지 않습니다. 반면 DC에서는 현재의 임금과 운용 수익이 중요합니다. 즉 매해 연간 임금에 비례해 재원이 지급되기 때문에 매해의 임금이 퇴직금에 즉각적인 영향을 줍니다. 같은 이유로 운용 결과도 중요합니다. 무엇보다 DC는 가입자가 운용해야 하므로 손이 많이 갑니다. 대신 공격적 운용을 통해 퇴직연금을 크게 늘릴 수 있다는 장점이 있습니다.

　한 가지 제도만 도입하는 회사도 있고 둘 다 도입하는 회사도 있어 DC

와 DB의 선택과 전환에 대한 고민이 생길 수밖에 없습니다. 편의성 측면에서 보면 가입자가 신경 쓸 일이 거의 없는 DB가 가장 무난합니다. 하지만 현재 미국의 퇴직연금 연평균 수익률이 20년 연평균 8%대인 반면, 한국은 원리금 보장형 중심으로 운용되다 보니 연평균 수익률이 2%대로 저조한 상황입니다. 최근 들어 한국에서도 TDF(Target Date Fund)와 ETF에 대한 수요가 커지고 디폴트옵션이 도입된 것을 감안하면 추후 실적 배당형 중심의 DC 가입자들이 증가할 것으로 예상됩니다.

17
DC 전환은 언제 해야 유리할까

DC와 DB의 장단점

　DB와 DC를 선택해야 한다면 무엇이 유리할까요? 제도마다 특징이 다르기 때문에 개인별로 달라질 수 있습니다. DB는 퇴직 시점의 평균 임금을 기반으로 퇴직금 재원이 마련되고, DC는 그해의 연간 임금 총액이 곧 재원이 됩니다. 향후 임금의 대폭 상승이 기대된다면 DB가 더 유리할 수 있습니다. 직급에 따라 임금이 크게 상승하는 체계의 회사를 다니는 낮은 직급의 직원이 여기에 해당됩니다.

　반면 고액의 급여를 받고 있어 향후 임금 상승 가능성이 낮다면 DC가 유리할 수 있습니다. 더불어 직급에 관계없이 현재 회사에서 경력을 쌓고 빠른 기간 내 이직을 생각한다면 임금이 오르기 전에 퇴사할 가능성이 있으므로 DC가 더 좋을 수 있습니다. 직급이 낮은 젊은 직원이라고 무조건 DB를 선택할 필요는 없습니다. 운용에 대한 자신이 있다면 장기 투자를 통해 임금 상승분을 넘어설 수 있기 때문입니다.

  DC와 DB의 조건표를 비교해 가입자마다 유리한 점을 명확하게 정리하고 싶지만 개인마다 상황이 달라 정리하기는 쉽지 않습니다. 본인이 직접 구글에서 퇴직연금 시뮬레이션이나 DC와 DB 비교표를 살펴보고 점검해보면 차이점(금액)을 비교할 수 있습니다. 시뮬레이터의 입력값은 입사 시점, 현재 나이, 은퇴 예상 시점, 연봉, 예상 임금 상승률, 투자 시 연간 기대 수익률 등입니다. 그중에서도 한국투자증권의 'DC/DB 비교 시뮬레이션'과 하나은행의 '퇴직연금 시뮬레이션' 등이 직관적으로 이해하기 쉬워 보였습니다.

퇴직급여 시뮬레이션 예시

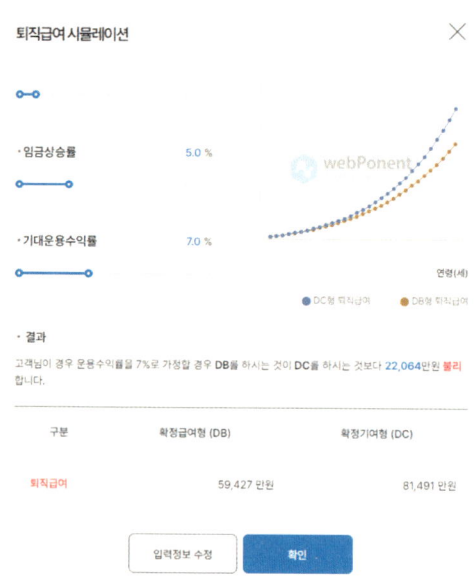

기업에서 두 제도를 모두 채택하고 있는 경우 DB 가입자가 DC로도 전환할 수 있습니다. 그럼 언제 DC로 전환하는 것이 유리할까요? DB에서는 3개월 평균 임금이 중요한 요소인 만큼 자연적인 임금 상승이나 진급 등으로 미래의 3개월 평균 임금이 확실히 높다고 판단되면 DB를 유지하는 것이 좋습니다. DC는 매년 퇴직금을 정산해 자신이 운용하는 것과 동일한 만큼 운용 결과가 중요합니다. 각각의 특징을 고려해보면 DB는 현재 시점 대비 퇴직 직전의 소득이 높지 않을 경우에 불리합니다. 일반화할 수 없으나 아래의 경우가 대표적입니다.

① 임금 테이블상 호봉, 진급 등으로 인한 급여 상승폭이 줄어드는 구간
② 진급으로 급여가 증가하는 구조에서 추가 진급 가능성이 낮다고 판단될 때
③ 종사 업종이나 기업의 장기 침체로 임금 동결 가능성이 있다고 판단될 때

즉 향후 은퇴 시점을 예상한 후 임금 상승률이 둔화되는 시점에 DC 전환을 검토할 만합니다. 그러나 해당 시점의 예상 운용 수익률이 임금 상승률보다 낮다면 DB를 유지해야 합니다. 단, 개인마다 시장 상황마다 기대하는 운용 수익률이 다르므로 '운용 수익률 > 임금 상승률'이라는 공식이 항상 절대적이진 않습니다. 예를 들어 예금 금리가 3%를 상회하는 시장과 1%를 밑도는 시장의 운용 수익률은 달라질 수 있기 때문입니다.

18
퇴직연금의 연금 수령 방법

퇴직연금의 절세혜택

　연금저축 못지않게 퇴직연금도 잘 받아야 절세효과를 극대화시킬 수 있습니다. 퇴직연금도 연금의 한 종류이기 때문에 연금저축과 동일한 조건으로 연금으로 나눠 받으면 세제 혜택이 있습니다.
　먼저 IRP에서 퇴직금을 한 번에 인출하면 퇴직소득세가 징수됩니다. 그런데 퇴직금을 연금으로 수령하면 1년차부터 10년차까지는 퇴직소득세 30%를 감면받고, 11년차부터는 40%를 감면받게 됩니다.
　퇴직연금을 연금으로 인정받기 위한 조건은 연금저축과 동일합니다. 법으로 정해진 연금 수령 한도 이내에서 꾸준히 나눠 받는 것입니다. 연금 수령 연차는 만 55세가 1년, 이후 매년 1년씩 늘어납니다. 단, 연금저축은 수령 한도를 초과하면 초과분에 대해 기타소득세가 징수되는 반면, 퇴직연금은 초과분에 대해서는 퇴직소득세 감면을 해주지 않는다는 차이가 있습니다.

■ 연금 수령 한도 계산식

$$\frac{연금계좌 평가액}{11-연금 수령 연차} \times 1.2 = 연금 수령 한도$$

퇴직연금의 다른 혜택은 수익의 비과세 운용입니다. 퇴직연금계좌 내에서 발생한 수익은 비과세를 적용하고 나중에 연금으로 인출될 때 과세합니다. 경우에 따라 퇴직금이 수억 원이 되는 경우도 있으므로 수익의 비과세는 상당한 혜택이 될 수 있습니다.

퇴직연금 수령 시 주의점

퇴직연금계좌에서 퇴직급여 부분은 연금 수령 한도 내에서만 수령하면 됩니다. 하지만 수익이 발생하면 저율의 연금소득세 적용을 받기 위한 인출 한도 연 1,500만 원에 포함됩니다. 즉 한도 관리를 잘해야 합니다.

다음 그림으로 좀 더 자세히 살펴보면 인출 한도 연 1,500만 원에 퇴직급여 부분(①)은 미포함, 수익(②)은 포함됩니다. DC나 DB계좌에서 발생한 수익은 퇴직급여(①)이지 수익(②)이 아니라는 점을 잘 살펴야 합니다. 즉 관리가 필요한 수익(②)은 IRP계좌에 퇴직급여가 입금된 이후 발생한 부분입니다.

퇴직연금을 인출하기 시작하면 한도에 포함되지 않는 퇴직급여(①) 부분이 먼저 인출되고 이후 수익(②) 부분이 인출됩니다. 따라서 퇴직급여(①)가 소진되고 나서 수익(②)이 인출될 때 연금저축계좌와 합산해 총 인출액이 연 1,500만 원이 되도록 관리해야 합니다.

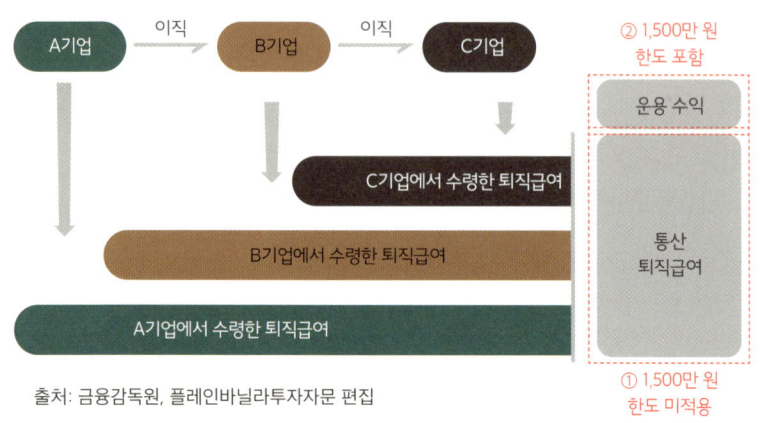

퇴직 연금 내 자산별 과세 차이

출처: 금융감독원, 플레인바닐라투자자문 편집

이러한 혜택에도 불구하고 아직까지는 퇴직연금을 일시금으로 받는 경우가 압도적으로 많습니다. 별도 운용을 하는 경우도 많지만 중도 인출이 많다 보니 연금으로 받을 규모로 적립되지 않은 경우가 많기 때문입니다. 하지만 이제는 중간 정산이 어려워졌고 훗날 제도가 자리를 잡으면 퇴직금이 연금의 재원이 되는 사례가 늘어날 것입니다.

절대 마르지 않는
황금 연못

PART
3

연금으로
평생 월소득 만들기

19
연금 3종 수령 종합 플랜

연금의 3층 구조

연금은 국민연금, 퇴직연금, 개인연금의 3층 구조로 구성돼 있습니다.

연금의 3층 구조

구분		목적		종류	규모*
공적연금	1층	기본적인 생활		국민연금	1,036조 원
사적연금	2층	안정적인 생활	기업연금	퇴직연금 DC형	382조 원
				퇴직연금 DB형	
				기업형 IRP	
	3층	여유로운 생활	개인연금	세제적격** 연금저축계좌/IRP 등	370조 원
				세제비적격 연금보험	

* 2023년 말 기준
** 세제적격이란 연말 세액공제 가능 상품을 말함

노후에 기본적인 생활을 보장하겠다는 취지로 탄생한 국민연금은 연금제도의 주춧돌 역할을 합니다. 국민연금은 40% 수준의 소득 대체율을 목표로 운용되고 있습니다. OECD가 제시하는 안정적 노후를 위한 적정 소득 대체율인 65~75%에는 한참 못 미치는 수준이긴 합니다.

소득 대체율 개념으로 접근하지 않고 최근 은퇴 후 적정 생활비를 묻는 조사를 통해서도 사람들이 국민연금에 기대하는 부분이 크지 않다는 것을 알 수 있습니다. 부부 기준으로 보통 은퇴자에겐 월 350만~400만 원이 필요한 것으로 조사됩니다. 그중 국민연금으로 받을 수 있는 금액은 평균 100만 원 수준입니다. 이렇다 보니 부족 부분을 사적연금인 기업의 퇴직연금과 개인이 직접 납입한 개인연금으로 충당해야 합니다.

연금 선진국이라고 하는 미국의 소득 대체율은 81%입니다. 공적연금인 사회보장연금의 소득 대체율이 약 39%, 401K와 같은 사적연금의 소득 대체율은 42%로 한국과는 공적연금 수준에서 큰 차이가 없으나 사적연금 소득 대체율에서 약 4배 차이가 납니다. 거인의 어깨에 올라타 생각해보면 당장 우리가 뭘 해야 하는지 명확해집니다. 어차피 답이 나오지 않는 공적연금에 의존하기보다 개인연금을 꾸준히 납입하고 중간에 이직을 하더라도 퇴직연금을 일시납으로 출금하지 말아야 합니다.

연금 3종의 구간별 수령법

연금 3종은 제도마다 특징이 있고 그에 따른 최적의 인출 방법도 다릅니다. 먼저 국민연금은 현재 기준 만 65세부터 지급받습니다. 운용 규모에 따라 수령 가능 기간이 제한될 수 있는 다른 연금과 달리 사망 시까지 받을 수 있는 종신연금이라는 것이 특징입니다. 또 연금 지급액이 물가에 연동돼 증액됩니다. 연금의 분리과세 한도로 연금소득이 정체될 경우에는 국민연금이 이를 일부 상쇄해줄 수 있습니다. 단, 지금 같은 상황이라면 지급 개시 연령과 금액(실질소득 기준)이 점점 불리한 조건으로 바뀔 가능성이 있다는 단점이 있습니다.

퇴직연금은 만 55세부터 지급이 시작됩니다. 10년 이상으로 나눠 받는 것이 좋고 회사에서 퇴직급여로 입금된 금액(회사납입금 또는 퇴직금)은 연금으로 받기만 하면 별도 인출 제한이 없지만 입금된 퇴직급여를 운용해 발생한 수익은 저율 분리과세가 적용되는 연금소득 한도인 연 1,500만 원에 포함됩니다. 퇴직급여 부분은 상대적으로 유연하게 인출할 수 있기 때문에 국민연금이 개시될 때까지 노후 소득으로 활용하기 좋습니다. 물론 재원이 많다면 국민연금 개시 이후에도 활용할 수 있습니다.

퇴직연금 수령의 특징

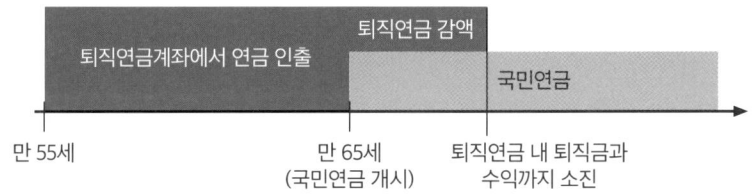

연금저축은 퇴직연금과 동일하게 규정으로 정한 조건에 맞춰 연금으로 받아야 합니다. 세액공제를 받은 원금과 계좌에서 운용해 발생한 수익은 저율 연금소득 한도 연 1,500만 원에 포함됩니다. 이때 퇴직연금 내 퇴직금(퇴직급여)은 한도에 포함되지 않지만 운용 수익은 한도에 포함됩니

다. 또한 퇴직연금계좌 내 퇴직금이 모두 인출된 후에는 전체 연금계좌에서 합산한 금액이 연 1,500만 원을 넘지 않게 관리해야 합니다.

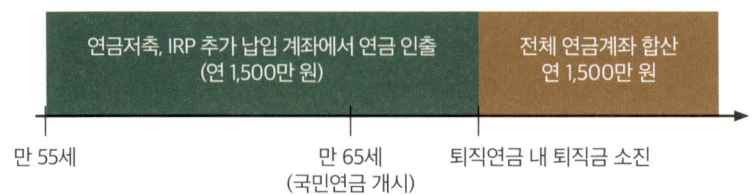

연금저축 수령의 특징

　3가지 제도의 특징에 따라 연금소득자의 인출 플랜을 종합적으로 고려하면 3가지 국면으로 구분할 수 있습니다. 각 구간은 비용을 최소화하고 연금소득(인출)을 최대화하는 것을 목표로 구분했습니다. 무엇보다 초기 퇴직연금의 적극적인 활용과 국민연금 개시 시점을 고려하는 것이 핵심입니다.
　제1구간은 '국민연금 지급 전 인출 구간'으로, 퇴직연금과 연금저축으로 소득을 얻는 구간입니다. 제2구간은 '국민연금 지급 후 인출 구간'으로, 국민연금 수령이 더해지고 제1구간에서 인출했던 퇴직연금의 규모를 줄여 연금저축 등과 함께 수령하는 구간입니다. 제3구간은 '퇴직금 소진 이후 인출 구간'으로, 저율 연금소득 한도에 포함되지 않던 퇴직금이 모두 소진되고 잔여 퇴직연금 잔고와 연금저축, 국민연금을 수령하는 구간입니다.

연금소득자의 종합 인출플랜

	제1구간	제2구간	제3구간
	개인연금 인출 시작 55세 ▼	국민연금 개시 65세 ▼	퇴직금 소진 이후 (퇴직연금 내 운용 수익 인출) ▼
퇴직연금	퇴직금(회사 납입금)부터 인출	국민연금 개시 후 감액해서 인출	
개인연금 (연금저축 & IRP)	연금저축과 IRP 통산 1,500만 원 이내로 인출		퇴직금(회사 납입금) 소진 후 퇴직연금 운용 수익 통산 1,500만 원 이내 인출
국민연금			

다시 말하지만, 개인의 상황에 따라 연금저축과 퇴직연금계좌에서 받을 수 있는 연금액이 달라집니다. 기간도 달라질 수 있습니다. 다만 연금저축의 경우 3억 원, 또는 4억 원 수준까지 적립 후 연 4~5%의 배당 포트폴리오를 구축해놓는다면 연금 수령 기간을 종신에 가깝게 유지할 수 있습니다.

연금저축이 누군가에게는 푼돈일지 모릅니다. 또는 세액공제 목적의 도구로 활용될지 모릅니다. 하지만 누군가에게는 국민연금과 함께 평생의 노후 보장, 경우에 따라서는 내 자녀의 상속 재산도 될 수 있습니다.

20
연금 3층 구조를 활용한
연금 수령 시나리오

이제 연금저축과 퇴직연금의 잔고를 기준으로 절세효과를 극대화할 수 있는 연금 수령의 다양한 시나리오를 보여드리겠습니다.

첫 번째 시나리오는 연금저축 3억 원을 만들었다는 가정하에 연금 수령이 개시됐을 때 국면별로 얻을 수 있는 연금소득의 수준을 알아보는 것입니다. 보수적으로 연 2%의 배당 포트폴리오를 설정해 시뮬레이션을 수행했습니다. 현재 3%대인 국채 금리보다 더 낮게 잡은 것입니다. 만약 배당 수익률을 5%로 맞추고 매년 1,500만 원만 인출한다면 연금 잔고는 줄어들지 않을 것입니다.

연금저축 3억 원, 퇴직연금 3억 원, 연 2% 배당

① 제1구간: 국민연금 지급 전

3억 원의 연금 잔고라면 수익이 없어도 20년간 연금소득 분리과세 한도인 연 1,500만 원까지 인출할 수 있는 규모입니다. 퇴직연금의 경우도 3억 원까지는 연금소득 분리과세 한도 제한 없이 10년 이상 일정 규모로 분할해 인출할 수 있습니다. 퇴직연금으로 연 3,000만 원씩 인출하면 10년 만에 소진할 수도 있겠지만 소득이 급감하는 부작용이 있습니다. 대신 연 2,500만 원씩 인출하면 국민연금이 개시될 때까지 연간 4,000만 원(연금저축 연 1,500만 원+퇴직연금 2,500만 원)의 연금소득을 확보할 수 있습니다.

② 제2구간: 국민연금 지급 후

국민연금 지급이 개시되는 시점에 연 2%의 수익률로 연금계좌를 운용하고 매년 연금소득 4,000만 원을 수령했다면 연금저축은 3억 원에서 약 2억 원으로 줄고 퇴직연금은 3억 원에서 약 8,600만 원이 남아 있게 됩니다. 퇴직연금 8,600만 원 중 5,000만 원은 연금소득 분리과세 한도인 1,500만 원에 포함되지 않는 퇴직금으로 먼저 인출되고, 나머지 3,600만 원은 10년간 퇴직금을 굴려 발생한 운용에 따른 수익금으로 연금소득 분리과세 한도인 연 1,500만 원에 포함됩니다.

제2구간의 기간은 퇴직금에 해당하는 5,000만 원을 매년 얼마씩 인출하느냐에 따라 결정됩니다. 만약 연 500만 원씩 인출하면 10년간 지속되며 해당 기간 동안 연금저축 연 1,500만 원과 퇴직연금 연 500만 원 그리고 국민연금을 소득으로 확보할 수 있습니다. 이렇게 해야 얼마 되지 않는 금액일지라도 금융소득종합과세에 포함되지 않고 여러 비용에 노출되지 않습니다.

조금 빡빡하다 싶겠지만 향후 연금소득 분리과세 한도도 1,500만 원에서 점차 상향될 가능성이 있습니다. 무엇보다 자신이 어렵사리 불린 연금 자산을 인출할 때 최대한 비용을 낮추기 위한 방법이니 반드시 기억하고 있어야 합니다.

③ 제3구간: 퇴직금 소진 이후

　퇴직연금계좌 내 퇴직금이 모두 인출되면 퇴직연금계좌에는 운용 수익만 남습니다. 인출을 시작한 지 20년(회차)이 되는 시점이고, 75세 정도로 예상할 수 있습니다. 퇴직연금의 운용 수익은 연금저축과 같은 세제를 적용받기 때문에 연금저축계좌와 통합해 관리해야 하고, 연 1,500만 원 이내로 인출해야 분리과세 혜택을 받습니다.

　제3구간에서는 퇴직연금과 연금저축의 남은 잔고를 고려해 비율을 배분하면 됩니다. 예를 들어 연금저축에서 연 900만 원, 퇴직연금계좌에서 연 600만 원을 인출하는 상황을 가정해보겠습니다. 이런 경우 83세(28회차)까지 퇴직연금계좌와 연금저축계좌에서 통합 연간 1,500만 원의 소득을 받고, 또 국민연금을 받을 수 있습니다.

　종합해보면 시나리오 1의 경우 인출이 시작되고 28년 후 연금 잔고가 소진되면 국민연금만 남습니다. 28년은 짧지 않은 기간이지만 평균수명이 늘어나는 것을 고려하면 아쉬울 수 있습니다. 만약 연수익률을 조금만 늘린다면 수령 가능 기간이 늘어납니다. 여기서는 매우 보수적으로 연 배당 수익률을 2%로 설정했지만 수익률을 3%로 1%만 올려도 퇴직연금계좌와 연금저축계좌의 소진 시점이 35년 이상으로 늘어납니다.

　은퇴 전에 퇴직연금 3억 원과 연금저축 3억 원만 있어도 3%의 배당 포트폴리오를 운영할 경우 90세 이상까지 퇴직연금계좌와 연금저축계좌에

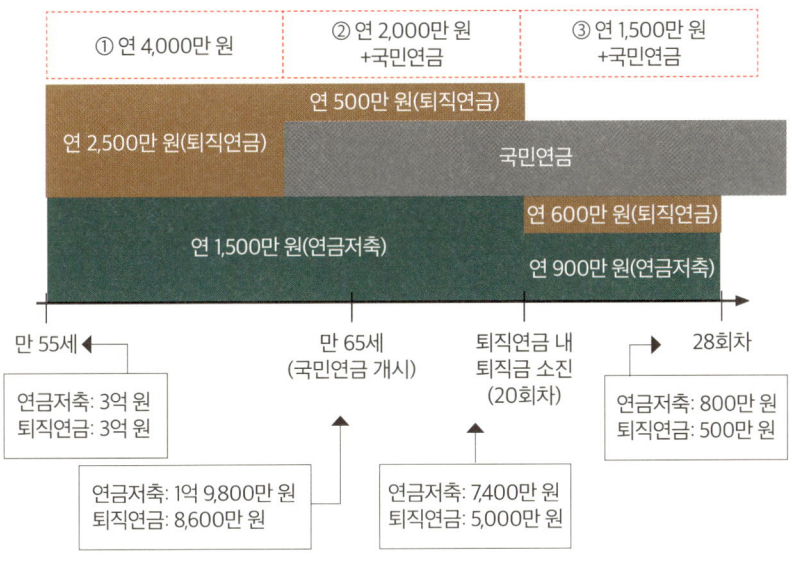

서 최소 연 1,500만 원씩 받을 수 있습니다. 은퇴 이후까지 운용 수익률을 관리하길 원치 않는다면 향후 분리과세 적용 한도가 늘어날 가능성을 예상해 납입과 운용이 비교적 자유로운 연금저축만이라도 운용 규모를 늘려야 합니다.

연금저축 4억 원, 퇴직연금 3억 원, 연 2% 배당

① 제1구간: 국민연금 지급 전

연금 잔고가 4억 원이면 연간 분리과세 한도 1,500만 원을 인출하는 데 부족함이 없습니다. 시나리오 1과 마찬가지로 퇴직연금을 최대한으로 소진시킨다면 10년 뒤 수익이 급감할 수 있습니다. 따라서 퇴직연금계좌에서 연 2,500만 원 인출, 연금저축계좌에서 연 1,500만 원 인출을 가정하면 연간 4,000만 원의 소득을 확보할 수 있습니다. 연금저축액이 크다고 한도 이상으로 출금하면 절세혜택이 사라지므로 연금저축이 3억 원 이상이라면 동일하게 적용시키는 게 좋습니다.

② 제2구간: 국민연금 지급 후

국민연금 지급이 개시되는 시점에 연 2%의 수익률로 연금계좌를 운용했다면 연금저축에는 3억 2,000만 원, 퇴직연금에는 8,600만 원의 잔고가 남아 있을 것입니다. 퇴직연금 8,600만 원 중 5,000만 원은 퇴직금에 해당하는 자금으로 먼저 인출되고, 3,600만 원은 10년간 운용 수익으로 연금저축 분리과세 한도 연 1,500만 원에 포함됩니다. 연 500만 원씩 인출하면 10년간 연금저축 1,500만 원, 퇴직연금 500만 원, 국민연금을 매년 소득으로 확보할 수 있습니다. 시나리오 1과 다른 점이 있다면 연금저축의 잔고가 2억 원이 아니라 3억 2,000만 원이 남아 있다는 것일 뿐 인출액은 동일합니다.

③ 제3구간: 퇴직금 소진 이후

연금저축 금액이 늘어나더라도 분리과세 한도로 인해 인출에 제한이 있어 제1구간과 제2구간의 현금 흐름이 변하지는 않습니다. 하지만 연금저축 금액이 늘어나면 제3구간부터 변화가 생깁니다. 퇴직연금 잔고가 소진되는 시점에 연금저축 잔고가 2억 원 이상이고 퇴직연금 내 운용 수익도 남아 있으므로 연 1,500만 원씩 인출하면 사실상 평생 동안 연금 수

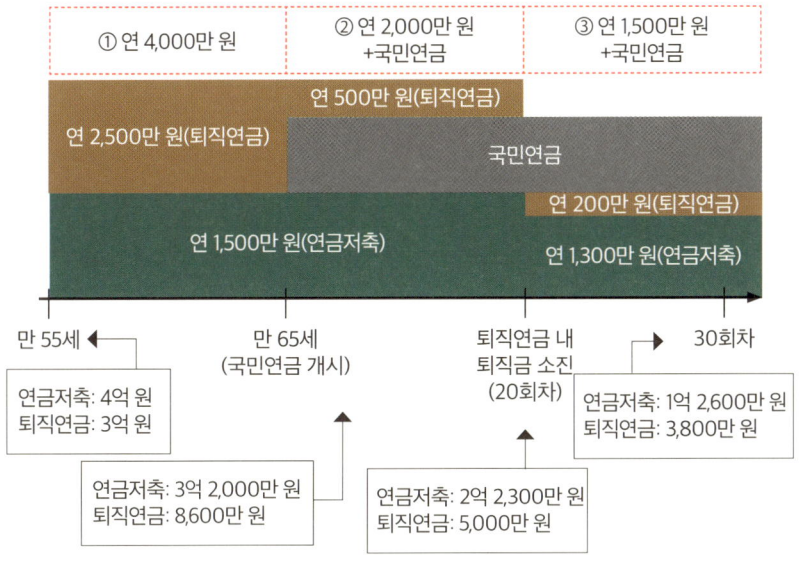

익을 유지할 수 있습니다.

연금저축 3억 원, 퇴직연금 4억 원, 연 2% 배당

① 제1구간: 국민연금 지급 전

　퇴직연금 내 퇴직금은 연금저축 분리과세 한도에 포함되지 않으므로 10년 이상 분할해 연금으로 수령하기만 하면 1~10년간은 퇴직소득세의 30%를, 11년 차부터는 40%를 감면받을 수 있습니다. 따라서 퇴직연금 잔고가 많다면 은퇴 후 수령액을 높일 수 있습니다. 시나리오 1과 2에서는 퇴직연금 연간 인출액을 소진 속도를 고려해 2,500만 원으로 잡았는데, 여기서는 연 3,000만 원으로 상향해 수령해도 큰 상관이 없습니다. 이럴 경우 퇴직연금 연 3,000만 원과 연금저축 연 1,500만 원을 합산해 국민연금 개시 시점까지 매년 4,500만 원을 연금소득으로 확보할 수 있습니다.

② 제2구간: 국민연금 지급 후

10년 후면 퇴직연금계좌에서 연 3,000만 원씩, 총 3억 원을 인출했으므로 1억 원의 퇴직금과 그동안의 운용 수익 약 5,200만 원이 퇴직연금계좌에 남습니다. 퇴직금에 해당하는 1억 원을 1,000만 원씩 20년간 수령한다면 연금저축계좌 1,500만 원을 합쳐 연 2,500만 원과 국민연금을 은퇴소득으로 확보할 수 있습니다.

③ 제3구간: 퇴직금 소진 이후

연금저축이 늘어나는 경우 제3구간에 변화가 생기지만 퇴직연금의 경우 퇴직금에 해당되는 금액이 인출되고 수익만 남으면 연금저축과 동일한 세제를 적용하기 때문에 큰 변화를 주지 못합니다. 매년 퇴직연금계좌와 연금저축계좌에서 750만 원씩 인출한다면 30회차 시점에는 대부분의 재원이 소진됩니다.

정리해보면 연금저축 잔고가 늘어날 경우 인출 한도 때문에 소득은 늘지 않는 대신 수령 기간이 늘어납니다. 퇴직연금 내 퇴직금은 연금저축 대비 인출 제한이 적으므로 퇴직연금 잔고가 늘어나면 제1구간과 제2구간에서 수령할 수 있는 소득이 늘어납니다.

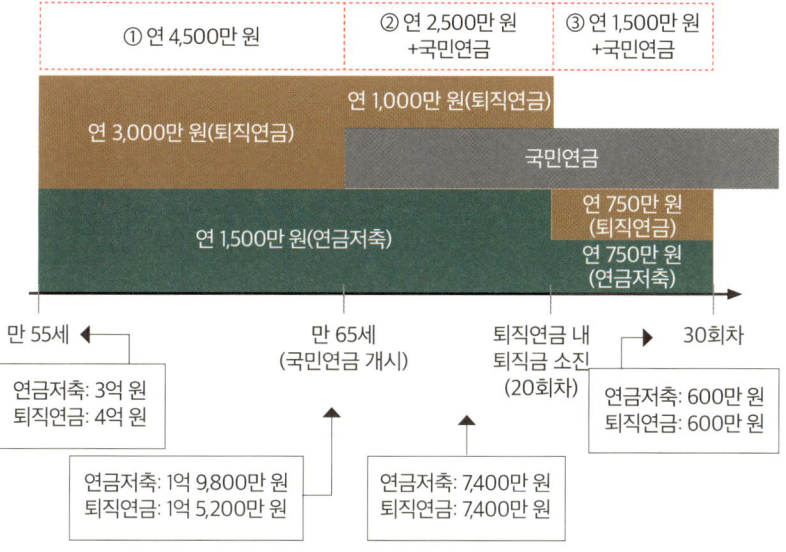

그럼 이번에는 시나리오를 양극단으로 몰아보겠습니다. 먼저 연금저축과 퇴직연금이 각각 2억 원씩이라고 더 낮춰보는 것입니다. 사실 현재 시점에서 40대에 해당하는 현실적인 예시라고 생각됩니다. 국내에 연금저축제도를 도입한 지 10여 년 정도 지났을 뿐입니다. 이전에는 세제혜택 규모도 크지 않아 지금부터 10년을 납입한다고 해도 2억 원 이상을 모으기 쉽지 않을 수 있습니다. 지금의 40~50대에게 퇴직연금을 물어보면 잔고 1억 원을 넘긴 사람이 많지 않을 겁니다. 주택 구입 등의 목적으로 중도 인출한 경우가 많기 때문입니다.

연금저축 2억 원, 퇴직연금 2억 원, 연 2% 배당

① 제1구간: 국민연금 지급 전

연금저축 잔고가 2억 원인 경우도 연금저축 분리과세 한도 1,500만 원을 소진하기에는 충분한 금액입니다. 다만 퇴직연금을 매년 2,000만 원씩 수령하면 10년 후 소득이 급감하므로 금액을 감액해 기간을 늘려야 합니다. 퇴직연금에서 매년 1,500만 원을 받는 경우 10년간 연 3,000만 원의 소득을 확보할 수 있습니다. 매월 250만 원입니다.

② 제2구간: 국민연금 지급 후

연금저축계좌의 잔고가 충분하다면 국민연금이 개시되더라도 퇴직연금 수령액을 감액하는 것만으로 연금 수령 기간을 충분히 늘릴 수 있습니다. 하지만 2억 원인 경우 10년 후 연금저축 잔액이 1억 원 미만으로 줄어듭니다. 그에 따라 연금저축 수령액도 함께 줄여 연금저축 800만 원, 퇴직연금 700만 원을 합쳐 1,500만 원을 인출하면 향후 재원 감소로 인한 급격한 소득 감소를 막을 수 있습니다. 사적연금에서 매월 125만 원을 받고 국민연금 수령액까지 받을 수 있습니다.

③ 제3구간: 퇴직금 소진 이후

퇴직연금 잔고가 2억 원이면 20회차가 되기 전에 퇴직연금 잔고가 소진되고 수익만 남습니다. 그러나 운용 수익이 있으므로 연간 총 납입 금액은 유지할 수 있습니다. 연금저축에서 연 500만 원, 퇴직연금에서 연 700만 원씩 인출하면 22회차에 연금 재원은 소진되고 이후 국민연금만

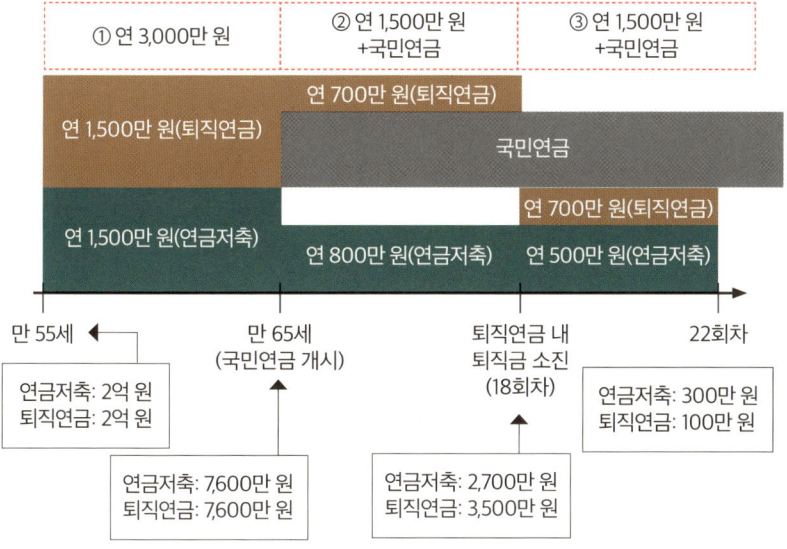

연금저축, 퇴직연금 잔고가 각각 2억 원인 경우 인출 시나리오 ④

남습니다.

    연금저축을 부정적으로 생각하는 이유 중 하나가 바로 분리과세 적용을 하려면 인출을 제한해야 한다는 점입니다. 그러나 시나리오 4처럼 연금 재원이 2억 원만 되도 분리과세 인출 한도를 지속적으로 소진하지 못합니다. 물론 인출 기간 중 운용 수익률을 높이면 인출 한도를 충분히 소진할 수도 있습니다. 하지만 목표 수익률이 높아질수록 목표 달성 가능성도 낮아집니다. 따라서 연금을 납입하는 동안에 수익률을 높여 3억 원, 4억 원으로 규모를 늘리는 데 집중해야 합니다. 이 정도의 규모가 아니라면 인출 한도는 고민할 필요가 없습니다.

연금저축 6억 원, 퇴직연금 4억 원, 연 2% 배당

① 제1구간: 국민연금 지급 전

시나리오 3과 마찬가지로 퇴직연금 잔고가 4억 원이므로 연 3,000만 원으로 상향해 수령해도 큰 상관이 없습니다. 퇴직연금 연 3,000만 원과 연금저축 연 1,500만 원을 합쳐 국민연금 개시 시점까지 매년 4,500만 원을 연금소득으로 확보할 수 있습니다.

② 제2구간: 국민연금 지급 후

연 2%의 수익률로 연금계좌를 운용했다면 연금저축 잔고는 약 5억 6,000만 원, 퇴직연금은 1억 5,000만 원입니다. 퇴직금에 해당하는 1억 5,000만 원을 연 1,000만 원씩 20년간 수령한다면 연금저축계좌 1,500만 원과 합쳐 연 2,500만 원과 국민연금을 은퇴소득으로 확보할 수 있습니다.

③ 제3구간: 퇴직금 소진 이후

연금저축이 6억 원으로 늘었어도 제3구간의 인출액은 시나리오 3과 동일합니다. 단, 수령 가능 기간이 늘어납니다. 90세가 되는 35회차 시점에도 연금저축 잔고가 4억 7,000만 원이나 남아 있고 퇴직연금도 남아 있습니다. 결국 90세 되기 전에 기타소득세를 내고 한 번에 수억 원을 인출하거나 상속을 해도 됩니다.

연금저축 잔고 6억 원, 퇴직연금 잔고 4억 원인 경우 인출 시나리오 ⑤

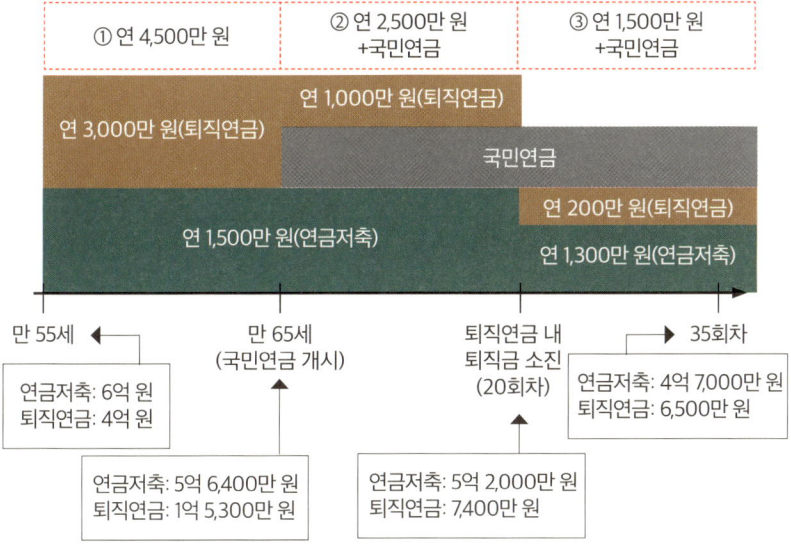

21
연금의 초과 인출과 추가 납입

초과 인출은 한 번에

투자시장은 생각대로 움직여주지 않습니다. 예상보다 큰 손실을 안겨주기도 하고 반대로 큰 수익을 안겨주기도 합니다. 자신의 은퇴 시기에 맞춰 시장이 크게 상승한다면 가장 좋겠지만 세상은 나를 중심으로 돌아가지 않습니다. 기회를 기다리며 잡을 준비를 해야 합니다. 그렇다고 작은 기회에 집착해선 안 됩니다. 작은 수익에 집착하다 큰 기회를 놓칠 수 있습니다.

연금 운용에 있어 큰 기회는 목표 금액에 도달하는 것입니다. 투자수익이 좋다면 은퇴를 몇 년 앞둔 시점에 3억 원 이상의 연금 자산을 만들 수 있습니다. 이때가 큰 기회입니다. 앞으로 시장이 더 성장할 수도 있고 추가로 납입할 금액도 있지만 1차 목표를 달성했다면 목표 수익률을 낮추고 2차 목표를 위해 천천히 나아가면 됩니다. 연금 자산은 적으면 문제가 되지만 많을 때는 문제가 되지 않습니다. 운용 자금이 커지면 평상시 한도 내에서 인출하다가 언제든 세금을 감내하고 추가 인출도 가능하고, 상속도 가능하기 때문입니다.

연금계좌에서 연 1,500만 원의 한도를 초과해 인출하면 전액 기타소득세 또는 종합소득세 중 선택한 항목으로 과세됩니다. 이때 기타소득세는 연금의 비과세 운용과 세액공제를 되돌리는 수준의 세액으로 불이익이 아닙니다. 금융소득종합과세 소득에 포함되지도 않습니다. 따라서 필요한 경우 초과 인출을 해도 무방합니다.

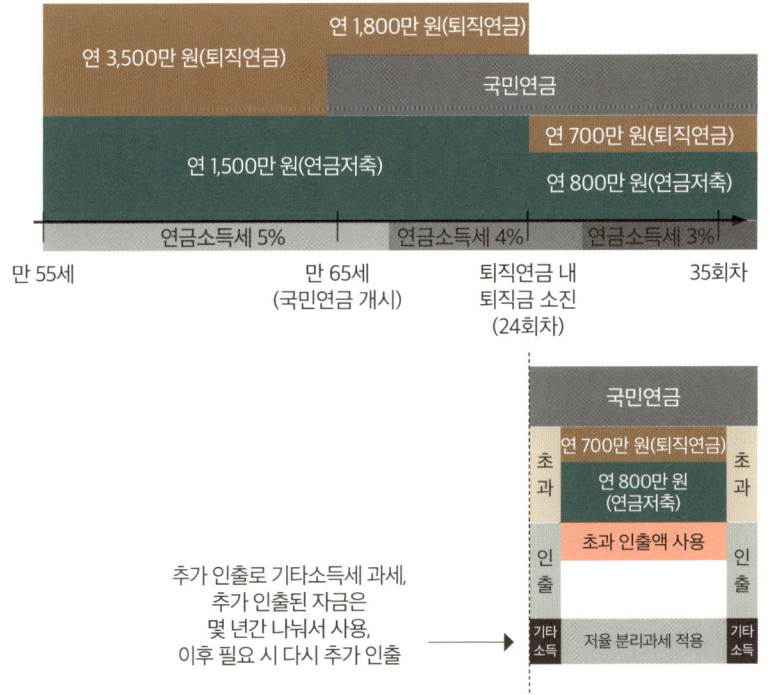

분리과세 한도를 초과한 연금 인출 시나리오

다만 과세 체계의 특징을 이용해 인출해야 합니다. 1억 원을 2,000만 원씩 5년간 인출한다면 매년 2천만 원씩 총 1억 원이 기타소득세로 과세됩니다. 반면 4,000만 원을 첫해 인출하고 이후 1,500만 원씩 4년간 인출하면 첫해의 4,000만 원만 기타소득세로 과세됩니다. 초과 인출을 하는 경우에는 연금처럼 꾸준히 초과 인출하기보다 향후의 자금 운용 계획을 고려해 한 번에 인출하는 것이 더 효과적입니다.

활용도가 높은 추가 납입금

연금저축과 퇴직연금은 납입액을 투자자의 마음대로 늘릴 수 없습니다. 그러나 불가능한 것은 아닙니다. 연금저축은 세액공제 한도가 연 900만 원이지만 추가로 연 900만 원을 불입할 수 있습니다. 그리고 세액공제 한도를 넘겨 추가 납입한 자금들은 비과세로 언제든 자유롭게 인출할 수 있어 활용도가 높습니다.

또한 제도 개편을 통해 ISA계좌의 만기 금액을 연금계좌로 납입할 수 있게 됐습니다. ISA에서 연금으로 이전되는 자금은 한도의 제한을 받지 않으며 납입액의 10%를 300만 원 한도로 추가 세액공제 받을 수도 있습니다. ISA 만기 자금 중 4,000만 원을 연금저축계좌로 납입했다면 300만 원에 대해 세액공제를 추가로 받을 수 있고, 3,700만 원은 세액공제를 받지 않은 추가 납입금으로 분류돼 자유롭게 인출할 수 있습니다.

연금의 추가 납입, ISA 만기 자금의 납입액 중 세액공제를 받지 않은 부분은 연금저축 분리과세 한도인 연 1,500만 원에도 포함되지 않고 10년 이상 나눠 받도록 강제하는 규정도 적용받지 않아 인출이 자유로워 활용

도가 높습니다. 따라서 연금 규모가 크지 않은 경우 퇴직연금의 연금 수령을 늦추고 연금계좌 내 증액분을 활용해 연금 수령 기간을 늘릴 수 있습니다.

늦었다고 포기하면 안 됩니다. 주식시장은 언제든 생각지 못한 수익을 안겨줄 수 있고, 제한적이지만 연금 납입액을 추가로 늘릴 수 있는 길도 있습니다.

 Reference

ISA계좌의 활용

ISA는 연간 2,000만 원, 최대 1억 원(제도 개편 시 연간 4,000만 원, 최대 2억 원)까지 납입 가능하며 계좌 내에서 발생한 이자/배당소득(금융투자소득세 도입 시 해당 수익도 포함)에 대해 수익과 손익을 자산군별로 통산해 200만 원(서민형은 400만 원)까지 비과세 적용하고 초과 수익은 9.9%로 저율 분리과세 적용합니다.

초기의 ISA는 한계가 많아 인기가 없었습니다. 가입 대상은 소득이 있는 사람으로 제한되고 세제 혜택을 받으려면 5년간 유지해야 하며 만기 시에 전액 현금화되는 구조였습니다. 특히 만기 시 전액 현금화라는 특성은 탄력적 대응을 해야 하는 투자 상품 운용에 큰 장애 조건으로 작용했습니다. 이후 가입자를 만 19세 이상 거주자로 넓히는 등 단점을 보완하는 의미 있는 조치를 취했습니다.

① 편입 자산의 확대
편입 자산을 기존 예적금과 펀드/ETF 외에 주식까지 확대했습니다. 그런 덕분에 ISA를 일반 투자계좌와 동일한 수준으로 운용할 수 있게 됐습니다. 단 금융투자소득세의 도입이 유예되면서 주식의 매매 차익은 여전히 비과세를 적용받고 있어 ISA계좌의 절세효과 매력은 높아지지 않았습니다.

② 의무 가입 기간의 축소와 연장 허용
의무 가입 기간을 5년에서 3년으로 단축했고 만기 후 연장을 허용했습니다. 이는 단순히 운용 기간이 유연해지는 것을 의미하지 않습니다. 의무 가입 기간 이후 원하는 시점에 운용을 중단하고(전량 매도/환매) 투자금을 회수할 수 있다는 것입니다. 투자 상품 운용과 관련해 가장 의미 있는 변화입니다.

③ 투자 원금에 한해 중도 출금 가능
ISA계좌를 해지하지 않고 원금 부분만 중도에 출금할 수 있습니다. 이때 별도의 세금이나 해지 수수료가 없기 때문에 좀 더 유연하게 계좌를 운용할 수 있습니다.

④ ISA의 연금저축 납입
3년이 경과한 ISA계좌의 잔액 일부 또는 전부를 연금저축으로 납입하면 300만 원을 한도로 납입액의 10%에 대해 세액공제를 적용합니다. ISA 만기로 이전한 자금 중 세액공제를 받지 않은 금액은 차후에 연금 납입 금액이 없거나 세액공제 한도에 미달해 납입한 경우 해당 금액에 대해 세액공제를 추가로 받을 수 있습니다. 단, 납입 시 추가 혜택까지 얻을 수는 없고 연금 납입 관련 세액공제 한도 내에서만 세액공제를 받을 수 있습니다(규정상 가능하나 금융 회사의 업무 절차 등에 대한 사후 정비가 필요).

22
연금의 상속

연금을 써도 써도 남을 때는

만약 연금 자산이 수억 원이라면 연 1,500만 원씩 인출해도 평생 다 쓰지 못할 수 있습니다. 이때에는 중간중간 과대 인출을 함으로써 기타소득세를 적용받으면 됩니다. 기타소득세는 연금소득세에 비해 높은 편이지만 세제혜택을 되돌리는 수준이며 종합소득세에 포함되지 않습니다.

① 사망 후 상속

거액의 연금 자산이 일정 수준 잔고로 유지되고 있다면 상속이 가능합니다. 가입자가 사망하게 되면 기타소득세가 아닌 연금소득세(3.3~5.5%)가 징수됩니다. 사망은 6개월 이상의 요양, 회생/파산, 천재지변 등과 더불어 연금의 특별 인출 사유 중 하나입니다. 퇴직금을 기반으로 퇴직연금을 받는 경우도 동일하게 퇴직연금 기준(퇴직금소득세의 60% 또는 70%)으로 특별 인출 대상입니다.

② **배우자 승계**

배우자에 한해 승계도 가능합니다. 연금이 승계되면 기존 피상속자의 가입일과 연금 수령 연차가 동일하게 적용됩니다. 단, 연령은 승계되지 않아 배우자도 만 55세 이상이어야 연금으로 받을 수 있습니다. 2000년 말까지 시행됐던 개인연금저축은 승계가 되지 않으므로 승계 시 확인이 필요합니다.

특별 사유로 인한 연금의 인출 신청과 승계는 모두 사망한 날이 속하는 달의 말일부터 6개월 이내에 신청해야 합니다. 6개월이 경과하면 일반으로 전환해 해지된 후 상속되므로 기타소득세(16.5%)가 징수된 금액이 상속 재산이 됩니다. 만약 퇴직금이 있다면 연금 수령 관련 30% 또는 40%의 감면을 받지 못하고 차감된 금액으로 상속을 받게 됩니다.

연금계좌 내 자산은 금융 자산입니다. 국가/지방자치단체 및 금융 회사 등에 대한 채무는 부채로 인정받아 자산에서 차감할 수 있으므로 퇴직연금을 배우자가 승계할 때 계좌 내에서 남아 있는 퇴직소득세(이연퇴직소득세)는 상속 금액에서 차감할 수 있습니다.

이처럼 연금은 배우자 승계가 가능하고 특별 인출 등으로 세제혜택의 연속성을 유지할 수 있습니다. 금융 자산 상속공제에도 포함됩니다. 따라서 인출의 한계를 이유로 연금 자산의 규모를 걱정할 필요는 없습니다.

세금은 투자 관련 규정 외 상속세 및 증여세에 대한 법률, 소득세법, 조

세특례제한법, 민법 등 다양한 규정의 영향을 받습니다. 실제 상속 시에는 세무 전문가와 별도의 상담을 받길 바랍니다.

기타소득세가 징수되는 경우

① 연금으로 받지 않는 경우
중도 인출과 해지가 대표적입니다. 중도 인출과 해지의 경우 당해 납입, 추가 납입으로 세액공제를 받지 않은 원금을 제외한 전액에 기타소득세가 과세됩니다.
법으로 정한 연금 수령 한도를 초과해 일정 기간 이상 꾸준히 나눠 받지 않는 경우도 기타소득세가 과세됩니다. 이때는 전체 금액이 아니라 한도를 초과한 금액에 대해서만 기타소득세가 과세됩니다. 법으로 정해진 연간 연금 수령 한도는 연금계좌 평가금액을 (11-연금 수령 연차)로 나눈 값에 1.2를 곱해서 산출합니다. 연금 수령 연차는 만 55세가 1년, 이후 매년 1년씩 늘어납니다.

② 저율 분리과세 한도를 초과해 인출한 경우
연금 자산이 크면 연간 연금 수령 한도도 커집니다. 연금계좌에 3억 원이 있다면 만 55세에 인출할 수 있는 금액은 연 3,600만 원입니다. 그러나 분리과세를 적용받기 위해서는 연 1,500원까지만 인출해야 합니다. 만약 연 1,500만 원 이상 출금하면 전액이 기타소득세 또는 종합소득세(선택 가능)로 과세됩니다.

연금계좌의 운용 원칙

23
플레인바닐라의 연금투자 9원칙

오랜 경험 끝에 만들어진 원칙

브리지워터어소시에이츠의 레이 달리오(Ray Dalio)는 원칙이란 "삶에서 당신이 원하는 것을 얻기 위해 현실을 다루는 방법"이라고 말했습니다. 제가 몸담고 있는 플레인바닐라투자자문에서 제안하는 연금투자 성공을 위한 9가지 중요한 원칙들을 소개합니다. 회사 설립 이후 오랜 기간 지켜온 내용들입니다. 뻔한 이야기일 수 있지만 오랜 고민과 통찰을 담은 내용들이니 투자에 잘 활용하길 바랍니다.

① 연금저축계좌로 시작합니다.

연금저축계좌는 세액공제 이외에도 과세를 늦춰주는 과세이연 효과가 있습니다. 과세이연은 운용 중 수익에 대해 세금을 징수하지 않고 나중에 연금으로 받을 때 낮은 세율을 적용받는 것입니다. 또 세액공제를 받은 금액은 기타소득세라는 부담이 있어 출금하기 쉽지 않지만, 세액공제를 받지 않은 원금은 언제든 출금이 가능합니다. 따라서 자녀를 위해 정기적으로 저축을 한다면 연금저축을 활용할 수 있습니다. 자녀의 대학 진학, 경제적 독립을 대비해 자금을 모았을 때 원금에 해당하는 자금은 출금해 활용하고 수익은 남겨서 자녀가 다시 적립을 이어가 미래를 대비할 수 있습니다. 기타소득세 16.5%를 납부하고 수익까지 출금도 할 수 있으므로 상황에 맞춰 선택할 수 있습니다.

투자에서 발생하는 비용에는 보수 수수료, 매매스프레드 그리고 세금 등이 있습니다. 그중 세금이 가장 클 것입니다. 연금의 과세이연을 통한 비과세는 돈을 불리는 데 큰 역할을 합니다. 투자 자산의 가격이 올라야만 돈을 불리는 것이 아닙니다. 같은 맥락에서 소득이 없는 자녀뿐만 아니라 전업주부에게도 연금저축은 중요한 미래 자산이 될 수 있습니다. 세액공제를 받지 못할 뿐, 노후 준비로는 여전히 최선의 도구입니다.

물론 연금저축이 모든 사람에 만능 계좌가 되진 않습니다. 특히 사회초년생은 연금저축 관련 상품부터 가입하곤 합니다. 하지만 사회초년생은 아직 소득이 많지 않은 상태이므로 세액공제 받을 세금이 없으면서 세액공제 상품을 가입하는 셈입니다. 만약 목돈 마련이 목적인 사회초년생이라면 3년 이상 투자 후 언제든 해지가 가능한 ISA 같은 비과세 절세계좌가 더 적합할 수 있습니다.

개인형퇴직연금 IRP는 연금저축계좌와 성격이 같습니다. 가입 기간 5년 이상이면 55세 이후부터 연금으로 수령할 수 있고, 연금소득세와 세액공제율도 똑같습니다. 세액공제 한도도 연금저축과 IRP 통합 900만 원으로 적용받기 때문에 큰 차이가 없습니다. 다만 IRP는 중도/부분 인출할 때 연금저축보다 불리할 수 있습니다.

연금저축 가입자는 언제든 적립금 중 일부를 꺼내 쓸 수 있습니다. 반면 IRP는 무주택자의 주택 구입이나 전세 보증금, 6개월 이상의 장기요양 의료비(연간 급여총액의 12.5% 초과 시) 등 법에서 정한 사유가 아니라면 일부 인출이 불가능합니다. 또 IRP는 연금저축보다 다양한 자산(리츠와 원리금 보장상품 등)에도 투자할 수 있지만 위험 자산 투자는 전체 적립금의 70%까지만 투자할 수 있도록 제한됩니다. 주식형 펀드들로 90%를 채우고자 한다면 IRP에서는 불가능하다는 것이죠. 반면 채권 혼합형 펀드나 ETF는 위험 자산으로 분류되지 않습니다. 저는 기대수익을 조금이라도 높이기 위해 IRP 자산의 30%를 채권 혼합형 펀드들로 채웁니다.

정리해보면 경제적 자유를 얻을 만큼의 큰돈을 목표로 장기 투자할 의지가 있다면 연금저축을 선택하는 것이 맞습니다.

② **퇴직연금계좌를 지켜내십시오.**

일반적으로 퇴직 시점에 연금 수령을 택하는 사람은 10%밖에 되지 않고 90%가 일시금으로 찾는다고 합니다. 퇴직연금 도입 사업장의 확대, 퇴직금 정산 제한 등으로 제한을 두고는 있지만 여전히 은퇴 전 퇴직금을 소진하는 경우가 대부분입니다.

퇴직연금계좌의 퇴직금은 연금으로 인출하면 퇴직소득세를 내지만 금융소득종합과세의 연금 인출 한도 1,500만 원에 포함되지 않습니다. 퇴직연금은 노후에도 종합소득과세 걱정 없이 꾸준한 현금 흐름을 만들 수 있는 재원이므로 최대한 오래 유지해야 합니다. 특히 은퇴 후 국민연금 지급이 시작되기 전까지의 공백기에 퇴직연금을 잘 활용해야 합니다. 국민연금이 개시될 때까지 연 1,500만 원의 연금저축과 퇴직연금으로 생활하고, 만약 국민연금 지급 개시 시점에도 퇴직연금 잔고가 남아 있다면 퇴직연금 수령액을 감액하거나 만일을 대비해 지급 중단도 필요할 수 있습니다.

③ 목표 달성 전에는 주식형 펀드 중심의 포트폴리오로 운용합니다.

초장기 투자를 계획하고 매월 또는 매해 적립을 통해 많은 금액을 모으고자 한다면 단순하게 주식 자산에 투자해야 합니다. 자산 배분이라는 미명하에 포트폴리오를 지나치게 많은 펀드와 여러 자산으로 채우면 안 됩니다. 그러나 단순화에 매몰돼 당장 높은 수익률을 가져다주는 미국 주식형 펀드 하나에만 투자하는 것은 오히려 위험합니다. 그보다는 미국을 비롯한 선진국과 이머징 마켓의 중국과 인도, 한국 등으로 분산투자하는 것이 글로벌 로테이션 사이클 측면에서 유리합니다. 다시 말하지만 개별 주식이 아니라 주가지수에 20년, 30년 투자할 경우 채권과 같은 안전 자산보다 변동성은 낮아지면서 다른 어떤 자산보다 수익성은 높아집니다.

주식에 100% 투자하라는 말은 큰 방향을 제시하는 것일 뿐, 자신의 위험 성향을 고려해야 합니다. 예를 들어 젊을 때는 주식 90%, 채권 10%로 구성했다면, 50대 전후가 되면 주식 편입비를 좀 낮춰 70% 전후로 유지하고 30%는 기타 채권이나 부동산 리츠 등으로 분산하는 것입니다. 만약 시장이 지나치게 고평가된 상황이라면 주식 편입비를 50% 정도로 낮출 수도 있습니다. 즉 주식에 100%를 투자하라는 메시지보다 중요한 것은 연금 운용으로 돈을 불리기 위해 주식형을 적극적으로 활용해야 한다는 것입니다. 각자의 재무 상황을 모르는 상황에서 나이는 중요하지 않습니다. 시간을 이용해 돈을 불리는 것이 목표라면 주식형을 십분 활용해야 한다는 것입니다. 목표 기대수익을 높이고 변동성을 낮추는 데는 자산 배분이 아니라 시간, 즉 얼마나 오랜 기간 투자했는지가 중요하게 작용합니다.

시의적절한 자산 배분이라는 목표를 내세워 은퇴 시점을 기준으로 자산을 자동으로 배분해주는 펀드도 있습니다. TDF가 대표적입니다. 기본적으로 TDF는 비행기가 고도를 낮추면서 점진적으로 착륙하는 과정인 글라이드 패스 같은 전략을 취합니다. 물론 좋은 전략이긴 하지만 투자자가 자신의 은퇴 시점을 정확히 알고 있을지가 변수입니다.

저는 주식 중심으로 운용하다가 안전 자산으로 확대하기 시작하는 시점의 기준을 투자자 자신이 정해놓은 목표 연금의 규모로 판단합니다. 즉 투자자가 자신의 재무현금 흐름을 기반으로 연금 자산 10억 원 혹은 5억 원을 목표로 정했다면 목표에 근접한 시점부터는 안전 자산으로 그간 쌓아올린 자산들을 지키고 보호해야 합니다. 자칫 주식시장이 크게 흔들리면 자산 가치도 폭락할 수 있습니다. 그러나 시장의 변화를 무시하고 단순히 은퇴 시점이 다가온다는 이유로 안전 자산 비중을 높이는 것은 위험한 선택입니다. 더구나 내 의지와 상관없이 글라이드 패스 전략에 따라 기계적으로 관리하는 것은 이상해 보입니다. 물론 디폴트옵션 같은 수동적 자금이라면 TDF일지라도 투자하는 게 좋습니다. 투자자 대부분이 안전한 예금에 묻어버리는 경우가 많기 때문입니다.

게다가 노후에 수령하게 될 연금 구조를 살펴보면 연금저축계좌마저 보수적으로 운용할 필요가 없습니다. 우선 65세 이후 지급액이 보장된 국민연금과 위험 자산 편입비를 70% 이내로 제한시킨 퇴직연금계좌가 있기 때문입니다. 이미 보수적인 것들로 채워져 있는 상황에서 연금저축마저 채권이나 혼합형 등으로 채울 필요는 없습니다. 연금저축만큼은 주식을 중심으로 투자하십시오.

④ 은퇴 후에는 인컴 중심의 돈 버는 포트폴리오를 구축합니다.

은퇴를 하면 고정 수입이 끊기므로 이후에는 현금이나 보험, 또는 그동안 불린 연금을 찾아 쓰면서 노후를 보냅니다. 은퇴 시점이 왔다고 연금 운용을 칼같이 중단하고 인출하라는 것이 아닙니다. 계속해서 주식형 중심으로 운용하는 것도 맞지 않습니다. 연금의 구조적 특징만 보면 적립 초기에는 인컴 투자가 적합하지 않습니다. 개인의 성향에 따라 다를 수 있지만 위험을 감수한다면 변동성이 큰 자산이 좋습니다. 그런 이유에서 적립 시기에는 주식을 중심으로 운용하라고 말씀드린 것입니다.

인컴 투자의 장점은 꾸준한 현금 흐름을 바탕으로 한 안정성입니다. 기대 수익률은 낮을 수 있습니다. 연금 수령을 개시하거나 목표 규모에 근접한 경우라면 인컴 투자를 검토하는 게 맞습니다. 단, 주의해야 할 부분이 있습니다. 일정 기준에 맞춰 인출해야 연금의 절세효과를 극대화할 수 있습니다. 만약 연 4~5%의 배당 수익만으로 연금의 분리과세 적용 인출 한도인 1,500만 원을 확보할 수 있는 수준까지 연금을 적립했다면 시장에서 한발 물러나 인컴 투자로 연금 수령에 집중할 수 있습니다. 매년 배당이 현금으로 쌓이므로 자산을 매매할 필요 없이 쌓인 현금을 인출하기만 하면 됩니다. 즉 은퇴 전에 쌓아놓은 연금 자산은 인출에 의해 훼손되지 않고 여기서 발생한 배당 수익만 인출해 소비하자는 것입니다. 이른바 마르지 않는 황금 연못인 셈입니다.

연금 관련 계좌에는 다양한 인컴 상품을 편입할 수 있습니다. 대표적인 인컴 자산은 채권으로, 예금보다 높은 이자소득을 기대할 수 있습니다. 발행 주체와 신용 등급, 만기별로 종류도 다양합니다.

■ 대표적인 인컴 자산의 예

① 예금
연금저축계좌에서는 예금 투자가 불가능하지만 IRP에서는 가능하며 예금자 보호 한도를 별도로 적용받을 수 있습니다. 예금 금리가 높다면 5년 정도 연금으로 수령할 자금을 제외하고 나머지를 3년에서 5년 정기예금으로 운영하는 것도 충분한 대안이 됩니다.

② 고배당, 우선주
고배당 상품 내에서도 전략이 다양합니다. 자산군에 관계없이 고배당 자산에 투자하는 전략, 배당주나 우선주에 투자하거나 배당 성장주에 투자하는 방법도 있습니다. 배당이 높은 기업과 자산은 그만큼 성장성이 떨어지기 때문에 전략별로 나눠 구분해 활용해야 합니다. 인덱스를 대신한다면 단순 배당보다는 배당 성장이나 배당주 알파 전략이 적합하고 인컴에 집중한다면 배당 수익률 자체에 집중해야 합니다.

③ 커버드콜
파생 거래를 통해 현금 흐름을 만드는 전략도 있습니다. 대표적인 것이 커버드콜 상품입니다. 커버드콜의 경우 주식의 상승 기회를 옵션으로 매도해 현금 수익을 만들기 때문에 배당은 높지만 주가의 상승에 따른 수익을 포기한 구조라서 주가 상승 시 수익이 제한됩니다.

④ 부동산과 인프라
연금 관련 계좌를 통해 부동산 상품과 리츠에 투자할 수 있습니다. 부동산은 임대 등을 통해 현금이 꾸준히 발생하고 물가 상승에 따라 자산 가치도 함께 상승합니다. 시장 상황에 따라 다소 변동성은 있지만 선별하면 상당히 유용하게 활용할 수 있습니다.

⑤ 채권
채권은 가장 대표적인 인컴 자산입니다. 전통적으로 주식 등 다른 자산들과의 상관성이 낮아 자산 배분 시 우선적으로 고려합니다. 정기적인 이자와 만기 원금 지급 등 미래 현금 흐름이 예측 가능하고, 수익성과 안정성을 기반으로 선택할 수 있는 폭이 넓습니다. 발행 주체별로 국채, 회사채 등으로 나뉘고, 만기에 따라 1년 이하 단기채, 1~5년의 중기채, 5년 이상의 장기채로 구분하며, 이자 지급 방식별로 이표채, 할인채, 복리채, 영구채가 있습니다. 또한 신용 등급이 낮은 채권은 하이일드라고 합니다.

⑤ **ETF보다는 검증된 펀드로 장기 투자합니다.**

ETF는 펀드처럼 여러 종목에 분산하고 개별 종목이 아니라 주가지수를 추종할 수 있다는 측면에서 펀드와 유사하지만 매매의 편리성만 보면 주식에 가깝습니다. 그럼 펀드는 어떨까요? 일단 불편합니다. 해외 투자 펀드를 예로 든다면 A라는 펀드에 매수 신청을 할 경우 당일 확인되는 펀드 기준가로 매수되는 게 아니라 3일 뒤 기준가로 체결됩니다. 만약 펀드를 팔겠다고 환매를 요청하면 4일 뒤 기준가로 체결되고 출금까지 약 8일 정도 소요됩니다. 물론 펀드별로 다를 수 있습니다. 다만 ETF와 비교해 출금까지 많은 시간이 소요된다는 점을 알아두길 바랍니다.

반면 ETF는 보이는 가격으로 매매하고 그 가격으로 정산돼 3일 뒤 결제됩니다. ETF 매매를 해본 분들은 잘 알겠지만 매도 후 매도한 현금으로 당장 매수도 가능하므로 하루에 수십 번 사고팔기를 반복할 수 있습니다. 또 ETF는 종류도 다양해서 최근에 떠오르는 테마를 투자하기에 더할 나위 없는 투자 도구입니다. 펀드는 ETF에 비해 다양하지 못합니다. ETF 대비 보수도 상대적으로 높습니다. 펀드의 총 보수가 1%라면 ETF는 3분의 1 수준에 불과합니다.

그럼 왜 ETF가 아닌 펀드로 장기 투자해야 한다는 것일까요? 연금투자자는 손쉽게 사고팔 이유도 없고 종류가 다양할 필요도 없습니다. 오히려 매매가 빈번하면 복리효과와는 거리가 멀어집니다. 간혹 자신의 능력이 뛰어나서 빠른 매매로 돈을 벌었다고 착각하는 사람이 많은데, 대부분 금리가 내려 유동성이 풍부해지고 주식시장에 유리한 환경이 조성됐기에 가능한 경우가 많습니다. 시장이 하락하고 금리가 오를 때 한두 번 판단 실수를 저지르면 상승기에 벌었던 수익을 모두 뱉어내는 것은 물론, 원금마저 까먹기도 합니다. 큰돈은 사고파는 매매가 아니라 기다림 끝에 찾아온다는 말을 곱씹을 필요가 있습니다.

ETF로 발생하는 비용도 따져봐야 합니다. ETF는 비용이 저렴하다고 하지만 ETF 비용에는 매매 수수료를 포함시키지 않고 있습니다. 즉 매매 빈도수에 비례해 비용이 커질 수 있다는 점을 간과하고 있습니다. 이것은 단편적인 비용일 뿐, 매수와 매도 호가 차이(Gap)에서 발생하는 비용도 무시할 수 없습니다. 물론 거래량이 많은 ETF의 경우 호가갭이 크지 않지만, 상위 몇 개를 제외하면 ETF의 호가갭은 벌어진 경우가 많습니다. 얼마 되지 않는다고 생각하겠지만 순자산 가치와 ETF의 현재가 그리고 호가갭 등을 종합해보면 상당한 비용을 지불하고 있을 수 있습니다.

예를 들어 메타버스라는 테마 ETF가 상장됐다고 가정해보겠습니다. 초기에는 거래도 많고 산업도 유망한 것 같아 진입했는데, 전망이 부정적으로 변하거나 새로운 AI 테마가 등장해 관심이 사라지면 거래량이 급감합니다. ETF는 거래량이 적은 만큼 그동안 어렵게 모은 1억 원 정도의 물량을 매도하려면 순자산 가치에서 약 1% 이상 낮게 매도해야 체결되는 경우가 많습니다. 이것이 바로 호가갭에 따른 비용입니다.

참고로 거래소에 상장돼 있는 ETF 868개 중 388개, 대략 절반에 가까운 ETF들이 하루 1억 원도 채 거래되지 않습니다. 하루 1천만 원도 거래되지 않는 ETF는 190개로 약 22%입니다. 금융시장에서 가장 큰 위험이 무엇이냐고 묻는다면 가격 하락 위험도, 신용(Credit) 리스크도 아니고 유동성 리스크입니다.

반면 펀드는 동일한 기준가로 매수되고 매도됩니다. 정확하게는 거래소 시장에서 거래되는 것이 아니므로 매수나 매도라고 표현하지 않고 설정과 환매라고 표현합니다. 호가라는 것도 없습니다. 매일 산정돼 나오는 하나의 가격, 기준가에 의해 체결되는 것입니다.

만약 ETF라는 수단을 활용해 연금투자 목표를 달성하는 것은 그만큼 여러 유혹을 견디고 초월적 의지를 가져야만 가능한 일입니다. 장기 투자자라면 고행의 길을 선택하기보다, 좀 불편하고 비용 차이가 나더라도 펀드를 중심에 두고 시장을 살피며 무던하게 대응하는 것이 최선의 선택이라고 생각합니다.

⑥ 글로벌로 분산합니다.

10년 전만 해도 연금계좌 투자 현황을 열어보면 한국 주식과 한국 채권 투자가 대부분이었습니다. 투자에서 자국 편향은 자연스러운 현상입니다. 비교 분석을 기반으로 결정한 것이 아니라 권하는 사람도 설명하기 편하고 투자하는 사람도 마음이 편해서겠죠.

그런데 연금과 같은 절세계좌에서 한국 주식형 펀드에 투자하는 것은 현명한 판단이 아닙니다. 세액공제도 받고 과세이연도 되는데 왜 한국 주식형 펀드에 투자하면 안 될까요? 연금 수령 시 연금소득세를 내기 때문입니다. 이는 일반계좌에서 한국 주식에 투자했다면 내지 않아도 될 세금입니다. 물론 세법이 개정돼 한국 주식 매매 차익에 대해서도 양도세를 내게 된다면 상황은 달라집니다. 하지만 지금처럼 주가 상승에 따른 매매 차익에 대해 비과세를 적용하는 상황에선 연금계좌에 굳이 한국 주식이나 주식형 펀드를 포함시킬 이유는 없습니다.

한국의 GDP 규모는 전 세계 14위 수준이고 1인당 GDP는 31위입니다. 분명 선진국 대열에 들어섰지만 한국의 시가총액은 전 세계 시가총액의

2% 전후에 불과합니다. 글로벌 자산 배분 전문가들 입장에서 보더라도 한국에 투자 비중을 2% 이상 주기는 어려울 것입니다.

다양한 투자 기회, 분산된 위험으로 인한 안정적 운용 등 수익적 측면 이외에 글로벌 분산 투자를 하면 여러 장점이 있습니다. 먼저 심리적으로 상당한 도움을 줄 수 있습니다. 사람들은 뒤처지는 것에 대한 두려움을 느낍니다. 주변에서 투자 성공 사례를 뒤늦게 따라가려다 실패를 경험하는 사례가 많습니다. 이때 여러 국가와 종목으로 투자 자산을 분산하면 자신도 작게나마 일정 수준 투자를 하고 있다는 생각에 심리적 안정감을 유지할 수 있습니다.

⑦ 해외 투자 시 환은 노출합니다.

글로벌 투자를 하면 주식 등락에 따른 위험도 감수해야 하지만 환율 변화에 따른 위험도 뒤따릅니다. 환율 변동 때문에 생길 수 있는 손실을 막고자 할 때는 환헤지를 활용합니다. 위험 요인을 하나라도 없앤다는 점에서 좋아 보일 수 있지만 개인적으로는 언헤지형(Unhedged)을 가입하는 게 장기적으로 유리하다고 생각합니다.

환헤지는 일반적으로 달러, 유로, 엔화 같은 일부 선진국 통화에 한해 가능합니다. 실제 환변동성이 큰 이머징 마켓 통화는 헤지가 안 됩니다. 따라서 환헤지 투자라고 하면 보통 달러에 대한 환헤지를 말합니다. 달러는 대표적인 안전 자산으로, 주식이 급락하는 긴박한 상황에서는 달러의 가치가 올라가 원-달러 환율이 상승합니다. 이 부분이 주식의 손실을 일부 상쇄시켜줍니다. 1997년 IMF와 2008년 GFC 때 환율의 급등을 경험한 분들이 있을 것입니다. 외환, 특히 달러에 노출된 펀드는 비상사태에서 쓸 수 있는 낙하산이 있는 상품입니다.

⑧ 리밸런싱으로 정기적으로 관리합니다.

리밸런싱은 투자 비중을 처음으로 되돌려 밸런스를 다시 맞춘다는 의미입니다. 2가지 종목을 50:50으로 투자했을 때 한 종목은 10% 상승하고 한 종목은 10% 하락하면 비중은 50:50이 아니라 55:45가 됩니다. 이때 리밸런싱을 하게 되면 원래의 비중인 50:50으로 되돌려야 하므로 수익이 난 종목을 일부 팔아서 손실이 난 종목을 사게 됩니다. 결국 각각 다른 투자 사이클을 가진 상품 중 지나친 곳에서 덜어내어 부족한 곳을 채우게 됩니다. 리밸런싱 작업을 반복하면 사이클이 바뀌더라도 성과를 좀 더 안정적으로 유지할 수 있습니다. 다만 리밸런싱을 너무 자주 할 필요는 없습니다. 경기의 사이클은 짧게는 몇 개월, 길게는 몇 년간 이어지기 때문에 경험상 반기 또는 분기 정도가 적당하다고 봅니다.

이러한 리밸런싱 주기에 맞춰 장기 전략을 수정/보완해 신규 상품을 추가하거나 제외하는 작업을 해주는 것이 진정한 포트폴리오 관리입니다. 포트폴리오는 구성하는 것보다 관리가 더 중요하다는 것을 잊으면 안 됩니다.

⑨ 증시 침체에도 적립은 계속돼야 합니다.

사람들은 환경 변화에 민감합니다. 매월 또는 분기, 반기마다 적립식 투자를 할 경우 수익성을 높인다는 것은 알고 있지만 막상 시장이 급락하면 불안감에 적립을 멈춘다거나 안전한 채권 같은 자산을 편입하는 경우가 많습니다. 적립식 투자는 시장이 하락하는 경우에 효과를 발휘합니다. 현재 -10%의 손실은 현재 10% 할인된 가격으로 주식을 살 수 있다는 것을 의미합니다. 추가로 연금처럼 정액으로 투자하는 경우 적립식 투자가 더욱 효과적입니다. 매월 10만 원을 투자한다고 가정해보겠습니다. 첫 달에 1만 원이었던 주식이 다음 달에는 50% 하락해 5,000원이 되면 주식의 평균 매수 단가는 1만 원과 5,000원의 평균인 7,500원이 아니라 6,666원이 됩니다. 계산해보면 첫 달에는 1만 원에 10주를 샀지만 다음 달에 50% 하락한 5,000원에 20주를 샀으므로 평균 단가는 20만 원을 30주를 나눈 6,666원입니다. 이처럼 정액 적립식 투자는 생각보다 상당한 효과를 발휘합니다.

어떤 이들은 하락하는 종목을 지속적으로 매수하는 이른바 물타기가 큰 손실을 가져온다고 말합니다. 그런 경우는 개별 기업 투자나 특정 테마 투자에 해당합니다. 선진국 중심의 주가지수나 선도 업종에 대한 적립식 투자는 경기 사이클이 상승기에 접어들면 상당한 보상을 기대할 수 있습니다. 또한 정액 적립을 하다가 시장이 급락했을 때 매수 규모를 늘리는 적극적인 투자도 나쁘지 않다고 봅니다.

다만 감정의 동요가 없어야 합니다. 정액 적립은 매번 기계적으로 동일한 금액을 투자하다 보니 매수 후 시장이 더 하락해도 감정의 동요가 크지 않습니다. 만약 시장이 하락한 것을 보고 큰돈을 납입하면 이후에 시장이 추가 하락할 경우 심리적으로 불안해질 수 있습니다. 감정적 동요를 극복할 수 있다면 적극적 적립도 매력적이라 봅니다. 적립식 투자자는 자신을 반기계적이고 감정이 없는 휴머노이드라 생각하십시오. 그리고 자신의 목표는 시장을 공부하고 반응하는 것이 아니라 경제적 자유를 위해 목표 금액을 달성할 뿐이라고 생각해보세요.

■ **플레인바닐라의 연금투자 9원칙**

첫째, 연금저축계좌로 시작합니다.
둘째, 퇴직연금계좌를 지켜내십시오.
셋째, 목표 달성 전에는 주식형 펀드 중심의 포트폴리오로 운용합니다.
넷째, 은퇴 후에는 인컴 중심의 돈 버는 포트폴리오를 구축합니다.
다섯째, ETF보다는 검증된 펀드로 장기 투자합니다.
여섯째, 글로벌로 분산합니다.
일곱째, 해외 투자 시 환은 노출합니다.
여덟째, 리밸런싱으로 정기적으로 관리합니다.
아홉째, 증시 침체에도 적립은 계속돼야 합니다.

24
조용하지만 강력한 시간의 힘

미국과 일본 적립식 투자 결과

연금을 주식형 중심으로 운용하면 큰 기대도 생기지만 한편으로 마음이 편하지 않을 수 있습니다. 돈을 불리고자 한다면 현재 40대든, 50대든 상관없이 주식형으로 꽉꽉 채워 투자하라는 말을 실천하려고 해도 막상 불안함을 떨칠 수 없을 겁니다. 그처럼 마음이 불안하다면 반드시 주식으로 채워 투자할 필요는 없습니다. 본인의 투자 성향을 고려해 채권의 비중을 높이는 방법도 있습니다.

플레인바닐라투자자문은 1980년 1월부터 2024년 7월 말까지 44년 6개월이라는 기간과 주가 데이터 그리고 환율 등을 토대로 재밌는 작업을 해봤습니다. 보통 백테스팅이라고 하는 작업입니다. 예를 들어 5년 투자 백테스팅을 살펴보겠습니다. 우선 가상의 투자자 476명을 설정하고 1980년 1월 이후 매월 순차적으로 투자자들이 투자를 시작했다고 가정합니다. 그러면 투자 시점은 한 달 간격으로 476번 분산됩니다. 그런 다음 5년 후의 성과를 각각 확인하는 방식입니다. 투자는 최초 시점에 거치식으로 투자한 것이 아니라 분기마다 정액을 적립해 투자했다고 설계했습니다. 이 외에도 10년 투자 사례 416개, 15년 투자 사례 356개, 30년 투자 사례 176개를 추적한 데이터도 있습니다. 즉 투자 시점을 각기 다르게 설정한 투자자들이 5년/10년/15년/20년/25년/30년간 분기마다 적립식으로 투자했을 때 최고 수익률은 몇 %, 최저 수익률은 몇 % 그리고 평균 수익률은 몇 %인지를 확인하는 과정입니다.

이처럼 장기의 월 단위 롤링(Rolling) 방식의 백테스팅 결과를 보여드리고자 하는 것은 매번 좋은 시기의 사례만 보여주는 탓에 장기 투자의 통계 결과를 믿지 못하는 사람이 많기 때문입니다. 사실 최근 들어 미국 S&P500이 최고점을 갱신하고 최근 10년 연수익률이 두 자릿수인 것을 근거로 앞으로 연금투자를 했을 때 나올 결과를 말하는 것은 잘못된 접근 방식입니다. 사람의 마음은 여우 같으면서도 곰 같을 때가 있습니다. 2007년에는 중국에 대한 장기 투자가 연금의 미래가 될 것처럼 생각했다가 또 지금은 미국 나스닥과 인도에 대한 장기 투자가 최상의 결과를 낼 거라고 생각합니다. 물론 이러한 접근 방식이 틀렸다는 말은 아닙니다. 다만 우리가 믿고 있는 인지적 판단이 상당히 부실할 수 있다는 것을 짚고 넘어가야 합니다.

마크 트웨인(Mark Twain)은 "세상에는 3가지 거짓말이 있다. 거짓말, 새빨간 거짓말 그리고 통계"라고 말했습니다. 100년이 지난 지금도 곱씹어 볼 말이 아닐까 싶습니다. 이제부터는 앞서 말한 조건으로 미국과 일본, 한국의 주가지수를 대상으로 백테스팅을 실시한 결과를 보여드리겠습니다. 최고 수익률이 아니라 평균적인 성과 그리고 최악의 성과를 주목해서 살펴보길 바랍니다.

① 미국 S&P500 적립식 투자 결과

미국 S&P500지수에 5년간 투자했던 476번의 사례 중 최고 성과를 보인 사람은 연 31.9%(누적 약 400%)이고, 최저 성과를 보인 사람은 연 -6.8%(누적 -30%)였습니다. 투자 시점에 따라 어떤 사람은 400%, 어떤 사람은 -30%의 결과를 얻었으니 편차가 상당히 큽니다. 476명의 5년 투자 평균 성과는 연 7.5%(누적 143%)입니다. 이러한 결과는 5년간 투자했을 때 평균 연 7.5% 정도는 기대할 수 있고 자칫 투자 타이밍을 잘못 잡으면 손실이 커질 수 있다는 것을 의미합니다. 그리고 이러한 자료를 참고할 때

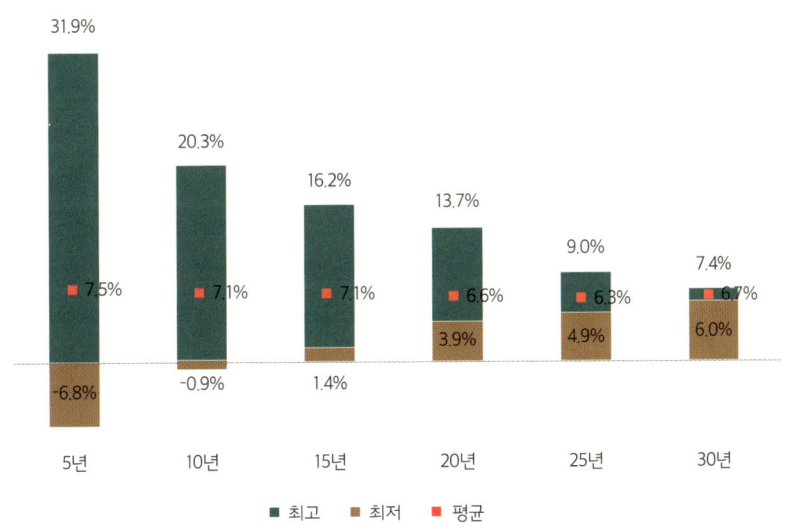

미국 S&P500 분기별 적립식 투자 기간별 연평균 수익률

는 고수익에 대한 기대가 아니라 위험에 무게를 두고 바라봐야 합니다.

여기서 우리는 10년 장기 투자의 최저 수익률이 -0.9%로 급격히 올라가기 시작했다는 것과 15년 장기 투자 이후로는 손실을 본 계좌가 아예 사라졌다는 것에 주목해야 합니다. 최저 수익률과 최고 수익률이 평균에 수렴해간다는 점도 중요합니다. 즉 장기 투자를 길게 할수록 약 6.7%라는 평균에 수렴하면서 손실을 보는 사람이 줄어듭니다. 주식시장에 장기 투자 시 기대 수익률이 7%가 넘는다고 알고 있던 사람들은 좀 낮은 것이 아니냐고 반문하겠지만 적립식 투자라는 점을 기억해야 합니다. 한 번에 1억 원을 넣은 게 아니라 투자 기간을 분할해 투자 원금을 1억 원에 맞춘 것입니다. 무엇보다 손실을 본 계좌가 하나도 없다는 것은 장기 적립식 투자 시에는 진입 타이밍이 별 의미가 없다는 것을 뜻합니다. 또한 장기로 갈수록 평균에 수렴한다는 것은 연금투자의 연수익률 6% 또는 7%라는 숫자가 상당히 현실적인 숫자라는 의미를 확인시켜줍니다.

물론 이 통계에서도 지적할 부분은 있습니다. 투자 대상이 가장 성공적인 국가인 미국의 주가지수라는 점입니다. 앞으로 미국이 일본처럼 잃어버린 30년 같은 침체를 경험할 수도 있기 때문이죠. 만약 미국의 주가지수가 향후 경기 침체로 인해 80% 이상 폭락하고 수십 년간 등락을 이어간다는 시나리오를 그려본다면 참담할 것입니다. 이러한 테일(Tail) 리스크가 아주 비현실적인 것은 아닙니다. 실제로 1930년대 미국, 1990년 이후 일본, 1997년 한국의 외환위기, 2000년 미국의 나스닥 그리고 2008년 GFC 등 증시가 반토막 이상 급락한 사례는 무수히 많습니다. 그렇다면 근래에 일어난 최악의 사례를 토대로 앞의 통계처럼 똑같이 적용해보도록 하겠습니다.

② 일본 TOPIX 적립식 투자 결과

일본의 사례는 최악의 케이스를 적용해 장기 적립식 연금투자의 결과를 확인한다는 점에서 의미가 있습니다. 일본 증시는 1989년 말에 고점 대비 최대 -80%의 폭락을 경험했습니다. 이후 고점을 회복하는 데 35년이 걸렸습니다. 만약 일본과 같은 장기 침체의 상황을 직면했을 때 연금 투자자는 어떤 결과를 얻게 될까요?

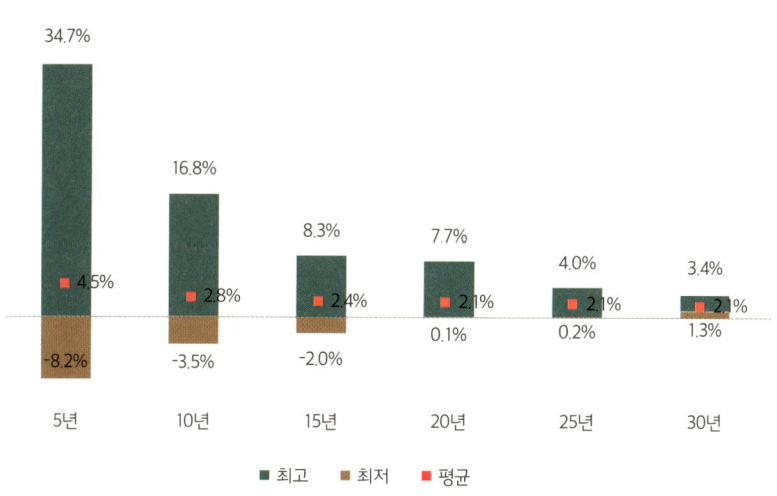

일본 TOPIX 분기별 적립식 투자 기간별 연평균 수익률

미국과의 가장 큰 차이점은 전반적으로 연평균 수익률이 낮다는 것입니다. 불가피한 결과라고 봅니다. 미국의 적립식 연금 투자자의 평균 수익률은 6%대인 반면, 일본은 연 2%대로 큰 폭으로 낮아졌습니다. 4%의 갭이 작아 보이지만 시간이 지날수록 연이율 1%는 큰 차이를 만들어냅니다. 4%의 갭은 미국과 일본의 30년 뒤 수익률을 약 3배 정도 벌리는 역

할을 할 것입니다. 하지만 장기 디플레이션의 상황이기에 별다른 도리가 없는 상황입니다. 당시 일본에 투자했던 사람이 중간에 일본에서 미국으로 갈아탔다면 행운이겠지만 용기를 내지 못했을 수도 있고 또 일본의 부활에 대한 기대감 때문에 일본 투자를 계속 유지했을 수도 있습니다.

하지만 이렇듯 일본 투자가 실패처럼 보여도 20년 이상 장기 연금투자를 한 사람 중에 손실을 본 사람이 전혀 없다는 점에 주목해야 합니다. 일본 시장이 고점 대비 -80% 수준으로 급락하는 충격을 경험하고서 회복하는 데 35년이나 걸리는 동안 손실을 본 사람이 없다니 쉽게 믿기지 않을 겁니다. 그러나 그래프가 보여주는 것처럼 20년째부터 최저 수익률이 0.1%로 돌아서기 시작했습니다.

일본 사례에 대한 20년 백테스팅은 약 300명을 대상으로 매월 시차를 두고 진행했습니다. 최고 수익률은 연 7.7%(누적 341%), 최저 수익률은 연 0.1%(누적 2%), 평균 수익률은 연 2.1%(누적 151%)였습니다. 아마 최저 수익률을 기록한 사람은 주가지수가 최상단일 때 진입해 분기마다 적립해온 사람일 것입니다. 20년간 누적 2%라면 결국 원금만 가져간 셈입니다. 결과적으로 아쉽긴 해도 증시로 폭망했던 경험이 있는 사람이라면 원금이라도 건진 것을 다행이라 생각할 수 있습니다. 반면 30년 투자자의 경우 최저 수익률은 연 1.3%로 누적 147%로 확인되며 평균적으로 연 2.1%의 수익을 달성해 원금은 누적 186%의 성과를 얻었습니다.

미국과 일본의 사례를 통해 연금으로 초장기 투자를 실천한다면 적어도 원금 손실에 대한 걱정은 내려놓을 수 있다는 것을 알 수 있습니다. 평균적으로는 최소 연 2~7%의 수익을 기대할 수 있다고 봅니다. 일본의 사례보다 더 최악의 시나리오를 적용해볼 수도 있습니다. 예를 들어 20년을 투자했는데, 20년차에 대공황이 찾아와 주식시장이 50% 붕괴됐다고 가정하면 장기 투자 시에도 손실이 불가피합니다. 이럴 때 최선의 대응은 무엇일까요? 우선 인출을 미루고 5년 정도 더 묵혀둔다고 마음먹으면 됩니다. 앞서도 보여드렸듯이 보통 증시가 폭락하면 5년 내에 대부분 고점을 회복하곤 합니다. 이럴 땐 최대한 멘털이 나가지 않도록 긍정적으로 마음먹고 아예 주식시장을 보지 않는 것이 최선의 대응책입니다.

③ 한국 KOSPI 적립식 투자 결과

한국 주식시장은 연금에서 투자를 말리는 입장이라 백테스팅 결과를 보여드릴 필요가 있을까 싶지만, 꼭 연금계좌가 아니더라도 일반계좌에서 얼마든 활용할 수 있다고 판단해 소개하겠습니다.

한국 KOSPI 적립식 투자 결과도 미국이나 일본과 동일하게 1980년부터 2024년 7월 말까지 44년 6개월의 기간을 대상으로 백테스팅을 수행했고 분기마다 정액으로 적립한 결과를 분석했습니다. 국내 시장이므로 환율의 영향은 없습니다. 그 결과, 20년 또는 30년 동안 적립식으로 장기 투자 시 연평균 수익률은 4.5%대, 최저 성과는 연 3%대로 나타났습니다. 역시나 장기 투자 시 평균 성과와 최저 성과에서 큰 차이가 나지 않는 것을 확인할 수 있습니다.

앞서 살펴본 미국과 일본의 사례와 한국의 사례를 통해 시간은 변동성이 높은 주식 투자의 손실 위험을 사라지게 한다는 것을 확인했습니다. 결국 시간의 힘은 고수익의 보장이 아니라 평균에 수렴해가는 지속성과 손실 가능성을 낮추는 안정성을 제공합니다.

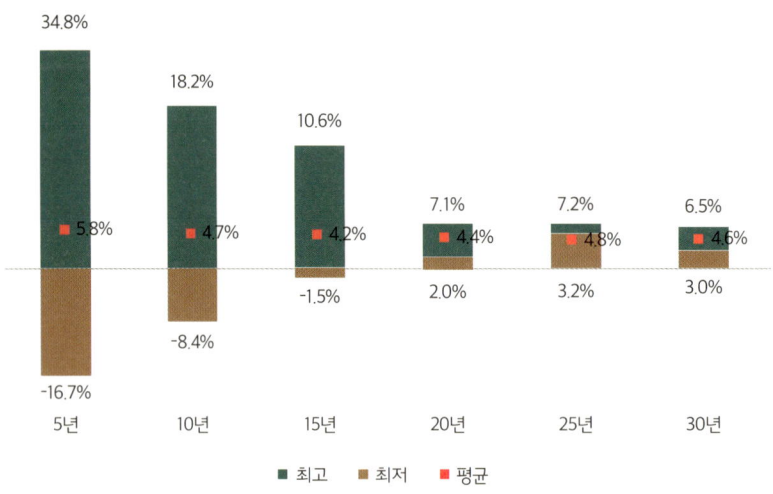

한국 KOSPI 분기별 적립식 투자 기간별 연평균 수익률

　한국은 수출이 경제성장의 80% 이상을 주도하는 구조입니다. 주요 분야로는 메모리 반도체와 핸드셋, 디스플레이, 2차 전지, 자동차, 조선 등이 있고 세계적으로 인정받는 기업들이 제조업 부문에서 활약하고 있습니다. 또한 인적 자원과 인프라 설비, 정책 의사결정 속도 등에서 향후 디지털 혁신성장의 기대감이 큰 국가로도 평가받습니다. 한국이 가진 이러한 강점을 키워 차별화시켜나가는 것이 한국에 대한 투자 매력을 높이는 출발점이라 봅니다.

　일각에선 한국 고유의 지배 구조 문제나 배당 성향이 낮다는 점, 또는 북한 리스크 등으로 코리아디스카운트 현상이 있다고 말합니다. 물론 그럴듯해 보이는 내용들이나 실제 시장과는 인과관계가 높지 않습니다. 시장이 안 좋을 때 나오는 대표적 핑계일 뿐이죠. 한국의 지배 구조는 점진적으로 개선돼왔습니다. 배당 성향도 대기업군은 이미 선진국 수준과 비교해도 부족하지 않습니다. 실례로 배당 수익률만 봐도 삼성전자가 일본의 소니나 대만의 TSMC보다 높습니다. 현대차도 토요타보다 높습니다. 인접국과의 갈등을 빚는 국가는 한국말고도 많습니다. 북미 대륙을 제외한 모든 지역에서 국가간 분쟁이 발생하고 있습니다. 설사 북한과의 문제가 해소된다고 해도 한국은 지정학적 리스크에서 자유롭지 않습니다. 결국 한국은 오직 지속적 혁신과 성장으로 유럽과 일본, 중국, 대만과 차별화된 경쟁력을 키워나갈 때 장기적 레벨업의 첨경에 이를 수 있습니다.

글로벌 주요 기업들 현황 비교

국가	기업명	시가총액	배당 수익률	PER(포워드)	전년 매출액
한국	삼성전자	384조 원	2.24%	11.24배	259조 원
일본	소니	154조 원	0.46%	15.88배	116조 원
대만	TSMC	1,021조 원	1.58%	22.54배	90조 원
한국	현대차	50조 원	6.98%	4.32배	168조 원
일본	토요타	366조 원	3.05%	7.46배	412조 원
미국	포드	56조 원	5.61%	5.62배	240조 원

※ 원화로 환산, 2024년 9월 13일 기준

한국 주식형 투자는 이미 자본 차익에 대해 비과세를 적용하고 있는 만큼 연금계좌보다는 일반계좌에서 인덱스 펀드나 ETF 중심으로 투자하는 것을 추천합니다. 액티브 펀드를 선별할 때는 1년 이내의 단기 성과보다 장기 성과를 비교해보고 선택하길 바랍니다. 테마 투자는 피하는 것이 좋습니다. 주요 액티브 펀드와 인덱스 펀드 그리고 ETF의 5년 이상 누적 수익률과 표준편차 데이터를 보면 KODEX200 ETF의 경우, 2024년

9월 기준 5조 6,000억 원 규모이며, 21년 이상 운용돼왔고 펀드 설정 이후 연 9%의 우수한 성과를 달성 중입니다.

주요 국내 주식형 펀드와 ETF 펀드

펀드명	총 자산 (억 원)	운용 연수 (연)	5년 연수익률 (%)	펀드 설정 이후 연수익률 (%)	5년 표준편차
[액티브 펀드] NH-Amundi필승코리아증권투자신탁	3,043	5.1	13.6	14.1	23.8
[액티브 펀드] 마이다스책임투자증권투자신탁	5,307	15.4	10.7	9.6	19.8
[고배당] 신영밸류고배당증권자투자신탁	11,633	21.3	7.4	8.1	16.9
[인덱스 펀드] 이스트스프링코리아인덱스증권자투자신탁	1,223	10.4	7.4	4.8	19.7
[ETF] TIGER200	18,382	12.1	7.3	4.6	20.3
[ETF] KODEX200	56,216	21.9	7.1	9.1	20.4
[인덱스 펀드] 교보악사파워인덱스증권자투자신탁	8,475	18.5	7.0	5.8	19.9

※ 연수익률은 연평균 기하 수익률로 계산, 2024년 9월 13일 기준

25
적립식 투자의 기회와 한계

적립식으로 수량을 늘리고 평균 단가를 낮춰라

　연금은 보통 세액공제 한도 이내에서 매월 또는 매년 적립식으로 투자하곤 합니다. 퇴직연금의 경우 매년 또는 매분기, 반기마다 퇴직급여 분담금이 입금됩니다. 자연스럽게 적립식 투자 방식을 실천하는 것입니다. 적립식 투자는 분할 매수를 통해 투자 금액의 평균 단가를 시장 평균에 맞춰줍니다. 더불어 정액으로 적립하는 경우 실제 투자 자금의 평균 단가는 단순한 주가 평균보다 낮아집니다. 그래서 정액 적립식 투자는 장기 투자자에게 적합한 투자 방식입니다.

　정확히는 매월 같은 금액으로 적립하는 정액 적립식 투자를 하면 평균 단가가 단순히 매수한 주가의 평균보다 낮아집니다. 매월 100만 원을 투자한다고 가정하고 주가가 1만 원일 때 그리고 5,000원일 때 두 번 투자하면 사람들은 평균 단가가 7,500원이라고 답합니다. 그런데 실제로는

6,667원입니다. 이는 주가 하락으로 매수하는 주식 수가 늘어나기 때문입니다. 예를 들어 주가가 1만 원일 때 100주, 5,000원일 때 200주가 매수되기 때문에 평균 단가는 총 투자 금액(200만 원)÷총 보유 수량(100+200)으로 계산돼 6,667원이 됩니다. 그만큼 수량이 중요한 역할을 합니다.

예시로 주가가 70에서 120 사이에서 등락을 반복한다고 가정하겠습니다. 이런 경우 매월 10만 원을 정액 투자하면 주식의 평균 매입 단가가 서서히 변동성을 줄여가며 평균에 수렴해가는 것을 볼 수 있습니다.

정액 적립식 투자 결과

시간이 지나며 매수 단가가 평균 수준으로 수렴하기 때문에 적립식으로 투자하는 자산은 변동성이 커야 기대 수익률도 높습니다. 따라서 적립식 투자를 할 때는 주가의 하락과 변동성을 기회로 생각해야지 두려움의 대상으로 생각할 필요가 없습니다. 특히 연금투자 초반이라면 투자 금액이 크지 않고 납입 가능한 기간이 길어 유리합니다.

결국 곱씹어보면 왜 초반에 수익률을 무시하고 수량을 늘리는 데 집중

하라고 했는지 이해가 될 겁니다. 다음을 정언처럼 기억하길 바랍니다.

> ① 연금투자는 정액 적립식으로 할 경우, 평균 단가의 하향 평준화를 가져온다.
> ② 가격 변동성이 큰 주식과 같은 자산일수록 정액 적립식 투자의 기대효과가 커진다.
> ③ 가격이 급락했을 경우에 적립하면 평균 단가를 낮추며 주식 수를 늘려준다.

즉 주식시장 하락폭이 이성을 벗어난 수준이라고 판단될 경우, 정액 적립 투자자라면 적립 일정을 앞당겨서 매수하는 것도 좋은 판단이라고 생각합니다. 추가 불입을 생각하고 있다면 주가가 높을 때 하지 말고 되도록 낮아졌을 때 진입해 평균 단가도 낮추고 매입 수량도 늘리는 것이 좋습니다. 대부분의 사람은 증시 폭락 시기에 불안한 시장 상황에 대한 공포로 정액 적립을 멈추거나 보유하고 있던 펀드를 정리할 것입니다. 그러나 군집적인 방향이 정답이라고 믿지 마십시오.

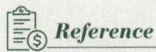
Reference

정액 적립식에 대한 수학적인 배경

100만 원을 주가 a원에 투자하면 매수되는 주식 수는 100/a입니다. 다음번에 100만 원을 주가가 b원일 때 투자하면 주식 수는 100/b가 되고, 누적 주식 수는 100/a+100/b입니다. 누적 투자 금액이 200만 원이니 이때 주식을 매수한 평균 단가는 200/(100/a+100/b)가 되겠죠. 이를 정리하면 다음과 같습니다.

$$\frac{200}{\frac{100}{a}+\frac{100}{b}} = \frac{200}{\frac{100(a+b)}{ab}} = \frac{2ab}{(a+b)}$$

정액 적립 시의 평균 단가 2ab÷(a+b)가 매수 가격의 단순 평균인 (a+b)÷2보다 작다는 것을 증명해내면 되는데요. 이는 산술평균, 기하평균, 조화평균의 절대 부등식 증명에 있는 내용입니다.

$$\frac{a+b}{2} \geq \sqrt{a+b} \geq \frac{2ab}{a+b}$$

(단, 등호는 a=b일 때 성립)

이처럼 정액 적립식 투자는 이론적으로도 증명할 수 있는 효율적인 투자 방법입니다. 연금 관련 계좌를 운용할 때는 적립식 투자의 장점을 굳게 믿고 시장의 변동성을 감내하는 공격적 자세를 유지하길 바랍니다.

적립 규모에 따라 비중 조절이 필수

한편 연금은 적립식 투자이기도 하지만 몇십 년에 걸친 초장기 투자이기도 합니다. 적립식 투자 시 매수 단가의 하향 평준화 현상은 시간이 지날수록, 적립된 규모가 커질수록 그 효과가 줄어듭니다. 당연한 원리입니다. 연금 자산이 1억 원일 때와 5억 원일 때 신규로 유입되는 600만 원의 영향은 서로 다릅니다. 평균 단가가 꿈쩍도 하지 않는 시기가 올 것입니다. 오랜 시간이 지난 후에는 적립식 투자가 아닌 장기 투자에 맞춘 전략 변경이 필요합니다. 바로 포트폴리오의 가격 민감도를 낮춰 시장 급락에 대해 어느 정도 방어력을 확보하는 것입니다.

가장 쉬운 방법은 첫째, 액티브 펀드를 인덱스 펀드로 바꾸는 것입니다. 둘째, 채권을 등장시키는 것입니다. 채권은 경기 하락이나 침체 국면에서 긍정적인 가격 흐름을 보여주고 주식과 낮은 상관성을 지닌 자산입니다. 채권의 투자 비중을 10%든 20%든 편입합니다. 셋째, 고배당 주식형 펀드나 부동산 리츠 펀드와 같은 인컴형 펀드 비중을 높이는 것입니다.

정리해보면 초기 10여 년은 주식형 중심으로 꾸준히 적립하고 수량을 늘리는 쪽으로 집중합니다. 그 후 20년 이상 적립해 규모도 커지고 자신이 목표로 삼았던 금액에 가까워진 경우, 주식형 펀드 중심에서 채권과 고배당 자산들을 편입하는 전략으로 천천히 변경해야 합니다. 예를 들면 본인의 목표액이 5억 원인데, 규모가 4억 원 정도까지 도달했다면 보유하고 있던 나스닥 주식형 펀드나 ETF를 30% 매도해서 채권형 상품과 고배당 주식형, 부동산 리츠를 각각 10%씩 매수하는 것입니다. 그리고 이후 4억 5,000만 원이 됐다면 나스닥 주식형의 비중을 50%로 낮추고, 채권 비중을 20%, 고배당 주식형과 부동산 리츠를 각각 15%로 높여주는 것입니다.

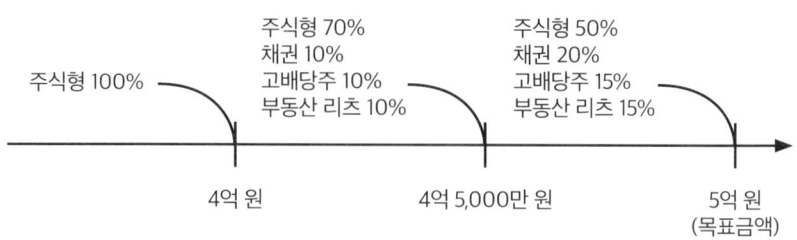

매우 직관적인 방법으로 설명드렸는데 사실 여기서 더 복잡하게 자산배분을 한다고 해서 더 나은 결과를 기대하지도 못합니다. 적어도 저의 경험상 이러한 운용 방법의 핵심은 채권과 고배당 인컴 자산들에 30% 또는 50%로 할당하는 것 자체일 뿐, 정교하게 비중을 계산해 실행하는 것은 의미가 없습니다. 투자는 복잡하면 안 되고, 직감적으로 대응할 수 있도록 단순해야 합니다.

변동성이 심한 성장 주식은 적립식이 유리

미국의 나스닥지수를 대상으로 재밌는 테스트를 한번 해봤습니다. 나스닥100지수에 매월 50만 원씩 연금으로 적립한 투자자와 최초 2억 원을 거치식으로 투자한 투자자의 최종 성과를 비교한 것입니다. 투자 기간은 2000년 3월부터 2024년 8월 말까지, 약 25년입니다.

나스닥지수 적립식과 거치식 투자 결과

50만 원 적립식 투자자의 최종 평가액은 11억 원으로 총 납입 금액 1억 4,700만 원 기준으로 650%의 성과를 달성했고, 거치식 투자자는 원금 2억 원 대비 340%인 8억 8,000만 원입니다. 결국 적립식 투자는 나스닥처럼 요동치는 주가지수에 대응하는 최적의 투자 전략이라고 봐야 합니다. 변동성을 친구로 만든다면 당장 2억 원을 가진 사람을 부러워할 필요가 없습니다. 이처럼 적립식 투자가 20년 뒤엔 부의 서열이 바뀌게 되는 기회를 제공할 것입니다.

26
미국 주식시장과 채권 그리고 달러

자산시장의 사이클

이제 주식과 채권이라는 자산의 가격 흐름을 대표적인 지수를 통해서 살펴볼 것입니다. 연금투자자 입장에서는 주식이 어떻고 채권이 어떻든, 어떤 주식이 유망하고 어떤 채권이 불안하든 고려할 필요가 없습니다. 모두가 워런 버핏처럼 종목 분석을 통해 돈을 벌 가능성은 매우 낮고 오히려 주식 집중 투자로 손실 위험이 커질 수 있기 때문입니다. 연금투자자는 한두 개의 주식이 아니라 여러 종목을 편입해 운용하는 펀드나 ETF를 활용해야 합니다. 결국 시장에 대한 이해만으로 충분합니다.

투자자문 업계에 있다 보니 정말 수많은 정보가 매초 쏟아집니다. 또 다양한 채널에서 현상을 설명하고 분석하고 전망합니다. 시장이 오르면 걱정도 없지만 시장이 불안하고 하락하면 관련 매체들을 찾아서 보고 듣고, 또 어려운 용어들을 공부하기도 합니다. 사실 모두 노이즈라고 생각해도 무방합니다. 실적을 정확하게 예측하고 서프라이즈한 실적이 나와도 주가는 급락할 수 있습니다. 코로나로 90년 만에 대공황을 경험하게 될 것이라는 전문가의 전망도, 중국이 부동산 버블로 일본처럼 침몰할 것이라는 전망도 그냥 한 귀로 듣고 흘리면 됩니다.

연금투자자는 "시장은 걱정의 벽을 타고 오른다."라는 격언만 기억하면 됩니다. 물론 시장의 사이클을 이해하고 버블을 판단하면 장기 투자에 큰 도움이 될 수 있습니다. 하지만 10여 년에 한 번 하는 판단조차도 쉽지 않습니다. 그렇다면 그냥 계획한 대로 납입하면 되고 1년에 한두 번 정도 리밸런싱을 수행하면 됩니다.

10여 년에 한두 번 정도는 적극적 판단이 필요합니다. 그러한 임계점을 활용하면 연금 자산을 불리는 데 큰 도움이 되곤 합니다. 만약 그런 판단이 어렵다면 연금 전문가의 도움을 받아 단기 사이클이 아니라 중장기 사이클의 변화를 공유하고 변화의 임계점을 추적하고 검증하면서 포트폴리오를 관리하면 됩니다.

미국 주식시장의 흐름

사이클 얘기를 했으니 지난 100년의 주식시장 흐름을 살펴보도록 하죠. 다음 표는 1885년에 등장해 현재까지 약 140년 된 미국의 주가 지수인 다우존스산업평균지수(The Dow Jones Industrial Average)의 흐름을 나타내고 있습니다. 이 책에는 100년 전인 1924년부터의 데이터를 가져왔습니다. 1924년 당시는 40포인트이고 지금은 4만 포인트 레벨이다 보니 등락을 잘 볼 수 있도록 로그(Log) 스케일로 변환했습니다. 빨간색 박스는 하락 및 횡보 국면, 파란색 박스는 상승 국면입니다.

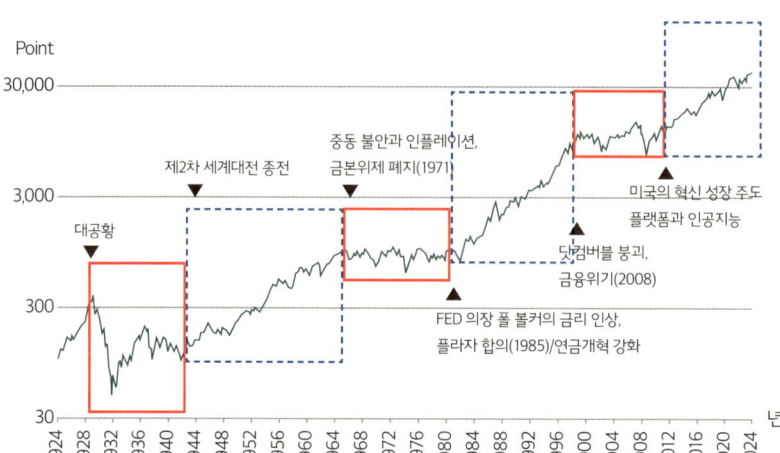

미국 다우지수 100년과 증시 국면 로그 스케일

　미국 증시는 1929년 9월부터 1932년까지 3년간 약 -89% 폭락하며 역사상 최대 하락 사례를 경험했습니다. 당시 미국의 상황을 대공황(Great Depression)이라고 부릅니다. 참고로 한국KOSPI는 외환위기를 경험했던 시기에 최대 -71% 하락했습니다. 이후 KOSPI는 1년 만에 200% 이상 급등하면서 모두 회복했습니다. 반면 미국의 대공황 충격은 회복하는 데만 25년이나 걸렸습니다. 미국의 금융 칼럼니스트 존 브룩스(John Brooks)가 쓴 《골콘다》라는 책에서 보듯이 대공황은 역사적으로 불행한 사건이지만 사기와 협잡이 판을 치던 미국의 증권시장이 대대적으로 정화되고 철저한 감독 체계를 수립하는 중요한 역사적 계기이기도 합니다.

대공황 이후 미국 증시는 제1,2차 세계대전과 한국전쟁이라는 지정학적 충돌 속에도 점진적으로 회복됐습니다. 하지만 1960~1970년대로 접어들자 미국은 베트남전과 중동 지역의 전쟁, 과감한 감세정책, 달러의 금 태환 중지 등으로 극심한 인플레이션을 겪으며 또다시 경기 침체로 연결되는 악순환을 경험했습니다. 1973~1974년에 -45%를 기록하며 또 한 번 큰 하락폭을 기록했지만 1년 만에 다시 회복하는 등 하락과 회복을 반복하는 전형적인 박스권 장세가 1960년대 중반에서 1970년대 말까지 이어졌습니다.

미국과 소련의 냉전 상황이 지속되는 가운데 맞이한 1980년대에는 연준의장 폴 볼커(Paul Volcker)가 취임한 이후 연방준비제도이사회(FED)와 행정부의 주도하에 강력한 통화긴축과 신용축소정책으로 인플레이션을 잡는 데 성공했습니다. 또한 높은 금리로 인해 부풀려진 달러 가치마저 플라자 합의를 통해 안정시키면서 미국 증시는 역사상 최대폭의 상승세를 이어갔습니다. 1980년 초부터 1999년 말까지 다우지수는 1,300% 이상 상승했습니다. 당시는 인플레이션을 40년간 봉인시켰던 시기이기도 하고 시장 유동성이 확대되고 실질 GDP가 7%를 찍던 시기였습니다. 국제 정치적으로 이념 대결이 종식되고 미국 주도의 자유주의 완승이 확정되는 시기이기도 했습니다. 미국의 입장에서는 참 좋은 시기인 것은 분명하지만 돌이켜보면 한국은 냉전 시대의 가장 큰 피해자이기도 했습니다.

참고로 미국의 3대 지수는 다우지수와 S&P500, 나스닥지수입니다. 다우는 30개 종목, S&P500은 500개 그리고 나스닥지수는 3,000여 종목들로 구성됩니다. 이때 나스닥 투자는 3,000개로 구성된 지수가 아니라 나스닥100지수로 압축된 인덱스를 활용해 투자하는 것입니다. 다우지수는 시가총액이 아닌 단순 주가 가중평균 방식으로 지수를 산정합니다. 편입 종목이나 편입 섹터도 제한적이라 미국을 대표하는 지수는 S&P500로 대체돼갔습니다. 특히 나스닥에 상장된 대형 성장주들이 30여 년간 폭발적 성장세를 보이며 지금은 S&P500지수 내 상위 10종목 중 1종목(버크셔헤서웨이)만 제외하고 대부분 나스닥 상위 종목들이 자리를 차지하고 있습니다. 지금은 대체로 다우지수 투자는 보수적인 시장 대응 시에 활용하고 대부분 S&P500를 선택합니다. 나스닥100지수의 경우 100종목 중 80여 개 종목이 S&P500에도 중복 편입돼 있어 공격적이고 젊은 투자자들이 선호합니다.

미국 대표 3대 주가지수의 섹터별 편입비(2024년 9월 기준, 단위: %)

섹터 구분	다우지수30	S&P500지수	나스닥100지수
테크놀로지	18.9	31.1	50.4
금융	23.3	13.0	0.5
헬스케어	19.2	12.1	6.4
임의소비재	15.0	10.0	13.0
산업재	13.3	8.4	4.5
통신서비스	2.1	8.7	15.4
필수소비재	5.2	6.1	6.4
에너지	2.2	3.3	0.4
유틸리티	-	2.5	1.3
부동산	-	2.4	0.2
소재	0.8	2.2	1.5

※ 다우지수는 구(Old) 경제 산업 비중이 크고, 주가 등락에 비중이 크게 변함
※ S&P500지수는 시가총액 가중 방식이며, 업종이 상대적으로 고르게 분산돼 있음
※ 나스닥100지수는 테크놀로지와 통신서비스, 임의소비재 비중이 약 80% 차지함

1990년대는 닷컴버블로 이어지며 밀레니엄의 막바지를 대호황으로 마감했습니다. 당시 밸류에이션(주식시장의 가치)이 비이성적으로 치솟으며 수많은 경고가 이어졌습니다. 1997년 아시아의 외환위기와 러시아의 모라토리움이 발생했지만 미국 증시는 아랑곳하지 않고 상승세를 이어갔습니다. 당시 미국의 다우지수는 1990년 초부터 1999년 말까지 약 5배 이상 올랐고 상대적으로 시가총액이 낮고 테크놀로지 성장주들로 구성된 나스닥지수는 9배나 상승했습니다.

모건스탠리 출신의 헤지펀드 대표였던 바턴 빅스(Barton Biggs)가 자신의 책 《투자전쟁》에서 닷컴버블 상황을 흥미롭게 묘사했습니다. 가치투자자인 그는 인터넷붐이 정상으로 보일 리 없었고 투자 비중도 크게 낮췄다고 합니다. 마침 한 컨퍼런스에 참석했던 그는 인터넷보다 에어컨이 더 중요한 발명이라고 말했다가 웃음거리가 됐습니다. 당시 나스닥지수는 2600이었고 이후 8개월간 지수는 5000포인트까지 찍던 시절입니다. 버블 상황임에도 약 2배 오른 것이죠. 결국 그는 컨퍼런스에서 바보 취급을 받는 것을 넘어 그에게 돈을 맡긴 투자자들이 분통을 터뜨리는 바람에 정신적으로 꽤나 힘들었다고 합니다.

하지만 1년 후 나스닥시장은 고점에서 1700포인트로 내려왔습니다. 2003년에는 최저점 1100을 하회하면서 약 -83%의 하락을 경험합니다. 다시 최저점에서 5000포인트를 회복하는 데까지는 약 12년이 걸렸습니다. 20여 년이 지난 지금 여러분은 에어컨이 인터넷보다 더 중요한 발명이라고 생각하나요? 고민하지 않아도 됩니다. 그게 뭐 중요하겠습니까.

주가지수에 투자하는 것을 대표적인 패시브 투자라고 합니다. 사실 주가지수 내부적으로는 상당히 액티브한 작업이 진행됩니다. 마치 호수 위에 떠 있는 우아한 백조라고 비유할 수 있습니다. 예를 들어 2000년에 S&P500을 구성하고 있는 500개 종목 중 거의 절반 이상이 지수에서 제외됐고 새로운 종목이 편입됐습니다. 정확히 293개 종목이 교체됐더군요. 다음 표는 S&P500지수 내 시가총액 상위 15개 종목을 추린 것입니다. 단 3가지 종목만 2024년 8월 현재 포함돼 있고 시가총액 순위도 모두 뒤집힌 상황입니다.

S&P500지수 내 시가총액 상위 종목 변화

순위	2000년 시총 상위 종목	순위	2024년 시총 상위 종목
1	제너럴 일렉트릭	1	애플
2	시스코 시스템즈	2	마이크로소프트
3	인텔	3	엔비디아
4	마이크로소프트	4	알파벳
5	엑슨 모빌	5	아마존닷컴
6	화이자	6	메타 플랫폼스
7	씨티그룹	7	버크셔 해서웨이
8	월마트	8	일라이 릴리
9	오라클	9	브로드컴
10	노텔	10	테슬라
11	IBM	11	제이피모간체이스
12	아메리칸 인터내셔널 그룹	12	비자
13	EMC	13	월마트
14	오라클 아메리카	14	엑슨 모빌
15	머크	15	유나이티드헬스 그룹

S&P500지수는 매 분기 리밸런싱 규칙에 따라 종목의 편출입과 비중을 조절합니다. 부진한 사업과 기업들을 퇴출시키고 경쟁에서 살아남는 기업들로 채우는 일종의 자정 기능을 가지고 있습니다. 이렇듯 주가지수는 정해진 규칙에 따라 지수 내에서 자동적으로 리밸런싱이 수행됩니다.

전미경제연구소(NBER)에 따르면 미국은 1980년 이후 6번의 경기 침체를 경험했습니다. 증시는 경기 침체 진입 시 평균 -32%의 하락을 경험했고 회복하는 데까지 걸린 기간은 평균 365일입니다. 참고로 NBER은 경제 전반에 걸쳐 경제활동의 상당한 감소가 수개월 이상 지속되는 시기를 경기 침체라고 정의합니다. 이는 실질 GDP, 실질 소득, 고용, 산업 생산, 도소매 판매 지표를 통해 확인 가능합니다.

1980년 이후 미국 경기 침체 시기의 충격와 회복 기간

경기 침체의 해	1980년	1981년	1990년	2001년	2008년	2020년	평균
고점에서 저점까지 주가지수 하락률(MDD*)	-17%	-27%	-20%	-41%	-54%	-34%	-32%
저점에서 직전고점까지 회복 일수	74일	58일	86일	896일	973일	103일	365일

*MDD: Maximum Drawdown
※ 출처: 전미경제연구소

경기 침체는 경기 사이클의 한 부분이므로 피할 수 없다고 보면 마음이 편해집니다. 침체기에 증시는 평균 30% 정도 하락을 경험할 것입니다. 약 1년 후에는 늘 회복돼왔다고 볼 수 있습니다. 차가운 눈이 녹으면 봄은 반드시 찾아오는 것과 같죠. 물론 반토막이 날 수도 있고 회복에 3년이 걸릴 수도 있습니다. 자연스럽게 받아들이면 됩니다.

경기 사이클은 수평을 기준으로 확장과 수축의 사이클을 보이지만 주가지수는 우상향의 흐름 속에서 사이클에 반응합니다. 우상향 흐름의 배경은 당연히 기업들의 이익 성장입니다. S&P500지수의 주당순이익은 최근 10년간(2013~2023년) 약 100%의 성장을 보였습니다. 주로 테크놀로지와 임의(자유) 소비재, 헬스케어 업종의 이익 성장이 업종 전반을 주도해 왔습니다. 이런 실적 성장이 있었기에 개별 기업들의 주가도 우상향한 것이고 이러한 결과들이 모여 섹터와 주가지수의 상승도 수반된 것으로 해석해야 합니다.

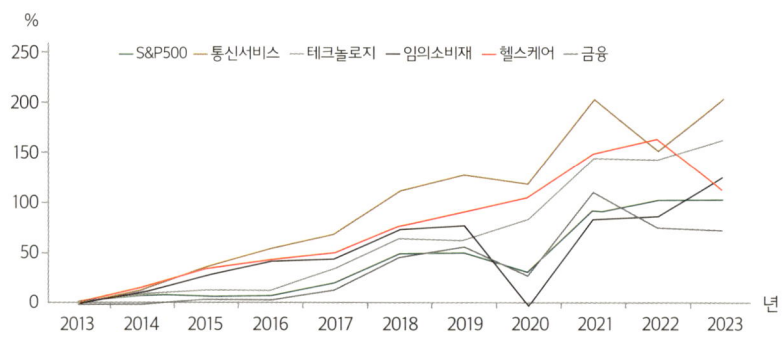

최근 10년 S&P500지수와 주요 섹터들의 주당순이익 누적 성장률

앞으로도 기업들은 경기와 무관하게 또는 경기의 영향을 받으며 이익 성장의 흐름을 이어갈 것입니다. 물론 상황에 따라 개별 기업들의 주가는 하락하기도 하고 주가지수도 영향을 받게 됩니다. 하지만 하락 충격을 지나치게 민감하게 받아들일 필요는 없습니다. 기업들은 난관을 극복하고 경쟁에서 살아남고 이익 성장을 이어갈 것이기 때문입니다. 경쟁에서 뒤처져 망하는 기업도 나오겠지만 주가지수의 리밸런싱이라는 자

정 작업을 통해 재구성되고 결국 각각의 주가도 오를 것입니다. 장기 연금투자자라면 이러한 믿음이 흔들려서는 안 됩니다. 지금까지 설명한 미국 시장의 초장기 흐름을 기억하면서 실제로 경기 침체 상황을 경험하거나 예상치 못한 팬더믹 셧다운, 또는 전쟁과 같은 이슈들이 발생하더라도 흔들리지 말고 글로벌 주식시장에 대한 확신과 신뢰를 가지고 연금플랜을 꾸준히 실천해나가길 바랍니다.

채권의 흐름과 활용

보통 채권은 주식 대비 안전하다고 말합니다. 물론 우량한 채권을 만기 보유한 후 원금과 이자를 확보할 경우 그렇습니다. 하지만 실제로 장기 채권의 변동성은 주식보다 더 큰 경우가 많습니다. 채권 투자가 안전하고 확실한 수익이라고 보면 큰코다칠 수 있습니다.

연금 포트폴리오를 구성할 때 채권은 필수적입니다. 특히 은퇴 이후 연금으로 배당을 노리는 인컴 포트폴리오를 구성할 때는 채권이 가장 큰 역할을 합니다. 다만 연금 자산을 키우기 위해 납입할 시기에는 채권의 비중을 낮게 유지하도록 권하고 있습니다. 주식이란 자산은 채권의 기대수익보다 높은 프리미엄(보상)을 유지하는 것이 일반적입니다. 혹시 채권 대비 주식의 프리미엄이 마이너스를 보일지라도 주식을 팔고 채권으로 이동해선 안 된다고 생각합니다. 결국 채권 대비 주식의 프리미엄은 회복되기 때문입니다.

미국의 채권 금리를 보기 전에 물가 추이를 먼저 살펴보겠습니다. 미국의 소비자물가(CPI)는 1970년대 초에 한 번 크게 오르고 진정됐다가

1979년 이후로 다시 급등하는 모습을 보였습니다. 두 번 다 중동의 오일 쇼크에서 비롯됐습니다. 1973년 OPEC(석유수출국기구)이 감산과 더불어 가격 인상 조치를 취하면서 1차 오일쇼크가 왔습니다. 2차 오일쇼크는 1979년 이란 혁명에 따른 감산으로 유가가 폭등하고 미국과 글로벌 물가가 치솟았던 시기를 말합니다.

미국 소비자물가 CPI 전년 대비 증가율 추이

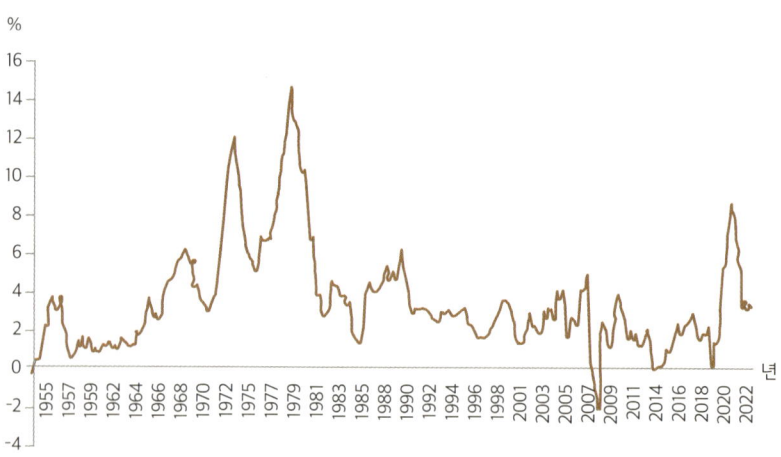

원유 가격은 2004년까지 40달러 아래에서 거래되다가 2007년에 140달러를 넘어서는 급등세를 보였습니다. 당시 중국과 이머징 마켓의 부상에 따른 결과입니다. 하지만 당시 물가는 어느 정도 상승하다가 다시 안정세를 되찾았습니다. 물가는 지난 40여 년간 하락세를 보여왔고 2020년을 저점으로 다시 9%까지 급등했습니다. 연준에서 가파른 금리 인상을 발표하며 다시 물가를 안정시켰고 2024년 9월 기준으로 2.5%까지 내려온 상황입니다.

이번에도 미국의 연준은행은 물가와의 전쟁에서 승리했다고 봐야 할까요? 우선 9%까지 급등했던 물가가 2.5%로 내려온 것은 상품 물가가 가파르게 하락했기 때문이고, 유가와 식품 가격도 안정을 찾았기 때문입니다. 하지만 서비스 물가는 여전히 3% 전후에서 버티고 있다는 점에서 판단하기가 조금 조심스럽습니다. 서비스 물가는 대표적으로 주거 비용과 의료 서비스 그리고 임금 등의 영향을 받습니다. 그런 점에서 여전히 가격이 꺾였다는 확신이 들지 않습니다. 만약 중동과 동유럽에서 지정학적 긴장이 고조되거나 공급망을 교란시키는 사건이 발생할 경우 상품 물가와 원자재 가격이 오르면서 물가는 다시 상승할 여지가 있습니다. 또한 미국 등 각국 정부의 감세정책도 물가를 자극하는 요인이 될 수 있습니다. 중국 등 이머징 마켓의 경기가 회복되고 확장 국면으로 접어드는 것도 부담이 될 수 있습니다. 즉 지금 물가가 2.5%로 내려왔다고 안심할 수 없다고 봅니다. 앞으로 2030년까지는 경계심을 가지고 유심히 지켜봐야 합니다.

다음으로 미국 국채 10년물의 60여 년 금리 추이를 살펴보겠습니다. 1960~1970년대의 인플레이션은 경기 침체의 악순환으로 연결되고 있습니다. 당시 연준의장인 폴 볼커는 이 고리를 끊기 위해 기준 금리를 20%까지 올렸습니다. 10년 국채 금리는 기준 금리보단 낮은 16%대까지 급등했었습니다. 당시 파격적으로 금리를 인상한 볼커의 판단은 정치권과 일반 시민들의 강한 저항과 공격을 직면할 수밖에 없었습니다. 1979년에 볼커가 연준의장에 취임한 후 1980년 3월에 기준 금리를 20%까지 올렸고 이로 인해 경기 침체를 겪자 여러 경제학자와 언론은 연준의 통화정책을 공격하기 시작했습니다. 이후 연준은 3개월 만에 기준 금리를 9%

대까지 낮춰버렸습니다. 하지만 인플레이션은 여전히 잡히지 않았고 경기는 스태그플레이션으로 확산됐습니다. 볼커는 1981년 5월 다시 한 번 기준 금리를 20%까지 올렸습니다. 이번에는 그도 물러서지 않았습니다. 이러한 그의 신념이 향후 40년 경기 호황의 바탕이 됐고 더불어 채권도 40년간 금리 하락으로 대호황의 영위를 누릴 수 있었다고 봅니다.

최근 미국은 물가 상승으로 금리가 가파르게 상승했습니다. 수십 년간 봉인됐던 물가가 향후 어떤 방향으로 움직일지, 미국의 재정과 수급 상황 등 다양한 변수에 금리가 어떤 반응을 보일지 조심스럽게 지켜봐야 할 것입니다.

채권의 강력한 기능 중 하나는 경기 침체에 강한 모습을 보인다는 점입니다. 경기 침체기에 국채에 투자했을 경우 평균 13%의 수익이 발생하는 반면, 주식시장은 평균 30%의 주가 하락을 경험해왔습니다. 이런 가

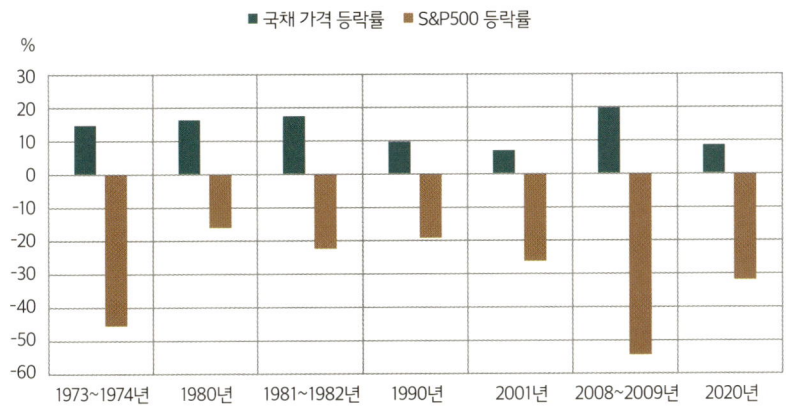

미국 경기 침체기 국채 가격 및 주가 등락률

격 흐름은 주식과 채권이 낮은 상관성을 가진다는 단서를 제공합니다.

채권이 왜 필요한가에 대한 답이 여기에 있습니다. 돈을 불리는 시기에는 주식형을 중심으로 투자하되 경기 사이클이 정점에 왔다는 시그널이 목격될 경우, 일부는 채권으로 편입해야 합니다. 공격적인 투자자라 할지라도 채권을 10% 정도 편입한다면 경기 침체기 자산 방어에 일정 수준의 효과를 기대할 수 있습니다. 장기 적립을 통해 연금 자산이 충분히 커졌을 경우, 채권 편입비를 좀 더 높임으로써 포트폴리오의 방어력을 높일 수 있다는 점을 기억해야 합니다.

이제 고민은 경기 수축기라는 보수적인 상황에서 채권 편입비를 얼마나 높이는 것이 좋을까입니다. 당사는 은퇴 전 돈을 불리는 시기에는 채권 편입비를 10%로 구성하는 것을 권합니다. 만약 보수적인 포트폴리오 구성이 필요하다면 채권 편입비를 30%로 높이고 목표 금액에 근접한 상황이라면 주식과 채권의 편입비를 5:5로 구성함으로써 지키는 전략이 필

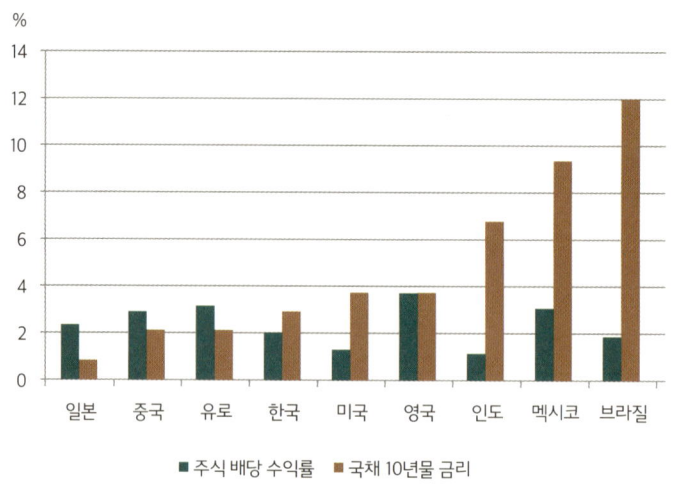

각국의 10년 국채 금리와 주가지수 배당 수익률

요합니다. 물론 은퇴 이후 돈을 버는 포트폴리오를 구성할 경우, 주식 편입비는 10~30%로 낮추고 채권과 기타 인컴 자산들로 구성한다면 경기 침체의 상황에서도 마음 편히 잘 수 있을 것입니다.

달러의 활용

연금 운용의 원칙 중 일곱 번째 내용인 해외 투자 시 환은 노출한다는 원칙을 살펴보겠습니다. 달러는 대표적인 안전 자산으로, 경기 침체 또는 리스크오프(위험회피)의 시장 상황에서 원화 대비 강세 흐름을 나타냅니다. 각 투자 자산을 글로벌로 분산하고 환에 대한 노출도를 높인다면 환율도 채권처럼 포트폴리오 방어에 큰 기여를 할 것입니다.

예를 들어 1997년 외환위기 당시 원-달러 환율은 910원에서 1,960원대

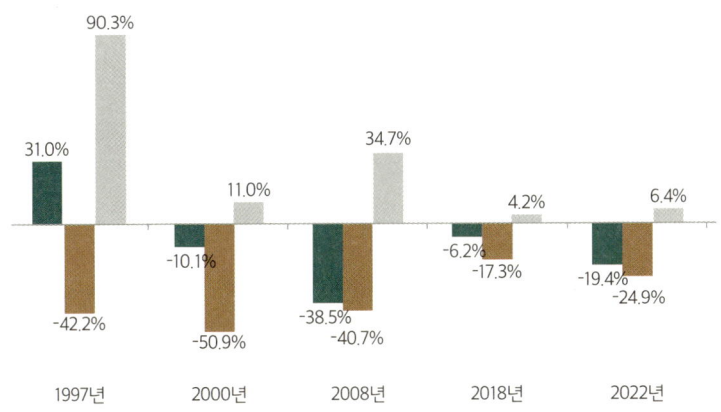

까지 약 100% 상승했습니다. 2000년 닷컴버블 붕괴 때도 1,100원대에서 1,360원대로 약 20% 이상 상승했고, 2008년 GFC의 상황에서도 930원내에서 1,500원대 약 60% 이상 급등했습니다. 원-달러 환율의 상승은 달러 가치가 원화에 대비해 그만큼 상승했다는 의미입니다.

자세히 살펴보면 시장이 급격한 리스크오프 상황으로 전환 시 채권보다 달러의 포트폴리오 방어 기여도가 더 크다는 것을 확인할 수 있습니다. 그래서 환을 달러로 노출해놓았다면 아무리 경기 침체가 먹구름처럼 몰려온다고 해도 채권의 비중을 지나치게 높일 이유가 없습니다.

27
좋은 펀드와 ETF를 판단하는 법

좋은 펀드와 ETF의 기준

좋은 펀드란 무엇일까요? 쭉 나열해보겠습니다. 인덱스 성과를 초과하는 펀드, 동종 유형 그룹 내에서 꾸준히 상위 25% 안에 포함되는 펀드, 상승과 하락 국면 모두에서 안정적인 성과를 달성해온 펀드, 꾸준히 돈(설정액)이 유입되는 펀드, 위험 대비 성과가 우수한 펀드, 운용사가 윤리적이며 안정적인 재무구조를 보유한 펀드, 법적 이슈로 얽혀 있지 않은 운용사나 펀드매니저가 오랜 기간 관리해온 펀드, 편입 종목들이 충분히 분산돼 있고 특정 종목의 비중이 높지 않은 펀드, 보수가 저렴한 펀드, 형식이 아니라 진심을 담아서 운용 보고서를 작성하는 펀드 등입니다.

나쁜 펀드는 그 반대가 될 것입니다. 인덱스의 성과를 크게 하회하는 펀드, 동종 유형 그룹에서 하위권에 있는 펀드, 상승과 하락 국면에서 널뛰기 하는 펀드, 돈(설정액)이 계속 빠지는 펀드, 위험 대비 성과가 부진한 펀드, 운용사나 펀드매니저가 윤리적이지 못하고 재무구조가 부실한 펀드, 법적 제재가 많아 운용사, 펀드매니저가 자주 변경되는 펀드, 펀드매니저가 관리하는 펀드 수가 너무 많은 펀드, 특정 몇몇 종목의 비중이 지나치게 높은 펀드, 보수가 상대적으로 비싼 펀드, 운용 보고서가 부실한 펀드, 투명하지 못하고 복잡한 수익 구조의 펀드, 계열사 또는 관계사들과 이해관계가 얽혀 있는 펀드, 펀드 내 펀드가 편입되고 보수가 이중/삼중으로 부과되는 펀드, 무리한 환헤지로 성과에 발목을 잡는 펀드 등입니다.

그럼, 펀드가 아니라 좋은 ETF란 무엇일까요? 기본적으로 좋은 펀드의 선정 기준과 같습니다. 다만 ETF는 시장에서 거래된다는 측면에서 2가지 다른 평가의 축이 발생합니다.

첫째, 괴리율로 평가받아야 한다는 것입니다. 괴리율을 알기 전에 추적 오차부터 이해해야 합니다. 추적 오차는 소위 벤치마크(BM)라는 추종 지수 대비 ETF의 순자산 가치(NAV, Net Asset Value)가 얼마나 벌어져 있는지를 의미합니다. 추적 오차는 당연히 0에 가까울수록 좋은 것이고 벌어질수록 기준이 되는 지수에 미치지 못하는 것을 의미합니다.

괴리율은 좀 다릅니다. 괴리란 순자산 가치와 시장가격과의 차이를 의미합니다. 시장가격은 ETF를 매매할 때 거래하는 가격을 의미합니다. 여기서 말하는 시장가격이 실질 가치는 아닙니다. ETF의 실질가치는 순자산 가치입니다. ETF가 아닌 펀드의 가격은 기준가격이라고 하며 기준가격이 순자산 가치를 의미합니다. 즉 편입돼 있는 모든 종목의 등락과 현금 흐름, 환율 등락, 매매 비용, 운용 보수 등이 모두 반영돼 매일 산정됩니다. 하지만 ETF도 펀드의 일종이므로 순자산 가치가 매일 산정됩니다.

바로 이때 실제 가치와 시장에서 거래되는 가격 간의 차이가 괴리입니다. 그리고 시장가격은 매수가 몰리고 매도가 몰리는 상황, 매수와 매도 간의 호가갭이 커지는 경우, 주문 실수 등에 의해 왜곡될 수 있습니다.

순자산 가치와 시장가격이 크게 벌어졌다면 시장에서는 자연스레 조정 기능이 작동합니다. 만약 ETF의 괴리가 크다면 정상적이지 못하다는 것을 의미합니다. 괴리율의 문제가 가장 극명하게 드러난 것이 원유 선물을 기초로 하는 ETF와 ETN이었습니다. 시장은 반등 가능성에 따라 수요가 몰리고 순자산 가치는 마이너스인 상황, 즉 원유 선물이 0원 밑으로 빠지면서 이상 거래 현상이 불러온 결과입니다. 이렇듯 펀드에 투자할 때는 괴리라는 것이 없지만 ETF에 투자할 때는 괴리라는 이슈를 점검해 봐야 합니다.

둘째, 거래량과 호가갭을 반드시 고려해야 합니다. 당연히 거래량이 풍부하고 호가갭이 촘촘하게 형성이 돼 있는 것을 사고파는 게 유리합니다. 거래량이 작고 가격갭이 벌어져 있으면 비싸게 사고 싸게 파는 상황이 벌어질 수 있습니다. 생각지도 못한 비용이 누적되는 것이죠. 이것을 퀀트에서는 슬리피지(Slippage)라고 합니다. 펀드 보수를 조금 아끼겠다고 ETF를 매매하면서 본인도 인지하지 못한 비용을 지불하는 경우가 많은데, 바로 슬리피지가 대표적입니다.

예를 들어 펀드 대비 ETF가 0.5% 저렴하다고 했을 때를 가정해보겠습니다. 0.5%는 연율이므로 하루 비용 차이는 0.000014%로 실감하기가 어렵습니다. 하지만 시장가격이 순자산 가치 대비 10원, 50원 비싸게 괴리율을 내포하고, 심지어 거래량도 부족해 호가갭이 또 10원, 50원 벌어져 있다면 하루 매매 시 1% 이상의 비용을 순자산 가치 대비 더 지불하는 경우입니다. 즉 정작 큰 차이가 없는 펀드와 ETF의 운용 보수를 비교하는 데 집중한 나머지 ETF에 큰 비용을 지불하고 있는 격입니다. 이러한 사실을 인지하는 투자자가 별로 없고 매매의 책임은 투자자 자신에게 있다 보니 ETF가 상대적으로 저렴하다는 마케팅이 먹히고 있는 것입니다. 아무튼 ETF는 거래량이 많고 호가갭이 촘촘한 종목이 유리하다는 것을 기억하길 바랍니다.

좋은 펀드 고르기

다음으로 제가 몸담고 있는 플레인바닐라투자자문에서 활용하는 펀드 평가 기준을 살펴보겠습니다.

우선 크게 정량 평가와 정성 평가로 구분됩니다. 정량은 수익률과 표준편차(변동성) 의 데이터를 여러 측면에서 비교하는 것입니다. 세부적으로 살펴보면 기본적인 정보들, 예를 들어 펀드 운용 기간이 3년 이상인지, 규모는 100억 원 이상이며 돈이 유입되는지 유출되고 있는지를 확인하고, 상승했던 해와 하락했던 해를 구분 지어 각각의 성과를 살펴보는 것입니다.

정성 평가는 정량적으로 판단하기 힘든 부분들을 평가하는 것입니다. 예를 들어 특정 몇몇 종목, 특정 섹터로 압축돼 운용되는 것은 아닌지 펀드를 직접 살펴보기도 하고, 운용사가 법적 제재를 받고 있지는 않은지, 있다면 매니저 이탈이나 자본 잠식 등 운용에 영향을 줄 수 있는지, 재무제표 등을 통해 자본 적정성 등을 판단할 수 있습니다. 펀드매니저, 즉 펀드를 담당하는 운용 인력들의 업력도 확인해 평가해야 합니다.

펀드 평가 기준표

구분		평가 항목	평가 기준
정량 평가	1	위험 대비 성과	위험 대비 성과(연평균 수익률/표준편차)가 상대적으로 높은 펀드
	2	펀드 설정 이후 연평균 수익률	장기 연평균 수익률이 상대적으로 높은 펀드
	3	기간 수익률	장기 성과가 상대적으로 우수한 펀드
	4	3년 표준편차	변동성이 상대적으로 낮은 펀드
	5	기본 평가	최소 3년 이상, 최소 100억 원 이상, 환헤지 여부
	6	자금 유출입	최소 100억 원 이상, 적정 1,000억 원 이상, 설정 원본 추이
	7	국면별 평가	지수가 상승했던 해(상승 국면)와 하락했던 해(하락 국면)의 성과 비교
정성 평가	8	편입 종목	특정 종목 쏠림이 크지 않고, 50여 개 이상의 종목 수
	9	운용사 평가	안정적인 재무와 제재 이슈가 없는 신뢰할 수 있는 회사
	10	펀드운용역 평가	대표 운용역의 동일 유형 업력, 현재 담당하고 있는 펀드 수

① 정량 데이터

제시한 기준들과 연관해 실제 미국 펀드들의 정량 데이터를 함께 살펴보겠습니다. 다음 첫 번째 표를 보면 3년 연평균 수익률과 펀드가 설정된 이후의 연평균 수익률을 확인할 수 있습니다. 운용 연수로 펀드가 설정된 지 얼마나 오래됐는지를 확인할 수 있고 총 자산 규모도 확인할 수 있습니다. 위험 대비 성과는 3년 연평균 수익률을 표준편차로 나눈 것입니다. 보통 펀드에서는 표준편차(변동성)를 위험으로 간주합니다. 정량 자료만 본다면 장기 성과는 KB미국대표성장주UH펀드가 가장 높으며 위험 대비 성과는 삼성미국S&P500인덱스UH펀드가 상위에 있습니다. 모두 3년 이상 된 펀드들이고 1,000억 원 이상의 규모에 UH형으로 환헤지를 수행하지 않습니다.

두 번째 표는 연도별로 성과를 구분한 자료입니다. 성과가 오르는 해

미국 대표 펀드의 기간 성과 및 표준편차, 위험 대비 성과(단위: %)

펀드명	총 자산 (억 원)	1년 수익률	① 3년 연 수익률	운용 연수 (년)	펀드 설정 이후 연 수익률	② 표준 편차 3년	위험 대비 성과 (①/②)
삼성미국S&P500 인덱스증권자투자신탁UH[주식]	1,701	26.6	12.4	8.5	14.3	13.2	0.94
삼성미국S&P500 인덱스증권자투자신탁H[주식]	1,426	23.8	6.6	8.4	11.5	15.7	0.42
KB미국대표성장주 증권자투자신탁(주식)(UH)	582	37.4	14.8	4.2	19.3	18.4	0.81
KB연금미국S&P500인덱스 증권자투자신탁(주식-파생형)	1,109	26.2	7.9	10.3	11.2	16.3	0.48
미래에셋미국블루칩 인덱스증권자투자신탁1호(주식)	325	15.9	4.1	10.6	8.9	13.9	0.30
피델리티미국증권자투자신탁 (주식-재간접형)	520	15.3	1.4	17.3	4.7	12.7	0.11

※ 펀드는 A클래스 또는 CPe클래스를 기준. 2024년 8월 23일 기준. 출처: Bloomberg
※ 3년 연수익률과 펀드 설정 이후 연수익률은 해당 기간 누적 수익률을 연평균 기하 수익률로 산출한 것이며 배당 재투자를 가정했음
※ 표준편차는 주간 데이터를 기준으로 산출, MDD(Max Draw Down)는 1년 내 최고 가격에서 최저 가격의 하락률을 의미함

미국 대표 펀드의 연도별 성과(단위: %)

펀드명	2024년	2023년	2022년	2021년	2020년	2019년	1년 MDD
삼성미국S&P500 인덱스증권자투자신탁UH[주식]	20.3	26.4	-14.1	36.2	9.7	35.5	-8.5
삼성미국S&P500 인덱스증권자투자신탁H[주식]	15.3	21.0	-19.9	27.0	12.7	29.7	-8.8
KB미국대표성장주 증권자투자신탁(주식)(UH)	27.1	50.4	-27.5	31.3			-13.5
KB연금미국S&P500인덱스 증권자투자신탁(주식-파생형)	16.5	23.2	-19.7	28.7	11.2	31.0	-8.8
미래에셋미국블루칩 인덱스증권자투자신탁1호(주식)	7.4	10.9	-9.2	18.2	5.5	25.5	-7.6
피델리티미국증권자투자신탁 (주식-재간접형)	9.3	6.2	-15.3	20.0	11.9	36.4	-6.9

※ 상기 펀드들의 조건과 같음. 기준일 2024년 8월 23일, 출처: Bloomberg

금융투자협회 전자공시서비스의 펀드공시

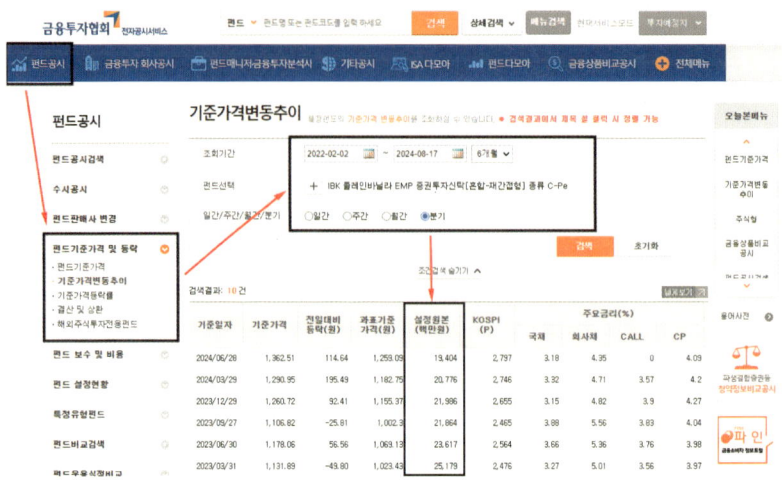

와 떨어지는 해의 성과를 비교함으로써 국면별 성과를 확인하고 비교할 수 있습니다. 상승 시 탄력이 강하고 민감도가 높은 펀드는 KB미국대표성장주UH이며, 그 뒤를 삼성미국S&P500UH가 바짝 뒤쫓고 있습니다. 하락 시 가장 적게 빠지는 것은 미래에셋미국블루칩과 피델리티미국펀드입니다. 표에서 보듯이 2022년 시장 하락기 성과와 최근 1년간 고점에서 저점까지의 최대 손실률도 낮았습니다.

이 자료들은 2024년 8월 기준으로 평가한 자료이고 비교하는 과정을 보여드린 예시입니다. 데이터는 계속 변경되므로 업데이트된 데이터들은 플레인바닐라투자자문의 블로그를 방문하면 주기적으로 확인할 수 있습니다.

마지막 정량적 측면에서 자금 유출입을 봐야 합니다. 금융투자협회의 전자공시서비스(dis.kofia.or.kr)에 들어가서 기준가격 변동추이를 클릭한 후, 자신이 확인하고 싶은 펀드명을 검색하면 기준가격 추이와 더불어 설정 원본 추이도 함께 확인할 수 있습니다. 분기 단위 시계열로 기준을 맞춰 살펴보면 설정 원본 잔고를 통해 해당 펀드가 돈이 들어오는 펀드인지, 빠져나가는 펀드인지 확인할 수 있습니다.

펀드의 총 자산 규모와 설정 원본의 증감 추이를 중요하게 보는 것은 여러 가지 이유가 있습니다. 우선 3년 넘게 운용한 펀드의 총 자산 규모가 100억 원에도 못 미친다는 것은 펀드에 대한 회사의 의지가 약하고 시장에서도 외면받고 있다고 해석될 수 있습니다. 규모가 작거나 돈이 빠지는 펀드라면 운용역도 의욕이 약하겠죠. 설정 원본이 줄어들고 늘어나는 것은 자연스런 현상일 수 있습니다. 하지만 펀드 환매가 빠르게 늘어나고 원본의 절반가량이 몇 달 만에 환매된다면 예의주시해야 합니다. 일단 돈이 빠지면 펀드의 주식 편입비도 올라가게 됩니다. 또한 운용역 입장에선 뭘 사야 할지가 아니라 뭘 팔아야 할지 고민하게 됩니다. 해외 투자형으로 환헤지를 하는 펀드라면 증거금을 맞추는 부분에 대해서도 고민이 커질 수 있습니다.

② 정성 데이터

정성적인 부분도 금융투자협회 전자공시서비스를 통해 확인할 수 있습니다. 금융투자협회 전자공시서비스의 상단 탭을 보면 금융투자회사 공시와 펀드매니저/금융투자분석사 정보를 확인할 수 있습니다. 금융투자회사공시를 클릭하면 회사총괄현황비교를 볼 수 있고, 주요재무현황과 재무비율도 확인할 수 있습니다. 자본총계와 부채, ROE, ROA, 당기

순이익 등을 통해 회사 운영이 정상적인지 여부를 확인할 수 있습니다. 또 펀드매니저를 클릭해 펀드매니저 개별 검색을 선택한 후 해당 펀드를 담당하는 매니저 이름을 입력하면 해당 펀드매니저의 운용 경력과 현재 담당하고 있는 펀드 수와 규모 등을 확인할 수 있습니다. 현재 운용 중인 펀드와 과거 운용했던 펀드의 수익률도 함께 확인할 수 있습니다.

금융투자협회 전자공시서비스의 금융투자회사공시

정량 평가와 정성 평가로 구분되는 10개의 펀드 평가 기준을 통해 펀드를 하나하나 점검하고 비교하면서 선택하는 과정을 설명했는데, 누군가는 비교하고자 하는 의욕이 사라질 정도로 복잡하구나 싶을 것입니다. 앞서 언급했듯이 정량 평가는 플레인바닐라투자자문 블로그를 통해 정기적으로 확인할 수 있으니 참고하길 바랍니다. 정성 평가는 협회 사이트에 한 번씩 접속해 경험하고 익숙해지길 권합니다. 그래도 어렵게 느껴진다면 전문가를 통해 의견을 구하면 시간을 줄일 수 있을 것입니다.

좋은 ETF 고르기

ETF 평가는 펀드 평가와 같은 방식으로 접근하면 됩니다. 한편 펀드와는 다른 측면, 즉 시장에서 거래된다는 측면에서 순자산 가치와의 괴리를 살펴야 하고, 거래량과 호가갭도 살펴야 합니다. 이번에는 현실적으로 신속하게 ETF를 선택하고 판단할 때 활용할 수 있는 기준 7가지를 살펴보겠습니다.

ETF 신속 평가 항목들을 어떻게 확인하고 평가할까요? 첫째, 증권사의 HTS나 MTS를 이용합니다. 둘째, ETFCHECK(etfcheck.co.kr)라는 웹 사이트와 FUNETF(funetf.co.kr), K-ETF(k-etf.com) 등을 활용합니다. 그중 ETFCHECK 사이트를 추천합니다. 괴리율과 추적 오차율, 거래량 평균, 보수율, 환헤지 여부, 월배당 여부, 배당 수익률, 기간 성과 등을 확인할 수 있습니다. 특정 종목이 아니라 두 종목, 세 종목을 비교하는 기능도 잘 구축돼 있습니다. 특히 종목들의 성과 추이를 차트로 비교한다거나 편입 종목을 비교하는 것도 증권사 HTS나 다른 사이트들보다 세부적이고 직관적입니다. 기간 성과의 경우 배당 재투자를 감안한 총수익률로 표시되고 비교된다는 점도 만족스럽습니다.

FUNETF에서는 ETF와 더불어 펀드에 대한 다양한 정보들을 확인할 수 있습니다. 애플리케이션을 설치하고 펀드 상품 비교에 비교하고 싶은 펀

ETF 신속 평가 항목

구분	평가 항목	평가 기준
1	괴리율	시장가격에서 순자산 가치를 차감한 괴리율, 마이너스 괴리율 주의
2	추적오차	순자산 가치와 기초지수(BM)과의 차이, 0에 가까울수록 좋음
2	월평균 거래량	특정일이 아니라 거래가 꾸준하고 동일 유형과 비교해 상대적으로 클수록 유리함
3	호가갭	가격을 조성하는 유동성공급자(LP)들의 적극성이 꾸준하고 실효적인지 점검
4	보수	상대적으로 낮은 보수 유리, 재간접의 중복 여부, 스왑 형태 구조 등 면밀히 확인
5	환헤지 여부	환헤지 여부는 투자자 선호에 따라 판단하되 반드시 확인해야 할 사항
6	기간 성과 비교	단기 및 장기 성과, 동종 유형과 비교, 배당을 포함한 총수익률 비교가 정확함
7	연도별 성과 비교	상승과 하락 국면으로 구분해 성과를 상대 비교해보는 것도 필요함

ETFCHECK의 모바일 애플리케이션

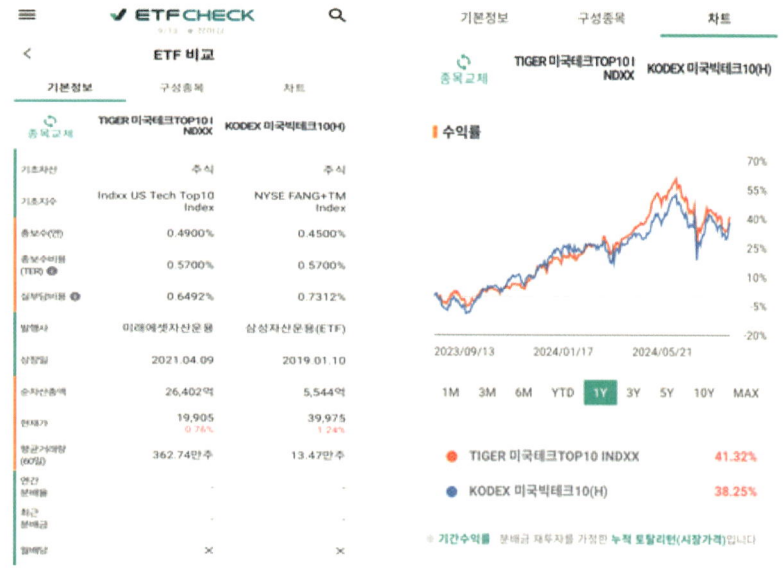

드들을 등록하면 기본적인 비교 분석과 성과 분석, 특히 성과 분석에선 기간 수익률과 연도별 수익률 그리고 위험 대비 성과(샤프레시오) 등을 확인할 수 있습니다. 역시 직관적이고 간단해 초보자들도 한두 번 확인해 보면 쉽게 다룰 수 있습니다. 다양한 애플리케이션과 펀드 분석 홈페이지들을 참고하고 플레인바닐라투자자문의 블로그를 방문하면 평가 관련 정보들을 정기적으로 확인하고 비교할 수 있습니다. 거듭 강조하지만 평가와 선택의 핵심은 상대 비교입니다.

연금투자자들이 선호하는 ETF들도 살펴보도록 하겠습니다. 환헤지 여부와 보수, 분배금 지급 주기 등은 2024년 8월 29일 기준으로 투자설명서를 직접 확인하고 작성한 것이니 참고하길 바랍니다.

미국 S&P500 투자 ETF 환헤지 여부 및 보수, 분배 주기

종목명	종목번호	환헤지	시가총액 (억 원)	일평균 거래량	보수 (%)	분배금 지급 주기
TIGER 미국S&P500	360750	×	43,173	5,938,325	0.0700	분기
KODEX 미국S&P500TR	379800	×	16,503	2,503,091	0.0099	미지급
ACE 미국S&P500	360200	×	12,043	892,941	0.0700	분기
KODEX 미국S&P500(H)	449180	○	3,180	233,726	0.0099	분기
TIGER 미국S&P500TR(H)	448290	○	2,852	203,257	0.0700	미지급

미국 고배당 투자 ETF 환헤지 여부 및 보수, 분배 주기

종목명	종목번호	환헤지	시가총액 (억 원)	일평균 거래량	보수 (%)	분배금 지급 주기
TIGER 미국배당다우존스	458730	×	12,614	922,819	0.0100	월간
SOL 미국배당다우존스	446720	×	6,221	370,205	0.0100	월간
ACE 미국배당다우존스	402970	×	3,994	271,861	0.0100	월간
KODEX 미국배당다우존스	489250	×	2,444		0.0099	월간
SOL 미국배당다우존스(H)	452360	○	1,746	130,427	0.0500	월간

미국 나스닥 투자 ETF 환헤지 여부 및 보수, 분배 주기

종목명	종목번호	환헤지	시가총액 (억 원)	일평균 거래량	보수 (%)	분배금 지급 주기
TIGER 미국나스닥100	133690	×	35,786	294,310	0.0700	분기
KODEX 미국나스닥100TR	379810	×	11,488	1,830,230	0.0099	미지급
ACE 미국나스닥100	367380	×	9,864	974,358	0.0700	분기
KODEX 미국나스닥100(H)	449190	○	2,746	539,320	0.0099	분기
TIGER 미국나스닥100TR(H)	448300	○	1,907	256,174	0.0700	미지급
TIGER 미국테크TOP10 INDXX	381170	×	26,447	3,956,027	0.490	분기
TIGER 미국필라델피아반도체나스닥	381180	×	26,530	3,215,151	0.490	분기
KODEX 미국반도체MV	390390	×	5,471	692,208	0.090	분기

중국 투자 ETF 환헤지 여부 및 보수, 분배 주기

종목명	종목번호	환헤지	시가총액 (억 원)	일평균 거래량	보수 (%)	분배금 지급 주기
TIGER 차이나항셍테크	371160	×	5,040	1,191,825	0.090	분기
TIGER 차이나CSI300	192090	×	1,314	122,682	0.630	연간
ACE 중국본토CSI300	168580	×	961	5,449	0.500	미지급
KODEX 차이나H	099140	×	479	19,054	0.120	분기

인도 투자 ETF 환헤지 여부 및 보수, 분배 주기

종목명	종목번호	환헤지	시가총액 (억 원)	일평균 거래량	보수 (%)	분배금 지급 주기
TIGER 인도니프티50	453870	×	6,520	524,147	0.190	분기
KODEX 인도Nifty50	453810	×	4,896	722,210	0.190	분기
KOSEF 인도Nifty50(합성)	200250	×	2,379	85,415	0.290	미지급

노후 걱정 없는
실전 포트폴리오 구성

28
연금 포트폴리오를 구성하는 대표 자산

연금투자의 목적

개인 투자자의 연금 포트폴리오는 2가지 목표를 가집니다. 첫째, 장기 투자를 전제로 복리효과 극대화를 통해 은퇴 전 목표 금액을 달성하는 것입니다. 둘째, 은퇴 후 달성된 목표 금액에서 나오는 현금 흐름을 통해 평생 소득을 확보하는 것입니다. 은퇴 전 목표 금액은 자신의 현실에 맞게 설정하면 됩니다. 절대 무리할 필요도 없습니다. 연봉이 3,000만 원이건, 1억 원이건 상관없이 자신의 자산과 부채, 소득 등을 고려해 정기적인 연금 납입액을 결정하면 됩니다. 납입액은 자신이 결정하면 되지만, 보통 연금저축과 IRP의 세액공제 한도 금액인 연간 600만 원과 900만 원으로 제안드립니다. 퇴직연금은 자신이 처한 환경에서 열심히 회사생활하면서 몸값을 올리고 회사 납입금도 연금처럼 적극적으로 운용하면 됩니다. 특히 퇴직연금은 절대 중도 인출하거나 일시금으로 찾지 않겠다는 다짐을 머릿속에 각인해야 합니다.

개인 투자자의 연금 포트폴리오는 단순해야 합니다. 단순화는 여러 관점에서 적용할 수 있는 원칙입니다. 일단 투자 펀드 수부터 압축해야 합니다. 3개면 충분하고, 5개 전후로 구성하는 것을 추천합니다. 10개도 너무 많습니다. 또 트렌드나 테마 투자는 반드시 피해야 합니다. 트렌드에 휩쓸려 한두 개 사기 시작해 보유한 펀드나 ETF 수가 상당한 사람들이 많습니다. 전략을 단순화하려면 머리가 복잡해지면 안 됩니다. 하지만 많은 사람이 경기 전망과 증시 전망을 듣고 고민하기 시작합니다. 그렇게 얻은 정보로 당장 사고팔기를 반복하면 작은 수익은 올릴지 몰라도 큰돈을 얻을 수는 없습니다.

물론 기관들을 모델로 삼아 운용하는 것도 나쁘진 않습니다. 1,100조 원 이상을 운용하는 한국의 국민연금이 자산을 배분하는 방식을 살펴보면 주식 약 50%, 채권 약 35%, 대체 자산(부동산 인프라, PE 등) 15% 정도로 분산해 운용하고 있습니다. 주식은 ETF가 아니라 직접 편입하는 방식을 활용합니다. 국내 주식만 해도 1,200여 개, 해외 주식 약 3,000개에 투자하고 있습니다. 목표 수익률을 약 6%에 맞추고 환은 되도록 열어두는 방향으로 잡고 정교한 자산 배분 모델과 엄격한 위험 관리 기준을 통해 관리되고 있습니다.

개인 투자자가 기관처럼 개별 종목을 담는 것은 불가능합니다. 대신 펀드와 ETF를 5개 전후로 편입해 추종하는 것은 충분히 가능합니다. 펀드 5개로 구성해도 총 편입 종목 수는 평균 500개는 될 것입니다. 해외는 미국의 성장주 펀드와 배당주 펀드를 편입하고 이를 중심으로 선진국과 이머징 아시아 주식 펀드, 국내 및 해외 채권 펀드 그리고 부동산 리츠와 인프라 펀드들을 매수하면 됩니다. 뒤에서 유사한 포트폴리오를 보여드릴 것입니다.

개인 투자 성공의 핵심은 정교함보다는 단순함이고, 그 단순함이 더 큰 수익을 가져다줄 것이라고 믿습니다. 정교한 자산 배분 모델, 전문가의 시장과 경기 전망, 엄격한 위험 관리 체계 같은 것들은 내려놓고 원칙과 실천에 집중해 투자하길 바랍니다.

주식형

이제 포트폴리오를 구성하기 전에 연금에서 투자할 수 있는 대표 자산들을 살펴보겠습니다. 대표 자산 구분표에는 자주 들여다봐야 할 정보들이 포함돼 있습니다. 크게 주식, 혼합, 채권으로 구분합니다. 주식 자산은 국가와 섹터&인컴으로, 국가는 다시 선진국과 이머징 마켓으로 구분됩니다. 국가에는 대표적인 국가들을 선정해 포함했고 섹터도 테크놀로지와 헬스케어로 선별했습니다. 인컴은 배당 주식과 커버드콜 그리고 리츠 인프라로 구분했습니다. 혼합 자산은 주식과 채권으로 분산된 투자 형태입니다. 채권은 국내와 해외로 구분했는데, 미국종합채권지수를 기준으로 작성된 것입니다. 참고로 채권은 미국의 S&P500지수와의 상관계수가 0.05로 가장 낮습니다.

① 국가

대표 자산표를 보면 굳이 이머징 마켓을 고려할 필요가 있을까 고민이 됩니다. 당장 최근 10년 성과(연수익률)를 보면 상대적으로 저조하기 때문

대표 자산표

자산	구분1	구분2	구분3	상관계수 (현지통화)	변동성 (%)	연수익률(%)
주식	국가	선진국	미국	1.00	16.6	13.1
			유럽	0.75	17.1	8.1
			일본	0.61	18.5	11.7
		이머징 마켓	중국	0.48	26.8	0.8
			인도	0.54	13.3	13.6
			한국	0.64	15.5	5.0
	섹터&인컴	섹터	테크놀로지	0.91	23.0	19.3
			헬스케어	0.82	14.6	11.3
		인컴	고배당 주식	0.86	13.6	8.5
			↳ 커버드콜	0.90	10.2	5.9
			리츠 인프라	0.76	20.1	6.9
혼합	보수적 자산 배분	자산 배분	주식40 : 채권60	0.92	8.5	4.3
채권	국가	국내 채권	국채 및 회사채	0.05	6.4	1.6
		해외 채권	국채 및 회사채			

※ 상관계수는 15년간(2009년 8월~2024년 8월)의 주간 데이터로 산출, 변동성은 162주간의 데이터, 연수익률은 2024년 7월말 기준으로 최근 10년 성과
※ 지수 적용: 각국 대표 주가지수와 MSCI와 S&P500, 블룸버그, 다우존스 등 지수 공급자들의 지수 적용
※ 데이터 출처: bloomberg 및 플레인바닐라투자자문

입니다. 하지만 이머징 마켓은 최소 10%는 편입하는 것이 좋습니다. 이머징 마켓은 세계 경제 규모의 절반을 차지하는 거대 소비시장입니다. 2000년 기준 글로벌 GDP에서 이머징 마켓이 차지하는 비중은 21%였으나 지금은 42%입니다. 5년 뒤에는 44%로 예상됩니다. 반면 선진국은 2000년 약 80%에서 지금은 60% 아래로 내려온 상황입니다.

물론 중국만 해도 5년 전과 달리 지금은 천덕꾸러기 취급을 받습니다.

며칠 전 중국 투자라고 유튜브에 검색해보니 미리보기에 "위기, 추락, 중국몽, 빚더미, 몰락, 침체, 침공" 같은 단어들만 보이더군요. 되돌아보면 1980년대 초 남미, 1980년 말 일본, 1990년대 동남아와 한국, 러시아 그리고 2000년대 미국과 유럽이 망가지고 지금은 중국 차례가 된 것입니다.

많은 불안 요소가 있지만 무엇보다 세계 2위의 성장 엔진이 꺼지면 모두에게 불행인 것은 자명합니다. 미국의 경제 규모는 전 세계의 26%대이고, 중국은 17%입니다. 한국은 1/10 수준에 불과합니다. 밖에서 보면 자기 집 불타는 줄도 모르고 남의 집 불타는 것만 구경하는 격입니다. 연금의 이머징 마켓 투자는 경기 사이클과 글로벌 로테이션이라는 순환적 관점에서 접근해야 합니다. 단 이머징 마켓을 모두 품을 필요는 없습니다. 중국과 인도 정도로 압축해도 충분해 보입니다.

선진국과 이머징 마켓의 GDP 관련 데이터와 미래 예상치를 살펴보겠습니다. IMF에서 2024년 봄에 집계한 GDP 관련 데이터들입니다.

다시 한 번 말하지만 연금 포트폴리오에 한국 주식은 편입하지 않는 것을 추천합니다. 현행법상 한국 주식 펀드는 자본 차익 비과세가 적용되는 상황이므로 굳이 연금에서 투자할 필요가 없습니다. 오히려 연금계좌에서 한국 주식 펀드나 ETF에 투자할 경우 인출은 제한되고 이후 연금소득세를 내게 되므로 오히려 비용을 지불하는 결과를 맞게 됩니다.

선진국과 이머징 마켓의 GDP 규모 및 누적 성장률, 비중

구분	2000년		2024년 4월 기준			2029년(예상)		
	GDP (천억 달러)	비중 (%)	GDP (천억 달러)	2000년 대비 누적 성장률 (%)	비중 (%)	GDP (천억 달러)	2024년 대비 누적 성장률 (%)	비중 (%)
전 세계	34.10	100	109.53	221	100	139.05	27	100
선진국	26.92	79	63.81	137	58	77.47	21	56
이머징 마켓	7.17	21	45.72	538	42	61.58	35	44
미국	10.25	30	28.78	181	26	34.95	21	25
중국	1.21	4	18.53	1431	17	24.84	34	18
인도	0.47	1	3.94	742	4	6.44	63	5
한국	0.58	2	1.76	206	2	2.17	23	2

IMF 실질 GDP 성장률 및 전망치(단위: %)

국가명	2022	2023	2024	2025	2026	2027	2028	2029
미국	1.9	2.5	2.7	1.9	2.0	2.1	2.1	2.1
유로	3.4	0.4	0.8	1.5	1.4	1.3	1.3	1.2
일본	1.0	1.9	0.9	1.0	0.8	0.6	0.6	0.4
한국	2.6	1.4	2.3	2.3	2.2	2.1	2.1	2.0
중국	3.0	5.2	4.6	4.1	3.8	3.6	3.4	3.3
인도	7.0	7.8	6.8	6.5	6.5	6.5	6.5	6.5

※ 2024년 4월 기준, 전망치는 2024~2029년, 출처: IMF

② 섹터

주식의 업종, 즉 섹터는 11개 업종으로 구분됩니다. S&P500의 업종별 편입비는 다음과 같습니다.

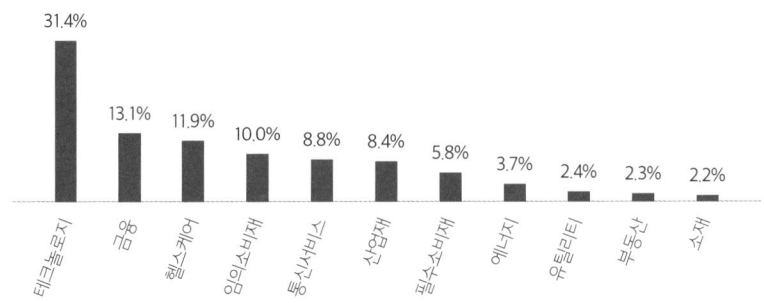

S&P500 업종별 비중(2024년 8월 기준)

연금 포트폴리오에서 섹터 투자는 신경제(New Economy)를 주도하는 테크놀로지에 집중하는 것이 최선이라 생각합니다. 이유는 간단합니다. 주가는 결국 이익의 함수입니다. 테크놀로지 섹터는 과거 10년 연평균 성장률이 10%대로 꾸준히 성장해왔고 앞으로도 그럴 것으로 예상되기 때문입니다. 이때 이미 국가 구분에서 미국 대표 지수에 충분히 투자하고 있으니 가급적 일본, 유럽, 한국, 대만, 중국에 있는 대표 테크놀로지 기업들을 포함하는 글로벌 테크놀로지에 투자하는 것을 권장합니다.

연금투자의 대상으로 테크놀로지 이하의 서브 섹터나 테마 투자는 조심스럽게 접근하길 권합니다. 서브 섹터나 테마는 경기 민감도가 높고 시장 수요에 따라 변덕스럽게 움직여 변동성을 감당하지 못하는 경우들이 종종 있기 때문입니다.

섹터 투자에서 테크놀로지 업종에만 집중한다고 불안하게 생각할 필요는 없습니다. 인컴의 고배당 주식 자산에 제약업과 필수소비재, 유틸리티, 부동산 등 경기 방어적인 업종들이 대거 편입되므로 인컴 투자를 병행하면 균형은 자연스럽게 맞춰집니다.

미국 대표 지수 업종별 이익 성장률 추이와 전망치(2024년 8월 23일 기준, 단위: %)

업종 구분	업종별 주당 순이익(EPS) YoY%				10년 EPS 기하 성장률	애널리스트 컨센서스		
	2020년	2021년	2022년	2023년		2024년	2025년	2026년
S&P500	-13.2	46.2	5.4	0.9	8.0	8.6	14.4	11.6
테크놀로지	12.2	34.1	-0.5	8.1	10.3	18.2	20.8	15.4
금융	-18.3	65.0	-16.6	-1.4	7.4	9.2	7.8	11.0
헬스케어	7.8	22.0	5.2	-19.1	8.3	5.5	20.9	10.1
자유소비재	-44.5	86.1	2.2	20.5	10.0	11.2	13.7	13.6
통신서비스	-4.3	39.3	-16.9	20.4	13.2	23.4	13.7	10.9
산업	-50.7	73.8	35.5	7.0	7.1	0.7	14.9	12.8
필수소비재	-1.0	15.2	3.2	10.3	6.0	-0.3	7.1	7.3
에너지	-92.2	1,862	155.1	-27.3	2.3	-11.9	14.2	7.2
부동산	-6.1	15.0	12.2	-2.2	6.1	0.7	5.1	7.0
유틸리티	-5.0	9.2	1.8	8.8	3.8	11.9	7.2	5.4
소재	-5.2	76.0	6.5	-21.0	6.2	-5.9	14.1	10.7

※ 상기 명암은 연평균 10%대 성장률을 유지해온 섹터
※ 출처: Bloomberg, 플레인바닐라투자자문, 2024년 8월 23일 기준

참고로 금융 섹터의 장기 투자에 대해서는 부정적입니다. 금융 섹터는 은행과 증권, 보험 등으로 S&P500지수 내에서도 두 번째로 높은 13%의

비중을 점유하고 있습니다. 이미 충분한 수준이므로 추가로 금융업에 더 투자하는 것에 대해서는 조심스럽게 접근해야 합니다. 과거 이머징 마켓과 미국의 GFC에서 경험했듯이 신용의 팽창과 수축에서 오는 금융시장의 불안정성은 불가피하다고 봅니다. 다른 산업과 달리 금융 부문에서 뱅크런을 경험하면 단순한 가격 하락이 아니라 유동성이 말라버리는 위험으로 바로 전이되므로 투자자 입장에선 상당히 난감해질 수 있기 때문입니다.

앞서 소개한 대표 자산표를 보면 국가별로는 선진국의 미국, 이머징 마켓의 중국(혹은 인도) 그리고 섹터의 테크놀로지를 투자 대상에 편입하고 있습니다. 연금 포트폴리오를 단 3개의 주식형으로만 구성하길 원한다면 지금 언급한 3가지 자산을 기준으로 편입하면 끝입니다. 이렇게 국가와 섹터만으로 포트폴리오를 구성하는 것은 가장 공격적인 조합이라고 볼 수 있습니다. 이제부터는 조금 더 보수적 선택을 원하는 사람들에게 추천하는 자산들입니다. 인컴 자산과 혼합형 자산 그리고 채권입니다.

③ 고배당 주식

인컴 자산 중 대표적인 것이 고배당 주식들로 구성된 펀드입니다. 대표 자산표에서 볼 수 있듯이 고배당 자산도 미국 S&P500과 높은 상관성을 보이지만 대표 지수 대비 변동성은 낮습니다. 고배당 주식이란 일반적인 주식 대비 시가 배당 수익률(배당금/주가)이 높은 주식을 의미합니다. 배당 성장 주식은 배당 성향, 즉 향후 배당금이 꾸준히 증가할 것으로 기대되는 주식을 의미합니다. 배당 성향은 순이익에서 지급되는 배당금의 비율을 의미합니다.

미국에 상장된 ETF 중 iShares High Diviend ETF(티커 HDV)나 Schwab U.S. Dividend Equity ETF(티커 SCHD)가 시가 배당 수익률이 높은 종목들로 구성한 대표적인 ETF들입니다. 보통 연간 약 3% 이상의 배당을 지급합니다. 배당귀족이라고 알려진 ProShares S&P 500 Dividend Aristocrats ETF(티커 NOBL)는 배당이 꾸준히 성장하는 기업들을 편입하는 ETF로 배당 수익률은 약 2% 수준입니다(2024년 8월 기준). 이 시점의 S&P500지수의 시가 배당 수익률은 약 1.2%입니다.

정리하면 미국 대표 지수의 배당은 약 1.2%, 배당 성장주 ETF는 약 2.0%, 고배당 ETF는 약 3.0%입니다. 변동성은 반대순으로 생각하면 됩니다. 이는 일반적인 배당 지급 내용을 소개한 것입니다. 고배당 펀드들의 경우 다양한 전략과 성격으로 배당 수익률을 차별화시킨 것들도 많습니다. 예를 들어 한국의 고배당 ETF 중에는 금융 섹터 기업들을 60% 이상 편입하고 우선주들을 편입해 시가 배당 수익률을 6%대로 제공하는 것들도 있습니다(PLUS고배당주ETF). 하지만 시가 배당 수익률이 높다고 해도 배당 수준만큼 배당락을 경험하기 때문에 이후 주가가 정상화되기 어렵다면 불나방처럼 달려들 이유가 없습니다. 결국 꾸준하게 돈을 벌고 적정한 수준의 배당 성향을 유지하는 기업들을 중심으로 투자해야 합니다.

최근 자금이 많이 몰리는 커버드콜 전략의 상품들도 배당률을 크게 높인 구조입니다. 자세히 들여다보면 배당 주식이나 고성장 주식에 투자하면서 주식의 콜옵션을 매도해 배당 현금 흐름을 극대화한 것입니다. 콜옵션은 일종의 복권이라고 보면 됩니다. 복권을 판매해서 얻은 수익을 투자자들에게 지급하는 것입니다. 복권 판매자 입장에선 늘 좋은 것은 아닙니다. 만약 누군가가 복권에 당첨되면 발행자는 현금을 지급해줘야

하기 때문입니다. 즉 커버드콜은 주식에 투자하면서 콜옵션을 매도한다고 했으니 전체 수익 구조 면에서 위가 막히는(수익이 제한된) 구조로 나옵니다. 그런 점에서 커버드라고 표현하는 것이고, 풋이 아니라 콜옵션을 쓴다는 의미입니다.

한국에서는 커버드콜 전략을 커버드콜 또는 배당프리미엄이라고 표현합니다. 프리미엄은 콜 매도로 유입되는 금액을 의미합니다. 한편 해외에서 일반적으로 발행에 무게를 두어 바이라이트(Buy Write) 펀드라고 부릅니다. 미국의 QYLD는 나스닥커버드콜ETF로 배당률은 12% 정도이고 매달 1% 정도씩 배당금을 지급합니다. 한국에도 유사한 구조를 가지고 매월 고배당을 지급하는 커버드콜 ETF가 많이 등장했습니다.

연금계좌에서는 과도한 고배당을 제공하는 커버드콜 상품은 피하길 권합니다. 그리고 상식적 수준에서 배당을 지급하는 주식 포트폴리오로 구성한 상품을 추천합니다. 나스닥커버드콜인 QYLD ETF는 나스닥100 지수가 10년간 400% 오르는 동안 약 -30% 하락했습니다. 물론 10년간 배당은 꼬박꼬박 나왔으니 배당금을 재투자했다면 누적 100%가 돼 있을 겁니다. 연율 7%이니 훌륭한 상품이라 생각하겠지만 나스닥이 연 18%로 상승하고 꼬박꼬박 재투자했기에 가능한 것입니다.

커버드콜 전략의 상품은 지수가 박스권에 갇혀 있을 때 효자 노릇을 톡톡히 합니다. 또는 은퇴 후 돈을 버는 포트폴리오를 구축할 때 커버드콜이 필요할 수도 있습니다. 큰 욕심만 부리지 않는다면 커버드콜은 돈 버는 포트폴리오에서 좋은 수단이 될 수 있을 것입니다.

④ 리츠

리츠(REITs, Real Estate Investment Trusts)는 부동산에 간접 투자하는 회사를 말합니다. 운용사는 사무실, 쇼핑몰, 물류창고, 호텔 등 부동산에 투자하고 임대료와 개발 이익, 매각 차익 등을 배당 받습니다. 부동산은 실물 자산이라는 특징 덕분에 직접 보고 확인할 수 있어 누구나 마음 편한 면이 있습니다. 입지가 훌륭한지, 공실 리스크는 없는지, 배당의 원천인 임대수익은 우수한지, 대출 리파이낸싱(Refinancing)에 따른 금융 비용 증가로 배당이 훼손되진 않는지 등을 체크해봐야 합니다.

시장이 좋을 때는 어떤 리츠에 투자하든 수익이 꽤 만족스러울 수 있습니다. 하지만 시장이 악화될 때는 바텀업 분석, 즉 기업 분석을 시작으로 산업을 분석하는 방식을 통해 리츠도 선별적으로 투자해야 합니다. 리츠라는 투자 기구의 영업 비용 중 대부분이 금융 비용입니다. 대출 의존도가 높은 리츠일수록 금리 상승에 부정적 영향을 받는 것이 당연합니다. 물가가 오르면 리츠에 긍정적이라는 말을 걸러 들어야 한다는 의미입니다. 해외 리츠의 경우에는 채권을 발행해 배당을 지급하는 사례도 많고, 영업 환경이 악화될 경우 배당 축소(배당컷)를 공시하는 경우도 비일비재합니다.

대표 자산표를 다시 살펴보면 리츠는 주식과의 상관성도 0.7 수준으로 높고 변동성도 주식만큼 높습니다. 따라서 리츠라는 자산이 성장을 추구하는 투자자들에게 주식보다 매력적인 자산이라고 보진 않습니다. 리츠는 커버드콜 전략처럼 돈을 불리는 시기보다 꾸준한 현금 흐름이 필요한 은퇴 이후 포트폴리오 구성 시에 적합합니다.

혼합형

혼합형은 말 그대로 주식과 채권을 적정한 비중으로 분산해 투자하는 것을 말합니다. 즉 주식의 수익성을 일정 수준 포기하는 대신 안정성을 확보하는 투자 전략입니다. 주식과 채권의 비중을 시의적절하게 조절해 투자한다면 큰 수익을 얻을 수도 있습니다. 주식 40%, 채권 60%로 구성한 인덱스를 주가 지수의 성과와 비교한 차트를 살펴보겠습니다.

2000년 말부터 2024년 7월 말까지의 누적 수익률 추이를 보면 S&P500이 혼합형보다 압도적인 성과를 보여줍니다. 하지만 2014년 이전까지는 혼합형의 성과가 우위에 있습니다. 이렇듯 혼합형은 주식시장의 경로를 따라가되 하방 경직성이 강해 크게 무너지지 않습니다. 그런 만큼 혼합형 투자자는 두 발 쭉 뻗고 잠을 잘 수 있습니다.

차트에 소개한 것은 전형적인 채권 혼합형으로 보수적으로 자산 배분

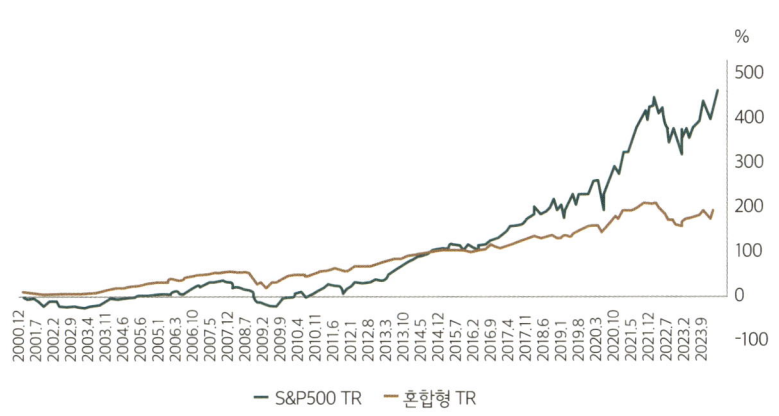

S&P500과 혼합형(4:6) 누적 성과 추이

※ 주식은 S&P500지수, 채권은 미국종합채권지수 적용

하는 펀드입니다. 퇴직연금투자 목적의 채권 혼합형은 대체로 채권 60% 이상, 주식 40% 이하의 편입비로 구성하고 있습니다. 이러한 채권 혼합형은 퇴직연금 DC계좌나 IRP계좌에서 활용하면 긍정적인 효과를 기대할 수 있습니다. 반면 다이내믹한 혼합형은 EMP 펀드들이 대표적입니다.

연금저축계좌는 주식형 펀드만으로 100%를 편입할 수 있지만 퇴직연금에선 70%까지만 편입할 수 있습니다. 나머지 30%는 예금, 채권 같은 원리금 보장형 상품이나 채권 혼합형 구조의 펀드들을 편입할 수 있습니다. 주식형의 비중을 늘리고 싶다면 예금이나 채권보다 채권 혼합형을 활용할 수 있습니다. 이렇게 70%는 주식형에 투자하고 30%는 채권 혼합형에 투자할 경우, 실제 채권 혼합에 편입된 주식비 40%를 고려한다면 전체 퇴직연금에서 주식 편입비는 80% 이상(70%+12%)으로 맞출 수 있고 나머지를 20% 이내로 채권을 유지할 수 있습니다.

채권형

채권은 정해진 날짜에 돈을 갚겠다고 약속하는 증서입니다. 약속을 이행해야 하니 주식보다 안전하고 중간중간 이자도 지급하므로 현금 흐름도 발생시킵니다. 간혹 채권을 예금으로 착각하곤 하는데 채권은 주식처럼 매일 가격이 변한다고 생각해야 합니다.

채권의 가격은 수익률과 반비례 관계라는 말을 많이 들어봤을 겁니다. 당연한 이치입니다. 예를 들어 10년 만기 채권의 액면가가 100달러이고 매년 3%의 이자(3달러)를 지급한다고 가정했을 경우, 만약 시중 금리가 4%로 오르면 이자율 3%가 시중 금리 4%에 맞춰지기 위해 가격이 떨어져야 합니다. 즉 액면가 100달러에서 75달러로 떨어져야 4%가 맞춰집니다(4%=3달러÷75달러). 반대로 시중 금리가 2%로 내리면 가격이 올라 맞춰집니다. 즉 100달러의 채권가는 150달러로 올라갑니다(2%=3달러÷150달러).

채권에서는 듀레이션(Duration)이라는 개념이 중요합니다. 듀레이션을 연(Year)으로 표현하다 보니 잔존 만기(TTM, Term to Maturity)로 오해하는 경우가 있습니다. 잔존 만기는 채권 구매 후 만기까지의 기간, 듀레이션은 금리 변동에 따른 채권 가격의 민감도라고 생각하면 됩니다. 예를 들어 미국에 상장된 iShares20+ Year Treasury Band ETF(미국 국채)라는 TLT ETF를 검색해보면 ETF명에는 20년 이상이라고 표기돼 있지만 실제 유효 듀레이션은 16.65년입니다. 물론 숫자는 계속 변합니다. 또 16.65라는 숫자는 시중 금리가 1% 변동하면 약 16.65% 위아래로 움직일 수 있다는 것을 의미합니다.

한국의 KODEX국고채10년액티브 ETF를 검색해보면 듀레이션과 만기수익률(YTM, Yield to Maturity) 정보가 있습니다. 듀레이션은 7.88년으로 표기돼 있습니다. 역시 10년 국채 금리가 1% 움직이면 약 7.9%씩 움직일 수 있다는 의미입니다. 이처럼 듀레이션을 확인하면 채권이 예금처럼 한번 넣어두고 마음 편하게 있어도 되는 상품이 아니라는 것을 알 수 있습니다. 듀레이션이 긴 상품들은 주식보다 변동성이 더 커질 수 있는 만큼 만만한 투자 대상이 아닙니다.

참고로 만기수익률은 채권을 만기까지 보유했을때 얻게 되는 모든 현금 유입을 연율화시켜서 수익률로 환산한 것입니다. 정기적인 쿠폰 이자도 재투자를 가정해서 현금 유입에 포함시킵니다. 만기수익률을 매매수익률이라고도 합니다. 간혹 채권을 설명할 때, 은행환산수익률을 쓰기도 하는 데, 이건 투자자들이 은행 예금과 비교하기 쉽게 하기 위해 쓰는 방식일 뿐이고, 실제 채권시장에선 만기수익률이나 매매수익률로 얘기합니다.

미국 주식과 미국 채권의 30년간의 가격 흐름을 예시로 살펴보겠습니다. 수익률 추이가 아니라 가격 추이를 확인하는 것은 주식의 수익률이 해당 기간 누적 3,000% 이상이고 채권 투자 수익률도 460%가 넘어 스케일이 다르므로 둘의 움직임을 연결 지어 보기가 어렵기 때문입니다. 다음 그림을 보고 채권과 주식의 가격이 역의 상관성을 보인다고 말할 수 있을까요? 역(-)의 상관성이 아니라 상관성 자체가 낮은 것입니다.

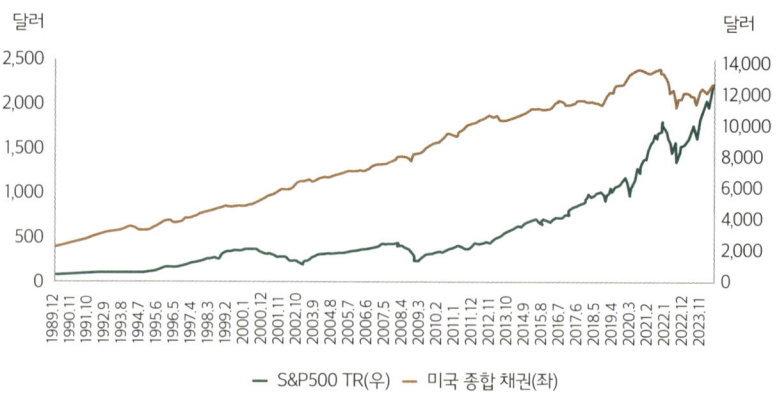

S&P500과 채권 인덱스의 가격 추이

수십 년 이어진 저금리 환경에 따라 채권 가격은 지속적으로 상승했습니다. 경기 침체로 주식이 하락하는 상황에서도 채권은 상승했죠. 결국 2021년부터 물가가 급등하면서 채권 가격은 고점에서 16% 이상 하락을 경험했습니다.

자산 배분의 관점에서 채권을 편입하는 의도는 주식과의 상관성이 낮고, 과거 수익성이 높다 보니 분산 투자 시 포트폴리오의 위험을 낮추는 데 중요한 역할을 기대하기 때문입니다. 시장은 앞으로 연준의 금리 인하를 크게 기대하는 상황이긴 하지만 장기 채권 투자는 큰 매력이 없는 상황으로 판단됩니다.

2024년 8월 현재 연방기금 실효금리 5.33%, 코어CPI 3.1%, 2년 국채 금리 3.9%, 10년 국채 금리 3.8%, 30년 국채 4.1%인 상황입니다. 2026년에 기준 금리가 3.5%대로 내려온다고 가정해도 물가가 제자리에 있으면 국채 금리가 더 내려올 자리가 있을지 고민이 됩니다. 물론 앞으로 경기 침체 가능성이 커지고 실제로 침체를 경험한다면 국채 금리는 빠르게 하향할 수도 있습니다. 참고로 IMF에서 예상하는 향후 미국의 GDP 성장률은 2.0%대로 침체와는 괴리가 큰 상황입니다. 오히려 앞으로 상품 물가는 지정학적 변수 등에 의해 공급망 중심으로 민감하게 반응할 것입니다. 또한 임금 상승과 주택 수요 등을 고려했을 때 서비스 물가는 강한 하방 경직의 흐름이 예상됩니다. 즉 전체적으로 인플레이션과의 전쟁에서 승리했다고 깃발을 꽂았다 해도 그 산이 정상이 아닐 수도 있다는 얘기입니다.

채권에 대해 길게 이야기한 것은 앞으로 10년, 20년 장기 투자하는 연금투자자에게 반드시 필요한 내용이라고 생각하기 때문입니다. 주식시장의 침체와 급락은 단기 사이클 관점에서 자연스럽게 대응하고 채권시장은 중장기적인 투자 매력을 잃고 있다는 관점에서 오히려 보수적으로 접근해야 한다고 생각합니다. 금리가 높다는 이유로 듀레이션이 긴 장기 채권을 선택하기보다 자산 배분의 관점에서 단중기 채권의 현금 흐름에 집중하길 바랍니다.

29
연금저축으로 돈 불리는 포트폴리오

　실전 포트폴리오를 보기 전에 짚고 넘어가야 할 부분이 있습니다. 이 내용은 개인의 연금투자자가 직접 투자한다는 입장에서 작성한 것입니다. 따라서 전문 운용역들이 자문/관리하는 플레인바닐라투자자문의 실제 연금 포트폴리오와는 차이가 있습니다. 여기에서 소개할 포트폴리오는 큰 변화 없이 종목들을 유지하고 정기적으로 직접 리밸런싱하는 게으른 전략으로 구성했습니다. 이제부터 자신이 투자자라고 생각하고 종목 변경 없이 약 20년 동안 매달 정기적으로 납입해 10억 원을 만들겠다는 생각으로 작성한 포트폴리오를 살펴보겠습니다. 종목 변경은 없어도 반기마다 리밸런싱은 수행해야겠죠.

연금저축 포트폴리오의 예시

　연금저축 포트폴리오는 주식형 자산 3개로만 구성된 포트폴리오, 주식형 4개와 혼합형 1개로 구성된 포트폴리오, 마지막으로 주식형 4개, 혼합형 1개, 채권형 1개로 구성된 포트폴리오로 구분됩니다. 투자 비중 제안은 다음과 같습니다.

연금저축 포트폴리오 구성표

자산	구분1	구분2	구분3	포트폴리오 편입 펀드 수 및 비중(%)		
				3개	5개	6개
주식	국가	선진국	미국 주식	45	30	25
		이머징 마켓	이머징 마켓 주식	15	15	15
	섹터&인컴	섹터	성장 주식	40	35	30
		인컴	배당 주식		10	10
혼합	자산 배분	혼합	혼합형		10	10
채권	국내 채권	회사채	국내 채권			10
합계				100	100	100

주식형 3개

주식형 3개로 구성된 포트폴리오는 미국과 이머징 마켓(중국/인도), 테크놀로지 섹터로 구성됩니다. 미국 주식과 성장 주식의 비중이 포트폴리오의 85%이고 이머징 마켓 주식은 15%입니다. 위험 감내도가 높고 수익 지향적인 공격형 투자자에게 적합한 구성입니다. 일반적으로 미국 S&P500에 대한 장기 적립식 투자자의 연평균 실현 수익률은 약 7%인데 이 포트폴리오의 목표 수익률은 연 10% 이상을 기대할 수 있습니다. 변동성도 S&P500 이상의 변동성을 감내할 수 있어야 합니다.

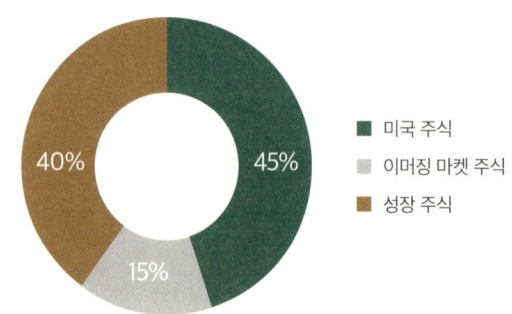

① 포트폴리오의 구성

• 선진국

선진국에서는 일본이나 유럽, 호주 등을 배제하고 미국 주식 펀드만 편입하면 됩니다. 이들 국가는 미국과의 상관성이 높다 보니 시간이 지나면 결국 미국 성과에 종속되는 경우가 많습니다. 일본 니케이225지수가 1989년 말 이후 34년 만에 전고점을 회복하는 상황을 목격했으나 결국 그 배경에 미국 성장주들의 견인과 급격한 엔화 약세의 흐름이 있다는 점을 고려할 때, 선진국의 대표성을 지닌다고 보긴 어렵습니다. 선진국은 미국 하나면 됩니다.

• 이머징 마켓

이머징 마켓은 미국과의 상관성이 0.5 수준으로 상대적으로 낮습니다. 선진국과 로테이션의 흐름이 10여 년에 한 번씩 목격되는 것도 인상적입니다. GDP 비중이 글로벌의 절반 수준에 다다를 만큼 이미 글로벌 소비의 중요한 축으로 성장했기에 이머징 마켓은 반드시 일부라도 편입해야 합니다.

　이머징 마켓에서 대표적인 국가가 중국입니다. 포스트 차이나로 부각돼온 인도도 고려할 수 있습니다. 중국에 투자할 때는 본토 CSI300지수나 MSCI차이나지수를 추종하는 펀드를 편입하는 것을 추천합니다. 항셍테크놀로지와 같은 성장주 ETF도 있지만 연금투자자는 국가 투자 종목에서 알파 리스크를 감안해 대표 인덱스에 만족하는 것이 정상적입니다. 중국이 집중적으로 특정 기업을 규제하는 것을 많이 봐온 터라 최대한 많은 종목과 업종을 포함하는 펀드를 선택하길 권합니다.

　IMF가 예측한 국가별 GDP 성장에 대한 자료를 보면 중국의 성장률이 2026년부터 3%대로 낮아지고 인도는 6%대를 유지할 것으로 예측됩니다. 또한 인도의 인구가 세계 1위로 올라섰을 뿐만 아니라 중위 연령대도 28세로 중국(43세), 베트남(36세)과 비교해도 가장 젊은 국가라고 합니다. 물론 주식의 수익률이 국가의 경제 성장률 순위로 정해지는 것은 질대 아니며 연령 구조가 젊다고 오르는 것도 아닙니다. 인구 구조만으로 국가를 비교해 투자하면 아마 쓰디쓴 결과를 맞을 겁니다. 주식시장의 밸류에이션 측정치인 PER도 국가별 상대 비교를 해선 안 됩니다. 해당 국가의 평가 기준을 중심으로 얼마나 빠른 속도로 움직일지를 주목하는 것이 투자를 판단하는 올바른 자세입니다.

　기본적으로 이머징 마켓 투자는 중국을 중심으로 생각하되 투자자 스스로 중국보다 인도가 낫다고 생각하면 인도를 추가로 선택하면 됩니다. 이머징 마켓 전체에 투자하는 펀드를 선택해도 상관없습니다. 하지만 중국을 완전히 배제하고 인도에 올인하는 투자는 추천하지 않습니다. 참고로 2004년부터 2024년까지 20년간의 누적 성과를 살펴보면 인도가

1,950%, 중국이 365% 상승했습니다. 이를 달러 통화로 변환해보면 인도는 1,038%로 내려앉고, 중국은 433%로 더 상향됩니다. 인도는 경상수지의 취약성이 환율에 반영되고 있기 때문입니다.

· 섹터

성장 섹터에 40%를 투자하라는 제안은 상당히 과감한 결정입니다. 앞서 살펴본 업종별 EPS 성장률에서도 확인했듯이 과거와 마찬가지로 앞으로도 두 자리 성장이 예상되기 때문입니다. 현재 테크놀로지의 혁신 속도가 가파르고 산업 전반의 프레임을 변화시키고 있습니다. 혁신 성장은 생산성 향상으로 전이될 것이고 생산성은 다시 가계의 소득과 소비로 그리고 국가 GDP의 성장으로 선순환될 것이라고 봅니다. 성장 섹터에 대한 높은 투자 비중은 고배당 스타일이나 소비 섹터, 에너지, 금융, 부동산, 채권 등 어느 자산도 대체할 수 없다는 확신을 반영하는 것입니다.

다만 성장 섹터와 투자 대상을 선별할 때 글로벌 성장으로 펼쳐 운용하는 펀드나 ETF를 선택하길 권장합니다. 미국의 엔비디아, 마이크로소프트, 애플이 훌륭한 선도 기업이지만 미국이 아닌 글로벌 시장의 TSMC, 삼성전자, SK하이닉스, 도쿄일렉트론, 소니, 텐센트, 알리바바, 지멘스, ASML, 사이버아크 등도 실리콘밸리의 바통을 이어받아 글로벌 성장의 지평을 넓힐 가능성이 높습니다.

글로벌 테크놀로지 분야에서 투자 대상을 쉽게 고르기 어렵다면 나스닥 추종 상품을 선택하는 것이 최선이라고 생각합니다. 나스닥을 편입했을 경우에는 미국 대표 주식 S&P500의 편입 현황과의 중복이 부담스러울 수 있습니다. 투자 비중을 따져보면 가장 큰 부분을 차지하는 애플도 전체 포트폴리오 내에서 7%를 넘기지 않습니다. 전 세계 시가총액의 약 3%를 차지하는 종목이니 7% 이내라면 부담되는 정도는 아니라고 봅니다. KOSPI200의 경우 삼성전자가 약 30%이고, 하이닉스가 8%를 차지합니다. 따라서 애플이나 엔비디아를 연금 포트폴리오에서 6%씩 편입해도 큰 부담은 아니라고 생각합니다.

② 백테스팅 결과

미국 주식, 이머징 마켓 주식, 성장 주식으로 구성된 포트폴리오의 과거 성과는 어땠을까요? 10년이란 기간을 두고 포트폴리오 성과를 추적해봤습니다. 백테스팅은 인덱스를 선별해 추적했고 환오픈과 배당 재투자의 조건을 넣어서 실시했습니다. 백테스팅 기간은 2014년 1월부터 2024년 8월까지 약 10.6년간입니다. 미국은 S&P500지수, 이머징 마켓은 MSCI치이니지수 그리고 성장은 MSCI월드IT인덱스를 선별해 활용했고 각각 45%, 15%, 40%를 배정했습니다. 백테스팅에서는 인도를 제외했지만 해당 기간 중국 대비 2배 이상의 성과를 낸 곳인 만큼 중국을 제외하고 인도 편입 시 더 높은 성과를 예상할 수 있습니다.

백테스팅 결과 2014년부터 약 10년간 누적 460%의 성과를 보였고 연율로는 연 17%대입니다. 같은 기간 S&P500지수는 누적 370%의 성과에 연율로는 연 13.1%를 나타냈습니다. 한국 KOSPI200은 누적 79%입니다.

포트폴리오 10년간의 성과가 S&P500지수를 크게 뛰어넘었다는 점, 연평균 수익률 17%라는 점에서 파괴적인 구성이라고 평가됩니다. 성과 기여도가 가장 높은 것은 MSCI월드IT이고, 그다음은 미국S&P500, MSCI차이나 순입니다. 참고로 MSCI차이나는 해당 기간 동안 KOSPI보다도 부진해 누적 46% 성과 달성에 그쳤습니다.

결국 포트폴리오 성과의 대부분을 미국과 테크놀로지가 기여한 것입니다. 하지만 이런 상승세가 향후 10년, 20년 뒤에도 계속 보장되리란 법은 없습니다. 또 지수로 구성하다 보니 비용이 반영되지 않았다는 점과 적립식이 아니라 거치식 투자의 결과라는 점 등은 고려해야 합니다.

주식형 3개로 구성된 연금저축 포트폴리오의 누적 수익률 추이

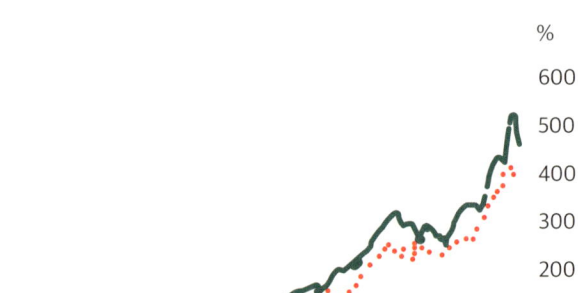

······ S&P500　－－ KOSPI200　━━ 연금저축 포트폴리오

매월 적립식 투자에 대한 백테스팅도 수행한 결과, 누적 성과는 460%에서 180%로 낮아지고 연수익률은 연 10.5%로 낮아집니다. 좀 더 현실적으로 2014년 1월부터 매월 50만 원씩 이 포트폴리오에 납입했다면 원금은 6,400만 원이고, 총 평가액은 약 1억 8,000만 원이 됩니다. 연간 600만 원 납입이면 세액공제(공제율 16.5%)로 10년간 매년 99만 원을 받을 테니 약 1,000만 원도 포함시킨다면 1억 9,000만 원인 셈입니다.

③ 포트폴리오의 구성 상품

그렇다면 실제 펀드 포트폴리오는 어떻게 구성해야 할까요? 시점마다 평가 결과가 다르므로 어떤 상품을 콕 집어서 사야 한다고 말할 수는 없습니다. 대신 유형별로 엄선된 라인업을 확인해보면서 어떤 관점에서 선별하는 것이 낫다는 의견을 제시하도록 하겠습니다.

• 선진국

먼저 미국 투자용 펀드 중 똘똘한 것들을 골라봤습니다. 생생한 정보를 전달하기 위해 수익률을 넣었지만 기준일이 2024년 8월이므로 감안해야 합니다. 참고로 플레인바닐라투자자문의 블로그에서 같은 기준으로 매월 업데이트된 자료를 확인할 수 있습니다.

다음 표에서 미국 투자 펀드 중 6개 펀드의 규모, 기간 성과, 펀드 설정 이후 연수익률은 물론, 표준편차값으로 위험 내비 성과도 비교할 수 있습니다. 하단에는 해당 펀드의 연도별 수익률과 1년간 최대 손실률을 의미하는 MDD도 공개돼 있습니다. 이를 통해 상승기와 하락기에 어떤 결과를 보였는지 비교할 수 있고, 1년간 최고점에서 최저점까지 얼마나 큰 폭의 하락을 경험했는지 비교할 수 있습니다.

일단 현재 시점을 기준으로 매력적으로 보이는 미국S&P500인덱스UH 펀드는 자산 규모도 1,700억 원으로 안정적이고, 3년 연평균 수익률 12.4%로 높습니다. 장기 성과를 확인할 수 있는 펀드 설정 이후 연평균 수익률은 8.5년간 연 14.3%입니다. 표준편차를 반영한 위험 대비 성과도 상대적으로 우수합니다. 연도별 성과를 보더라도 매년 상위권을 유지해

미국 대표 펀드의 기간 성과 및 표준편차, 위험 대비 성과(단위: %)

펀드명	총자산 (억 원)	1년 수익률	① 3년 연 수익률	운용 연수 (년)	펀드 설정 이후 연 수익률	② 표준편차 3년	위험 대비 성과 (①/②)
삼성미국S&P500 인덱스증권자투자신탁UH[주식]	1,701	26.6	12.4	8.5	14.3	13.2	0.94
삼성미국S&P500 인덱스증권자투자신탁H[주식]	1,426	23.8	6.6	8.4	11.5	15.7	0.42
KB미국대표성장주 증권자투자신탁(주식)(UH)	582	37.4	14.8	4.2	19.3	18.4	0.81
KB연금미국S&P500인덱스 증권자투자신탁(주식-파생형)	1,109	26.2	7.9	10.3	11.2	16.3	0.48
미래에셋미국블루칩 인덱스증권자투자신탁1호(주식)	325	15.9	4.1	10.6	8.9	13.9	0.30
피델리티미국증권자투자신탁 (주식-재간접형)	520	15.3	1.4	17.3	4.7	12.7	0.11

※ 펀드는 A클래스 또는 CPe클래스를 기준. 2024년 8월 23일 기준. 출처: Bloomberg
※ 3년 연수익률과 설정 이후 연수익률은 해당 기간 누적 수익률을 연평균 기하 수익률로 산출한 것이며 배당 재투자를 가정했음
※ 표준편차는 주간 데이터를 기준으로 산출, MDD는 1년 내 최고 가격에서 최저 가격의 하락률을 의미함

미국 대표 펀드의 연도별 성과(단위: %)

펀드명	2024년	2023년	2022년	2021년	2020년	2019년	1년 MDD
삼성미국S&P500 인덱스증권자투자신탁UH[주식]	20.3	26.4	-14.1	36.2	9.7	35.5	-8.5
삼성미국S&P500 인덱스증권자투자신탁H[주식]	15.3	21.0	-19.9	27.0	12.7	29.7	-8.8
KB미국대표성장주 증권자투자신탁(주식)(UH)	27.1	50.4	-27.5	31.3			-13.5
KB연금미국S&P500인덱스 증권자투자신탁(주식-파생형)	16.5	23.2	-19.7	28.7	11.2	31.0	-8.8
미래에셋미국블루칩 인덱스증권자투자신탁1호(주식)	7.4	10.9	-9.2	18.2	5.5	25.5	-7.6
피델리티미국증권자투자신탁 (주식-재간접형)	9.3	6.2	-15.3	20.0	11.9	36.4	-6.9

※ 상기 펀드들의 조건과 같음. 기준일 2024년 8월 23일. 출처: Bloomberg

왔습니다. 2022년 증시가 무너질 때도 -14.1%로 상대적으로 덜 하락했습니다. 최근 1년간 MDD도 -8.5%로 다른 펀드들 수준에서 크게 벗어나지 않습니다. 액티브 펀드가 아닌 인덱스를 복제한 성과라서 단순히 지수에 투자했을 때도 같은 숫자들로 채워집니다. 참고로 펀드의 풀네임(Full Name)은 삼성미국S&P500인덱스증권자투자신탁UH[주식]C-Pe입니다. 본문에서는 증권자투자신탁 또는 증권투자신탁을 '펀드'라고 줄여서 표현했으며, UH는 환헤지를 하지않는것을 표시한 것입니다. 펀드클래스를 보여드리지 않았지만, 연금용도로 활용해야 하므로 펀드뒤에 붙는 클래스영문은 CPe라고 생각하시기 바랍니다.

반면 대표적인 액티브 펀드인 피델리티미국펀드의 숫자들은 상대적으로 초라합니다. 초대형 성장에 집중하기보다 다양한 성장 기업으로 분산투자를 하다 보니 인덱스 성과 대비 열위였던 것으로 해석됩니다. 환경이 바뀌면 상대 성과가 우수해질 수 있습니다. 다만 그렇게까지 복잡하게 선택할 필요는 없다고 봅니다. 미국은 지금 인덱스 공화국이 된 상황입니다. 지금의 대세는 더 길게 이어진다고 보는 게 마음 편합니다.

펀드가 아닌 ETF로 미국 대표 상품에 투자하길 원한다면 다음 표를 참고하면 됩니다. 표 상단의 세 종목은 환이 오픈된 언헤지 구조이고, 모두 3년 이상의 트랙 레코드를 보유 중입니다. 환헤지형도 함께 확인할 수 있습니다. 향후 달러가 약세를 나타낼 것으로 예상된다면 H(헤지드)형을 선택하면 됩니다. H형은 운용 기간이 아직 3년이 채 안 됐습니다.

ACE나 TIGER, KODEX의 성과들이 비슷하다 보니 딱히 뭐가 제일 낫다고 평가하진 못하겠습니다. 배당을 자동 재투자하는 토털리턴형(TR)이 나을지, 배당을 받는 형태가 나을지 함께 고려해보길 바랍니다. 3년 성과와 1년 MDD를 보더라도 TR형이 좀 더 유리하다고 생각됩니다.

미국 대표 ETF의 기간 성과 및 표준편차, 위험 대비 성과(단위: %)

ETF명 & 종목번호	총자산 (억 원)	1년 수익률	① 3년 연 수익률	운용 연수 (년)	펀드 설정 이후 연 수익률	② 표준 편차 3년	위험 대비 성과 (①/②)
ACE 미국S&P500_360200	11,400	28.2	13.9	4.1	18.2	15.2	0.92
TIGER 미국S&P500_360750	40,561	28.2	13.8	4.0	18.0	15.4	0.90
KODEX 미국S&P500TR_379800	15,251	28.4	14.0	3.4	16.8	15.2	0.92
TIGER 미국S&P500TR(H)_448290	2,881	25.1		1.7	18.6		
KODEX 미국S&P500(H)_449180	3,157	24.6		1.7	18.6		

※ 펀드는 A클래스 또는 CPe클래스를 기준. 2024년 8월 23일 기준. 출처: Bloomberg
※ 3년 연수익률과 설정 이후 연수익률은 해당 기간 누적 수익률을 연평균 기하 수익률로 산출한 것이며 배당 재투자를 가정했음
※ 표준편차는 주간 데이터를 기준으로 산출, MDD는 1년 내 최고 가격에서 최저 가격의 하락률을 의미함

미국 대표 ETF의 연도별 성과(단위: %)

ETF명 & 종목번호	2024년	2023년	2022년	2021년	2020년	2019년	1년 MDD
ACE 미국S&P500_360200	21.8	30.5	-14.8	41.1			-9.2
TIGER 미국S&P500_360750	21.8	30.4	-15.1	41.1			-9.1
KODEX 미국S&P500TR_379800	22.1	30.2	-14.7				-8.9
TIGER 미국S&P500TR(H)_448290	16.0	24.5					-8.9
KODEX 미국S&P500(H)_449180	15.6	24.4					-9.2

※ 상기 펀드들의 조건과 같음. 기준일 2024년 8월 23일. 출처: Bloomberg

• **이머징 마켓**

전체 포트폴리오에서 15%의 비중을 차지하는 중국 투자 펀드도 참고해서 선별해보길 바랍니다. 기준일은 역시 2024년 8월이고, 대부분 10년 이상 된 펀드들입니다. 최근 3년 성과는 모두 마이너스입니다. KB중국본토A주펀드의 경우 펀드 설정 이후 연수익률이 높게 나타나고 위험 대비 성과도 제일 나은 편입니다. 2019~2021년에는 다른 펀드 대비 우수한 초과 성과를 확인할 수 있습니다.

중국 대표 펀드의 기간 성과 및 표준편차, 위험 대비 성과(단위: %)

펀드명	총자산 (억 원)	1년 수익률	① 3년 연 수익률	운용 연수 (년)	펀드 설정 이후 연 수익률	② 표준 편차 3년	위험 대비 성과 (①/②)
KB중국본토A주증권자투자신탁(주식)	4,252	-7.6	-13.8	13.4	5.8	17.2	0.34
이스트스프링차이나드래곤A Share증권자투자신탁(UH)[주식]	403	-13.7	-13.5	17.3	4.3	15.6	0.27
에셋플러스차이나리치투게더연금증권자투자신탁 1[주식]	923	1.5	-11.7	10.3	4.5	21.8	0.21
미래에셋차이나그로스증권자투자신탁 1(주식)	1,795	-4.8	-16.6	10.6	2.3	23.0	0.10
다올중국1등주증권자투자신탁[주식]	3,157	-7.9	-16.7	9.4	2.3	23.0	0.10
미래에셋차이나솔로몬증권투자신탁1호(주식)	1,473	-4.6	-16.8	10.3	1.8	23.6	0.08

※ 펀드는 A클래스 또는 CPe클래스를 기준. 기준일 2024년 8월 23일. 출처: Bloomberg
※ 3년 연수익률과 설정 이후 연수익률은 해당 기간 누적 수익률을 연평균 기하 수익률로 산출한 것이며 배당 재투자를 가정했음
※ 표준편차는 주간 데이터를 기준으로 산출, MDD은 1년 내 최고 가격에서 최저 가격의 하락률을 의미함

중국 대표 펀드의 연도별 성과(단위: %)

펀드명	2024년	2023년	2022년	2021년	2020년	2019년	1년 MDD
KB중국본토A주증권자투자신탁(주식)	-2.1	-14.2	-26.6	9.5	54.6	33.2	-18.6
이스트스프링차이나드래곤A Share증권자투자신탁(UH)[주식]	-5.0	-12.9	-24.7	16.0	36.5	36.6	-16.5
에셋플러스차이나리치투게더연금증권자투자신탁 1[주식]	8.8	-11.5	-22.3	-14.6	44.3	29.1	-15.6
미래에셋차이나그로스증권자투자신탁 1(주식)	-2.6	-14.3	-27.9	-15.1	62.8	43.6	-21.3
다올중국1등주증권자투자신탁[주식]	6.2	-23.2	-29.6	1.0	38.1	33.8	-20.1
미래에셋차이나솔로몬증권투자신탁1호(주식)	4.9	-17.0	-30.0	-13.2	45.8	34.1	-20.9

※ 상기 펀드들의 조건과 같음. 기준일 2024년 8월 23일. 출처: Bloomberg

다음은 중국 ETF 중에서 선별한 것입니다. ACE 중국본토CSI300 ETF가 11.8년간 상장돼 운용 중이고 설정 이후 수익률과 위험 대비 성과, MDD 측면에서도 우수한 것으로 확인됩니다.

중국 대표 ETF의 기간 성과 및 표준편차, 위험 대비 성과(단위: %)

ETF명 & 종목번호	총자산 (억 원)	1년 수익률	① 3년 연 수익률	운용 연수 (년)	펀드 설정 이후 연 수익률	② 표준 편차 3년	위험 대비 성과 (①/②)
ACE 중국본토CSI300_168580	1,015	-8.3	-10.1	11.8	6.0	17.4	0.35
TIGER 차이나CSI300_192090	1,354	-7.8	-9.7	10.6	5.8	17.4	0.33
KODEX 차이나H_099140	468	4.7	-4.5	16.9	-1.8	21.6	
TIGER 차이나항셍테크_371160	5,043	-13.6	-13.3	3.7	-16.3	30.2	

※ 펀드는 A클래스 또는 CPe클래스를 기준. 기준일 2024년 8월 23일. 출처: Bloomberg
※ 3년 연수익률과 설정 이후 연수익률은 해당 기간 누적 수익률을 연평균 기하 수익률로 산출한 것이며 배당 재투자를 가정했음
※ 표준편차는 주간 데이터 기준으로 산출, MDD은 1년 내 최고 가격에서 최저 가격의 하락률을 의미함

중국 대표 ETF의 연도별 성과(단위: %)

ETF명 & 종목번호	2024년	2023년	2022년	2021년	2020년	2019년	1년 MDD
ACE 중국본토CSI300_168580	1.1	-12.1	-23.0	10.5	25.1	39.8	-16.6
TIGER 차이나CSI300_192090	1.2	-10.6	-22.9	8.7	27.8	38.7	-17.1
KODEX 차이나H_099140	14.8	-9.8	-9.4	-15.3	-8.5	19.9	-21.9
TIGER 차이나항셍테크_371160	-4.4	-7.0	-19.4	-28.5			-29.0

※ 상기 펀드들의 조건과 같음. 기준일 2024년 8월 23일. 출처: Bloomberg

• **섹터**

포트폴리오에서 40%의 비중을 차지하는 성장 주식형 펀드를 살펴보 겠습니다. 성장 테마형 펀드들이 시장에 많아 대표성을 가지고 있다고 판단되는 펀드들로만 추렸습니다. 우선 피델리티글로벌테크놀로지펀드 와 AB미국그로스펀드 그리고 유리필라델피아반도체인덱스펀드로 압축 됩니다. 반도체 투자 펀드도 매력적이긴 하지만 테크놀로지의 하위 서브 섹터에 집중된 것이고, 표준편차가 높고 1년 MDD의 낙폭도 커 연금투자 에 적합하다고 보긴 어렵습니다. 현재 시점에서 피델리티글로벌테크놀로 지펀드와 AB미국그로스펀드가 최선의 대안이라고 생각합니다. 둘 중에 하나를 선택한다면 피델리티글로벌테크놀로지입니다.

피델리티글로벌테크놀로지펀드를 선택한 결정적인 이유는 글로벌로 고르게 분산돼 있다는 점입니다. 2024년 7월 말 기준 홈페이지를 찾아보 니 미국의 테크놀로지 기업들이 약 60% 정도 편입돼 있고 대만과 한국, 중국의 아시아 이머징 마켓 성장 기업이 약 17%, 그 외 유럽과 일본 등 선진국 성장 기업이 약 20%로 편입돼 있습니다. 펀드 설정 이후 연평균 성과도 18.8%로 높고 표준편차도 미국 대표 지수를 소폭 상회하는 수준

테크놀로지펀드의 기간 성과 및 표준편차, 위험 대비 성과(단위: %)

펀드명	총자산 (억 원)	1년 수익률	① 3년 연 수익률	운용 연수 (년)	펀드 설정 이후 연 수익률	② 표준 편차 3년	위험 대비 성과 (①/②)
피델리티글로벌테크놀로지증권 자투자신탁(주식-재간접형)	37,748	29.3	8.8	7.8	18.8	18.3	0.48
AB미국그로스증권투자신탁 (주식-재간접형)	19,623	27.6	4.2	14.4	13.5	19.1	0.22
AB미국그로스UH증권투자신탁 (주식-재간접형)	912	30.2	10.2	4.0	15.0	16.9	0.60
유리필라델피아반도체인덱스 증권자투자신탁UH(주식)	3,915	42.5	21.5	4.6	26.5	26.8	0.80
유리필라델피아반도체인덱스 증권자투자신탁H(주식)	3,856	36.4	13.8	4.5	19.1	29.4	0.47

※ 펀드는 A클래스 또는 CPe클래스 기준, 기준일 2024년 8월 23일. 출처: Bloomberg
※ 3년 연수익률과 설정 이후 연수익률은 해당 기간 누적 수익률을 연평균 기하 수익률로 산출한 것이며 배당 재투자를 가정했음
※ 표준편차는 주간 데이터를 기준으로 산출, MDD는 1년 내 최고 가격에서 최저 가격의 하락률을 의미함

테크놀로지펀드의 연도별 성과(단위: %)

펀드명	2024년	2023년	2022년	2021년	2020년	2019년	1년 MDD
피델리티글로벌테크놀로지증권 자투자신탁(주식-재간접형)	12.8	38.4	-22.7	24.7	35.5	47.6	-10.8
AB미국그로스증권투자신탁 (주식-재간접형)	16.8	30.0	-30.7	28.0	28.8	40.9	-11.6
AB미국그로스UH증권투자신탁 (주식-재간접형)	21.6	36.1	-24.9	37.6			-11.6
유리필라델피아반도체인덱스 증권자투자신탁UH(주식)	25.3	67.4	-30.1	53.6			-23.4
유리필라델피아반도체인덱스 증권자투자신탁H(주식)	19.2	57.1	-34.9	41.7			-23.2

※ 상기 펀드들의 조건과 같음. 기준일 2024년 8월 23일. 출처: Bloomberg

입니다. 연도별 성과를 봐도 국면별로 무리하게 운용하지 않는 것을 확인할 수 있습니다.

무엇보다 특정 종목에 편입비를 집중해 운용하지 않는다는 점이 특징입니다. 현재 최상위 편입 종목인 마이크로소프트의 비중이 6%를 초과하지 않습니다. 전체 편입 종목 수는 110개 내외인데, 엔비디아와 메타, 테슬라 같은 기업들은 보이지 않는 것이 다른 펀드들과의 중요한 차별점입니다. 피델리티글로벌테크놀로지펀드는 단순히 모멘텀이 강하고 지수 영향력이 큰 종목을 추종하는 것이 아니라 피델리티 고유의 밸류에이션 평가 기준에 따라 분석하고 평가한다는 것을 의미합니다. 이러한 판단 기제가 잘 작동하고 있다는 측면에서 장기 투자자에게 신뢰감을 주고 있습니다.

ETF에서 성장 주식형을 고른다면 다음 표를 참고하기 바랍니다. 국내에 상장된 ETF 중 글로벌 테크놀로지형의 ETF는 찾을 수 없습니다. 미국반도체나 미국테크TOP10 INDXX와 같은 ETF를 40%나 편입하는 것은 추천하기 어렵습니다. 미국나스닥100ETF 정도가 가장 잘 분산된 성장형 ETF라고 생각합니다. 미국나스닥100ETF들은 환오픈 구조이며, TR 형태의 ETF도 포함돼 있으니 성과를 비교해 선택하길 권합니다.

테크놀로지 대표 ETF의 기간 성과 및 표준편차, 위험 대비 성과(단위: %)

ETF명 & 종목번호	총자산(억 원)	1년 수익률	① 3년 연 수익률	운용 연수(년)	펀드 설정 이후 연 수익률	② 표준편차 3년	위험 대비 성과 (①/②)
ACE 미국나스닥100_367380	9,324	31.0	14.2	3.8	21.0	21.1	0.67
TIGER 미국나스닥100_133690	34,180	31.1	14.1	13.9	19.5	21.0	0.67
KODEX 미국나스닥100TR_379810	10,905	31.3	14.3	3.4	17.5	21.1	0.68
KODEX 미국반도체MV_390390	5,831	63.1	30.4	3.2	29.4	30.7	0.99
TIGER 미국테크TOP10 INDXX_381170	27,505	45.5	19.4	3.4	22.9	26.3	0.74
TIGER 미국필라델피아반도체나스닥_381180	28,029	44.6	21.7	3.4	20.2	29.6	0.73
KODEX 미국S&P500테크놀로지_463680	166	33.4		1.1	28.8		

※ 펀드는 A클래스 또는 CPe클래스를 기준. 2024년 8월 23일 기준. 출처: Bloomberg
※ 3년 연수익률과 설정 이후 연수익률은 해당 기간 누적 수익률을 연평균 기하 수익률로 산출한 것이며 배당 재투자를 가정했음
※ 표준편차는 주간 데이터를 기준으로 산출, MDD는 1년 내 최고 가격에서 최저 가격의 하락률을 의미함

테크놀로지 대표 ETF의 연도별 성과(단위: %)

ETF명 & 종목번호	2024년	2023년	2022년	2021년	2020년	2019년	1년 MDD
ACE 미국나스닥100_367380	20.2	61.3	-30.4	40.1			-16.1
TIGER 미국나스닥100_133690	20.2	61.4	-30.5	40.2	37.8	45.5	-16.4
KODEX 미국나스닥100TR_379810	20.4	61.8	-30.5				-15.9

※ 상기 펀드들의 조건과 같음. 기준일 2024년 8월 23일. 출처: Bloomberg

주식형 4개+혼합형 1개

앞서 소개한 포트폴리오는 주식형에 100% 투자하는 것인 반면, 이번 포트폴리오는 주식형에 90%, 혼합형에 10% 투자하는 구성입니다. 물론 주식형 내에서도 일부 변화를 줄 수 있습니다. 배당 자산을 10% 편입하면서 배당 주식과 혼합형 자산을 통해 전체적으로 변동성을 낮추려는 의도입니다. 100% 주식형에 집중하는 포트폴리오가 부담스러운 연금투자자에게 추천합니다.

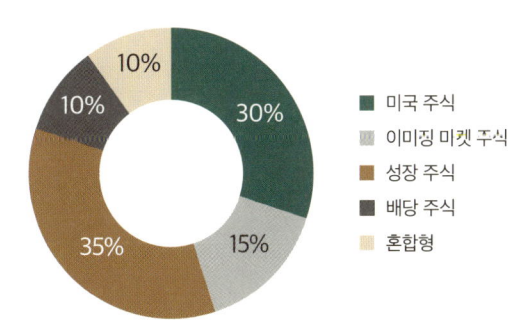

주식형 4개 + 혼합형 1개로 구성한 연금저축 포트폴리오

총 5개의 자산으로 분산했을 때 과연 S&P500을 초과할 수 있는지를 주목해야 합니다. 백테스팅 결과로는 초과하는 것으로 확인됩니다. 분산을 통해 변동성이 의미 있게 감소됐다고 보기는 어렵지만 배당과 혼합 자산이 진입해 방어 역할을 함으로써 심리적으로 안정감 있는 투자를 이어갈 수 있다고 생각합니다.

이 포트폴리오의 누적 수익률 추이를 살펴보겠습니다. 백테스팅 조건으로는 2014년 1월~2024년 8월 말을 기준으로 대표 인덱스로 구성하고 환을 오픈했으며 배당 재투자를 수행하고 적립식이 아닌 거치식 투자를 가정했습니다.

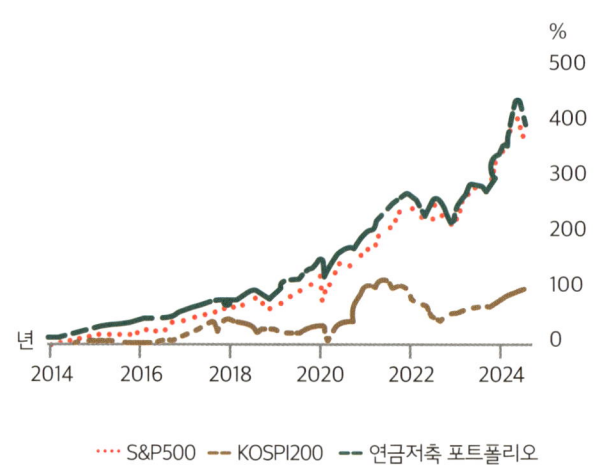

주식형 4개 + 혼합형 1개로 구성된 연금저축 포트폴리오의 누적 수익률 추이

• 인컴

다음으로 비중 10%로 편입하는 배당 주식형의 펀드 라인업입니다. 피델리티글로벌배당인컴펀드와 한국투자미국배당귀족펀드 그리고 미래에셋미국배당커버드콜액티브펀드입니다. 당연히 UH형을 추천합니다. 3년 성과만 본다면 미래에셋미국배당커버드콜액티브펀드UH가 높고 펀드 설정 이후 성과로는 한국투자미국배당귀족펀드UH가 높습니다. 참고로 펀드 네이밍 앞에 붙은 한국투자라는 명칭은 한국투자신탁운용이라는 운용사 명칭을 줄인 것이지 한국에 투자한다는 의미는 아닙니다.

배당 주식형 펀드의 기간 성과 및 표준편차, 위험 대비 성과(단위: %)

펀드명	총자산 (억 원)	1년 수익률	① 3년 연 수익률	운용 연수 (년)	펀드 설정 이후 연 수익률	② 표준 편차 3년	위험 대비 성과 (①/②)
피델리티글로벌배당인컴 증권자투자신탁(주식-재간접형)	9,587	20.6	6.4	10.3	8.4	9.9	0.85
한국투자미국배당귀족 증권자투자신탁UH(주식)	540	13.1	9.9	4.4	16.4	13.0	1.26
한국투자미국배당귀족 증권자투자신탁H(주식)	2,752	9.2	2.9	4.3	11.4	13.9	0.82
미래에셋미국배당커버드콜액티브증권자투자신탁(주식)(UH)	521	29.2	15.4	7.6	12.9	11.0	1.17
미래에셋미국배당커버드콜액티브증권자투자신탁(주식)(H)	866	23.6	7.7	7.6	7.6	12.0	0.64

※ 펀드는 A클래스 또는 CPe클래스 기준. 기준일 2024년 8월 23일. 출처: Bloomberg
※ 3년 연수익률과 설정 이후 연수익률은 해당 기간 누적 수익률을 연평균 기하 수익률로 산출한 것이며 배당 재투자를 가정했음
※ 표준편차는 주간 데이터를 기준으로 산출, MDD는 1년 내 최고 가격에서 최저 가격의 하락률을 의미함

배당 주식형 펀드의 연도별 성과(단위: %)

펀드명	2024년	2023년	2022년	2021년	2020년	2019년	1년 MDD
피델리티글로벌배당인컴 증권자투자신탁(주식-재간접형)	12.7	10.5	-6.6	16.5	1.4	27.2	-5.0
한국투자미국배당귀족 증권자투자신탁UH(주식)	12.5	9.5	0.9	35.1			-9.1
한국투자미국배당귀족 증권자투자신탁H(주식)	6.7	3.9	-7.1	23.0			-10.9
미래에셋미국배당커버드콜액티브증권자투자신탁(주식)(UH)	22.7	25.0	-6.5	29.9	-2.8	32.4	-8.1
미래에셋미국배당커버드콜액티브증권자투자신탁(주식)(H)	16.1	17.9	-13.8	17.9	-0.8	24.0	

※ 상기 펀드의 표의 조건과 같음. 기준일 24년8월23일. 출처 Bloomberg

피델리티글로벌배당인컴펀드의 성과가 비록 숫자상으로는 다른 펀드 대비 열위에 있는 것처럼 보이지만 10년 이상 운용되면서 연평균 8%대라면 결코 낮은 숫자가 아닙니다. 다른 펀드들의 성과가 좋은 것은 시기적으로 절묘하게 맞아떨어지거나 환차익이 도와줬기 때문일 것입니다. 참고로 피델리티글로벌배당인컴펀드는 환헤지를 추구하는 펀드입니다. 표준편차 수준과 MDD를 보면 배당 지속성과 안정성 측면에선 다른 펀드 대비 우위에 있다는 점은 분명해 보입니다. 피델리티글로벌배당인컴펀드는 미국 배당주 투자 비중이 30%에 불과하고 유럽 고배당 주식은 약 60%로 편입하고 있으며 나머지는 대만과 일본 기업들로 확인됩니다.

보수적인 배당 주식형 펀드를 찾는다면 피델리티글로벌배당인컴펀드를, 미국의 고배당 기업들로 집중하고 싶다면 한국투자미국배당귀족펀드가 적합해 보입니다. 미래에셋미국배당프리미엄펀드의 경우 편입 내역들을 살펴보면 배당주보다 성장주가 많고, 배당은 콜옵션 매도를 통해 확보하는 것으로 해석됩니다. 엄밀히 배당주 투자라고 보기 어렵습니다.

다음으로 배당 주식형 ETF를 살펴보겠습니다. 선별한 ETF 중 아직 3년 이상 운용된 것들은 없습니다. ETF명에 미국배당다우존스가 표기돼 있는데 동일한 지수(Dow Jones U.S. Dividend 100)를 추종하고 있는 만큼 성과도 큰 차이점이 없습니다.

배당커버드콜ETF 2개를 포함시킨 것은 단순히 비교를 위한 것일 뿐, 추천의 목적은 아닙니다. 커버드콜은 선별 시 주의가 필요합니다.

배당 주식형 ETF의 기간 성과 및 표준편차, 위험 대비 성과(단위: %)

ETF명 & 종목번호	총자산 (억 원)	1년 수익률	① 3년 연 수익률	운용 연수 (년)	펀드 설정 이후 연 수익률	② 표준 편차 3년	위험 대비 성과 (①/②)
TIGER 미국배당다우존스_458730	12,165	16.8		1.2	19.4		
SOL 미국배당다우존스_446720	6,076	16.5		1.8	8.3		
ACE 미국배당다우존스_402970	3,906	16.7		2.8	10.3		
TIGER 미국배당다우존스 타겟커버드콜2호_458760	7,122	10.2		1.2	13.5		
KODEX 미국배당커버드콜액티브_441640	802	16.7		1.9	12.1		

※ 펀드는 A클래스 또는 CPe클래스를 기준. 2024년 8월 23일 기준. 출처: Bloomberg
※ 3년 연수익률과 설정 이후 연수익률은 해당 기간 누적 수익률을 연평균 기하 수익률로 산출한 것이며 배당 재투자를 가정했음
※ 표준편차는 주간 데이터를 기준으로 산출, MDD는 1년 내 최고 가격에서 최저 가격의 하락률을 의미함

배당 주식형 ETF의 연도별 성과(단위: %)

ETF명 & 종목번호	2024년	2023년	2022년	2021년	2020년	2019년	1년 MDD
TIGER 미국배당다우존스_458730	14.1						-7.6
SOL 미국배당다우존스_446720	14.1	6.5					-7.8
ACE 미국배당다우존스_402970	14.2	6.7	1.3				-7.8
TIGER 미국배당다우존스 타겟커버드콜2호_458760	10.7						-7.4
KODEX 미국배당커버드콜액티브_441640	16.8	8.6					-6.2

※ 상기 펀드들의 조건과 같음. 기준일 2024년 8월 23일. 출처: Bloomberg

・혼합형

혼합형 펀드 라인업을 살펴보겠습니다. 비중은 10%입니다. 혼합형은 말 그대로 주식과 채권이 혼합된 자산입니다. 채권을 60% 이상 높게 편입하는 형태를 채권 혼합형, 주식에 50% 이상 투자하는 펀드를 주식 혼합형으로 구분합니다.

IBK플레인바닐라EMP펀드(혼합)와 유경플레인바닐라자산배분펀드(채권혼합)는 당사가 운용사에 자문하고 있는 펀드들입니다. IBK플레인바닐라EMP펀드는 주식과 채권 ETF 그리고 대체 자산(리츠와 인프라) 등을 편

혼합형 펀드의 기간 성과 및 표준편차, 위험 대비 성과(단위: %)

펀드명	총자산 (억 원)	1년 수익률	① 3년 연 수익률	운용 연수 (년)	펀드 설정 이후 연 수익률	② 표준 편차 3년	위험 대비 성과 (①/②)
IBK플레인바닐라EMP증권투자신탁(혼합-재간접형)	3,810	23.5	0.3	5.6	6.7	12.7	0.53
삼성밀당다람쥐글로벌EMP증권자투자신탁[주식혼합-재간접형]	769	20.6	8.1	3.9	11.4	9.2	1.23
피델리티글로벌배당인컴40증권자투자신탁(채권혼합-재간접형)	979	8.5	3.4	8.4	3.6	3.7	0.98
유경플레인바닐라자산배분증권자투자신탁(채권혼합)	56	11.9	3.4	4.1	4.2	6.9	0.62
에셋플러스글로벌리치투게더40증권자투자신탁 1[채권혼합]	362	11.3	2.6	8.1	5.4	7.5	0.72
KB미국S&P500인덱스40증권투자신탁(채권혼합-파생형)	251	11.4	4.1	6.9	5.2	6.2	0.84
삼성퇴직연금인디아40증권자투자신탁 1[채권혼합]	715	14.8	7.5	7.0	6.7	5.6	1.21

※ 펀드는 A클래스 또는 CPe클래스 기준. 기준일 2024년 8월 23일. 출처: Bloomberg
※ 3년 연수익률과 설정 이후연 수익률은 해당 기간 누적 수익률을 연평균 기하 수익률로 산출한 것이며 배당 재투자를 가정했음
※ 표준편차는 주간 데이터를 기준으로 산출, MDD는 1년 내 최고 가격에서 최저 가격의 하락률을 의미함

혼합형 펀드의 연도별 성과(단위: %)

펀드명	2024년	2023년	2022년	2021년	2020년	2019년	1년 MDD
IBK플레인바닐라EMP증권투자신탁(혼합-재간접형)	9.5	10.7	-19.3	10.0	8.9	22.3	-9.5
삼성밀당다람쥐글로벌EMP증권자투자신탁[주식혼합-재간접형]	15.6	18.1	-10.7	21.4			-6.1
피델리티글로벌배당인컴40증권자투자신탁(채권혼합-재간접형)	5.6	5.5	-2.0	5.4	1.3	9.6	-1.7
유경플레인바닐라자산배분증권자투자신탁(채권혼합)	7.1	14.5	-10.9	4.5			-6.8
에셋플러스글로벌리치투게더40증권자투자신탁 1[채권혼합]	7.7	14.8	-13.3	7.0	10.8	11.2	-5.9
KB미국S&P500인덱스40증권자투자신탁(채권혼합-파생형)	7.5	10.3	-7.4	10.3	5.1	11.6	-3.2
삼성퇴직연금인디아40증권자투자신탁 1[채권혼합]	10.0	10.2	0.3	15.3	7.0	7.1	-3.3

※ 상기 펀드들의 조건과 같음. 기준일 2024년 8월 23일. 출처: Bloomberg

입해 운용되는 적극적인 자산 배분 펀드입니다. 최근 3년 표준편차가 12.7%로 확인되는데, 다이내믹하게 운용하다 보니 변동성이 높아진 것입니다. 표준편차는 10% 이하를 목표로 관리하고 있습니다.

유경플레인바닐라자산배분펀드는 채권의 편입비를 60% 이상으로 높게 편입하고 주식을 40% 이내로 편입해 변동성을 낮게 유지하는 채권혼합형 펀드입니다. 유경플레인바닐라자산배분펀드(채권혼합)의 특징은 ETF가 아니라 미국과 중국, 일본, 한국 등 글로벌 주식을 직접 편입해 운용한다는 점입니다.

혼합형 ETF 중에서는 KODEX TRF3070 ETF와 KODEX 200미국채혼합ETF가 대표적으로 주목해야 할 상품입니다. TRF(Target Risk Fund)는 주식 30%, 채권 70%의 비중 관리를 통해 위험 관리를 하고 있습니다. 주식은 MSCI월드지수에 투자하고, 채권은 한국의 종합 채권에 투자하는 구조입니다. 반면 KODEX 200미국채혼합ETF는 TRF와는 운용 방향이 좀 다릅니다. 주식은 MSCI월드지수가 아니라 한국 KOSPI200에 투자하고, 채권은 미국 국채를 환헤지하지 않고 달러로 투자합니다.

혼합형 ETF의 기간 성과 및 표준편차, 위험대비성과(단위: %)

ETF명 & 종목번호	총자산 (억 원)	1년 수익률	① 3년 연 수익률	운용 연수 (년)	펀드 설정 이후 연 수익률	② 표준 편차 3년	위험 대비 성과 (①/②)
KODEX TRF3070_329650	1,724	13.5	3.7	5.6	4.6	6.1	0.76
KODEX 200미국채혼합_284430	818	8.0	-0.8	5.7	5.4	8.9	0.61
TIGER 미국나스닥100TR 채권혼합Fn_435420	1,127	15.5		2.2	11.0		
ACE 미국S&P500채권혼합 액티브_438080	978	13.6		2.0	8.2		

※ 펀드는 A클래스 또는 CPe클래스를 기준. 2024년 8월 23일 기준. 출처: Bloomberg
※ 3년 연수익률과 설정 이후 연수익률은 해당 기간 누적 수익률을 연평균 기하 수익률로 산출한 것이며 배당 재투자를 가정했음
※ 표준편차는 주간 데이터를 기준으로 산출, MDD는 1년 내 최고 가격에서 최저 가격의 하락률을 의미함

혼합형 ETF의 연도별 성과(단위: %)

ETF명 & 종목번호	2024년	2023년	2022년	2021년	2020년	2019년	1년 MDD
KODEX TRF3070_329650	8.1	11.9	-8.6	8.7	3.8		-3.0
KODEX 200미국채혼합_284430	4.1	11.1	-15.0	5.5	15.4	12.6	-5.5
TIGER 미국나스닥100TR 채권혼합Fn_435420	7.8	21.6					-4.0
ACE 미국S&P500채권혼합 액티브_438080	11.6	13.4					-3.7

※ 상기 펀드들의 조건과 같음. 기준일 2024년 8월 23일. 출처: Bloomberg

연도별 성과를 보면 2020년을 제외하고 모두 KODEX TRF3070 ETF가 KODEX 200미국채혼합ETF를 상회하고 있고, MDD나 위험 대비 성과에서도 우위에 있습니다. 이 외에도 혼합형 ETF 중에 TIGER 미국나스닥100TR채권혼합ETF가 눈에 들어옵니다. 성장형 투자를 좀 더 추가하고 싶다면 좋은 대안이 될 것입니다.

주식형 4개+혼합형 1개+채권형 1개

이번에는 두 번째 포트폴리오에 국내 채권 자산을 편입하는 포트폴리오입니다. 즉 주식 80%, 혼합 자산 10%, 국내 채권 10%로 투자하는 구조이고 채권의 편입으로 더 안정적인 흐름을 기대할 수 있는 포트폴리오입니다.

자신의 위험 성향이나 위험 감내도가 낮은 경우, 주식형에만 집중 투자하다 보면 마음이 불안할 수 있습니다. 상대적으로 주식 중심의 투자를 부담스러워하는 투자자에게 적합한 포트폴리오라 생각합니다. 사실

주식형 4개 + 혼합형 1개 + 채권형 1개로 구성한 연금저축 포트폴리오

- 미국 주식 25%
- 이머징 마켓 주식 15%
- 성장 주식 30%
- 배당 주식 10%
- 혼합형 10%
- 국내 채권 10%

주식형 4개 + 혼합형 1개 + 채권형 1개로 구성된 연금저축 포트폴리오의 누적 수익률 추이

······ S&P500　--- KOSPI200　--- 연금저축 포트폴리오

채권을 10% 정도 투자한다고 해서 보수적인 투자자에게 적합한 포트폴리오라고 볼 수는 없습니다. 하지만 연금으로 장기 투자를 통해 돈을 불릴 생각이라면 채권 비중을 10% 이상 늘리지 않는 게 최선이라고 생각합니다.

• 채권형

다른 편입 자산들은 앞서 설명했으니 채권 부문만 소개하겠습니다. 채권 펀드는 해외 채권이 아니라 국내 채권으로만 한정시켰습니다. 또 국채가 아니라 우량 등급 회사채를 편입하는 펀드들을 대상으로 했습니다. 듀레이션이 길지 않으므로 금리 변동 리스크에 민감하지 않습니다. 아마도 수익률에 제일 관심이 갈 것입니다. 과거 성과를 기준으로 보면 연평균

채권형 펀드의 기간 성과 및 표준편차, 위험 대비 성과(단위: %)

펀드명	총자산 (억 원)	1년 수익률	① 3년 연 수익률	운용 연수 (년)	펀드 설정 이후 연 수익률	② 표준 편차 3년	위험 대비 성과 (①/②)
한국투자크레딧포커스ESG 증권자투자신탁 1(채권)	14,646	7.6	3.7	15.8	3.5	2.2	1.56
유진챔피언중단기채 증권자투자신탁(채권)	2,632	5.9	3.4	6.0	2.7	1.6	1.72
유진챔피언단기채 증권자투자신탁(채권)	18,076	4.7	3.5	9.6	2.4	0.8	2.86
한국투자e단기채ESG 증권자투자신탁(채권)	1,323	4.9	2.9	8.5	2.2	1.1	2.00
신한BEST개인용MMF제2호	7,348	3.5	2.6	10.9	1.7	0.3	5.01

※ 펀드는 A클래스 또는 CPe클래스 기준. 기준일 2024년 8월 23일. 출처: Bloomberg
※ 3년 연수익률과 설정 이후 연수익률은 해당 기간 누적 수익률을 연평균 기하 수익률로 산출한 것이며 배당 재투자를 가정했음
※ 표준편차는 주간 데이터를 기준으로 산출, MDD는 1년 내 최고 가격에서 최저 가격의 하락률을 의미함

채권형 펀드의 연도별 성과(단위: %)

펀드명	2024년	2023년	2022년	2021년	2020년	2019년	1년 MDD
한국투자크레딧포커스ESG 증권자투자신탁 1(채권)	4.3	8.3	-1.1	1.2	2.4	2.5	-0.4
유진챔피언중단기채 증권자투자신탁(채권)	3.5	6.7	0.2	0.4	1.9	2.5	-0.3
유진챔피언단기채 증권자투자신탁(채권)	2.9	5.5	2.0	0.7	1.8	2.0	0.0
한국투자e단기채ESG 증권자투자신탁(채권)	3.1	5.3	0.3	0.8	1.9	2.1	-0.1
신한BEST개인용MMF제2호	2.2	3.5	1.8	0.5	0.8	1.4	0.0

※ 상기 펀드들의 조건과 같음. 기준일 2024년 8월 23일. 출처: Bloomberg

약 3% 정도는 기대할 수 있다고 봅니다. 연도별 성과를 보면 2022년 주식시장의 하락폭이 클 때도 채권형 펀드는 큰 타격이 없는 것을 확인할 수 있습니다. 국내 중단기 우량 채권의 큰 매력입니다. 해외 채권은 조심해야 할 면들이 많습니다. 따라서 해외 채권보다 국내 채권을 우선적으로 편입하는 것을 고려하길 바랍니다.

채권 ETF 라인업을 살펴보겠습니다. 여기에는 회사채뿐만 아니라 국채들도 함께 포함시켰습니다. 다음 표로 비교해보면 국채가 딱히 매력적이라는 생각이 들지 않을 겁니다. 꾸준한 성과를 원한다면 TIGER 단기채권액티브ETF를, 좀 더 높은 성과를 추구한다면 RISE 중기우량회사채ETF를 고려해보길 바랍니다.

채권형 ETF의 기간 성과 및 표준편차, 위험 대비 성과(단위: %)

ETF명 & 종목번호	총자산(억 원)	1년 수익률	① 3년 연 수익률	운용 연수(년)	펀드 설정 이후 연 수익률	② 표준편차 3년	위험 대비 성과 (①/②)
RISE 중기우량회사채_136340	644	6.0	2.2	13.4	2.8	2.7	1.06
TIGER 단기채권액티브_272580	5,783	3.8	2.7	7.2	1.9	0.4	4.42
TIGER 국채3년_114820	876	5.5	1.5	15.0	2.8	3.3	0.86
KODEX 종합채권(AA-이상)액티브_273130	28,367	8.8	1.2	7.2	1.8	5.5	0.33
ACE 국고채10년_365780	1,751	10.4	-0.2	3.9	-0.6	8.8	-0.06

※ 펀드는 A클래스 또는 CPe클래스 기준. 기준일 2024년 8월 23일. 출처: Bloomberg
※ 3년 연수익률과 설정 이후 연수익률은 해당 기간 누적 수익률을 연평균 기하 수익률로 산출한 것이며 배당 재투자를 가정했음
※ 표준편차는 주간 데이터를 기준으로 산출, MDD는 1년 내 최고 가격에서 최저 가격의 하락률을 의미함

채권형 ETF의 연도별 성과(단위: %)

ETF명 & 종목번호	2024년	2023년	2022년	2021년	2020년	2019년	1년 MDD
RISE 중기우량회사채_136340	3.2	7.3	-3.1	-0.3	2.2	3.0	-0.3
TIGER 단기채권액티브_272580	2.4	3.7	1.9	0.5	1.1	1.6	-0.0
TIGER 국채3년_114820	2.5	5.0	-2.2	-0.4	1.8	2.5	-0.9
KODEX 종합채권(AA-이상)액티브_273130	3.6	8.4	-6.4	-1.5	1.7	3.6	-2.5
ACE 국고채10년_365780	3.4	8.0	-8.9	-2.1			-4.1

※ 상기 펀드들의 조건과 같음. 기준일 2024년 8월 23일. 출처: Bloomberg

30
퇴직연금과 IRP로 돈 불리는 포트폴리오

위험 자산 최대 70%

퇴직연금DC와 IRP는 주식형과 같은 위험 자산의 최대 편입비가 70%로 제한돼 있습니다. 반드시 채권형이나 채권 혼합형을 30% 이상 편입해야 합니다. 주식 편입비를 조금이라도 더 높이고자 한다면 30% 비중에 채권 혼합형이나 TDF를 선택하면 되고, 안정적인 흐름을 원한다면 채권으로 채우면 됩니다. 참고로 TDF는 퇴직연금 내 100% 편입이 가능하도록 열려 있습니다. 주식형이나 다름없는 타깃 데이트가 긴 펀드가 30%에 편입되면 퇴직연금도 100% 주식형 투자가 가능합니다. 포트폴리오는 앞서 소개한 연금저축 포트폴리오와 큰 방향에서 차이가 없습니다. 먼저 퇴직연금 포트폴리오의 편입 자산 수와 자산별 투자 비중부터 살펴보겠습니다.

퇴직연금 포트폴리오 구성표

자산	구분1	구분2	구분3	포트폴리오 편입 펀드 수 및 비중(%)		
				3개	5개	6개
주식	국가	선진국	미국 주식	30	25	20
		이머징 마켓	이머징 마켓		10	10
		섹터	성장 주식	40	25	30
	섹터&인컴	인컴	배당 주식		10	10
혼합	자산 배분	혼합	혼합형	30	30	20
채권	국내 채권	회사채	국내 채권			10
합계				100	100	100

파이 차트로 살펴보면 다음과 같이 분류됩니다.

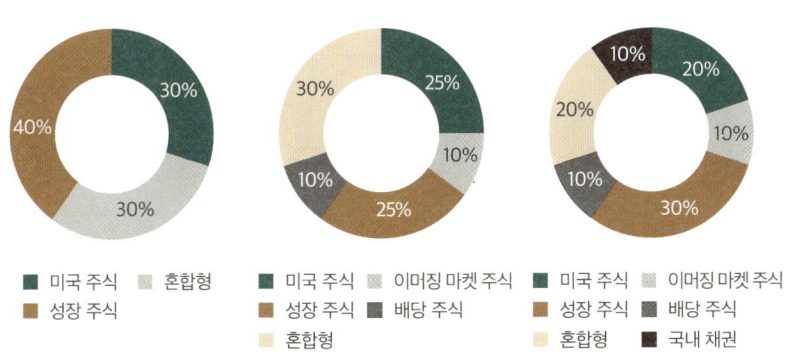

자산 수별 퇴직연금 포트폴리오

3개 자산의 포트폴리오로 제시한 것은 미국 대표 지수에 30% 투자하고, 성장 주식형에 40% 투자 그리고 혼합형 자산에 30%를 투자하도록 설계했습니다. 연금저축의 주식형 3개 포트폴리오와는 달리 중국 비중을 완전히 제외하고 미국 대표 지수 비중도 45%에서 30%로 축소시킨 뒤, 혼합형 자산으로 30% 편입시킨 것입니다.

5개 자산의 포트폴리오에도 혼합형 30%는 유지돼야 하므로, 미국 주식과 성장 주식의 비중을 추가로 낮추고 중국과 배당 주식 비중을 편입해 더 안정감 있는 균형을 확보했습니다.

6개 자산의 포트폴리오에서는 채권이 신규로 10% 진입하면서 혼합형을 20%로 낮췄습니다. 나머지는 5개 자산의 포트폴리오와 유사한데, 미국 비중을 좀 더 낮추고 성장 비중을 소폭 올렸습니다. 채권이 신규로 들어오면서 주식의 기대수익을 좀 더 높이는 조정이라고 보면 됩니다.

과거 10년을 기준으로 한 백테스팅 결과는 다음과 같습니다. 기간은 2014년 1월부터 2024년 8월까지이고, 자산별 대표 인덱스로 운용, 환율은 언헤지로, 배당금은 재투자한 것으로 가정했습니다.

누적 수익률 추이를 보면 3개 자산으로 구성된 퇴직연금 포트폴리오는 보수적인 혼합형 자산이 30%나 편입됐음에도 불구하고 S&P500의 장기 성과를 초과하고 있습니다. 약 10년간 포트폴리오의 누적 성과는 약 438%(연율 17%)이고 동일 기간 S&P500은 371%(13.1%)입니다.

앞서 살펴본 연금저축의 주식형 3개 자산 포트폴리오와의 누적 성과의 편차가 30%밖에 되지 않습니다. 혼합형이 30%나 들어오고 미국 비중도 연금저축 대비 15%나 줄였는데, 장기 성과의 편차가 크지 않은 것은 혼합형의 성과가 중국 투자보다 좋았기 때문입니다.

5개 자산과 6개 자산으로 구성된 포트폴리오의 누적 성과는 S&P500을 소폭 하회하고 있습니다. S&P500의 누적 성과는 371%인 데 비해 5개와 6개 자산 포트폴리오의 누적 성과는 각각 약 340%와 350%입니다. 배당

3개 자산 퇴직연금 누적 수익률 추이

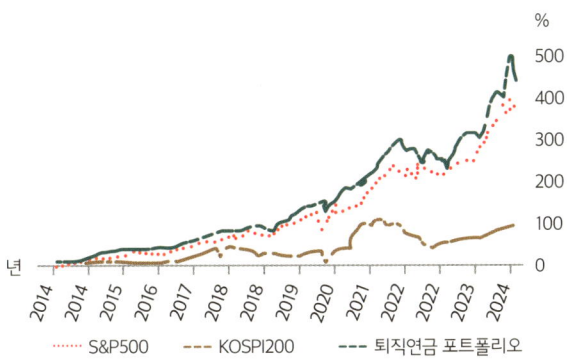

5개 자산 퇴직연금 누적 수익률 추이

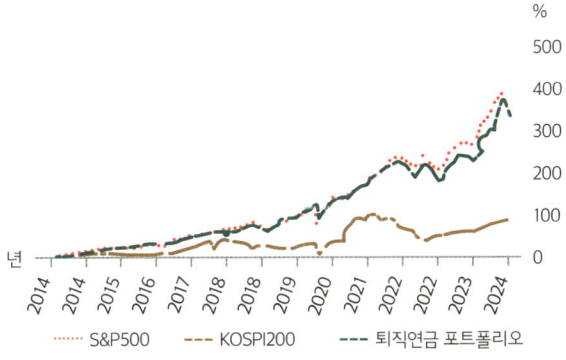

6개 자산 퇴직연금 누적 수익률 추이

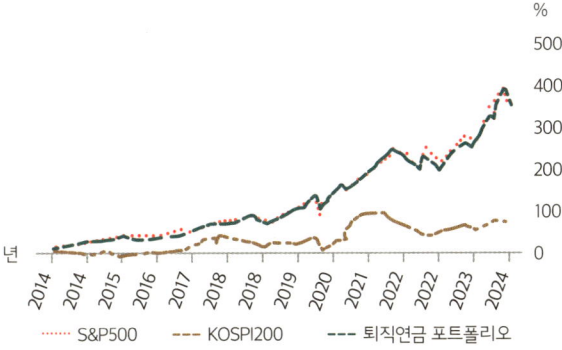

주식과 혼합형 자산, 채권형의 비중을 높였음에도 S&P500의 경로를 잘 따라갔다고 평가합니다.

실제 편입 대상들에 대한 내용은 앞서 연금저축 포트폴리오에서 설명한 내용과 중복됩니다. 이전 내용을 참고해 어떤 상품이 적합할지 고민하길 바랍니다. 다음 표는 투자를 고려해볼 만한 종목들을 정리한 것이니 참고하길 바랍니다.

편입 추천 종목

자산	구분1	구분2	구분3	운용 유형	편입대상
주식	국가	선진국	미국 주식	펀드	미국S&P500인덱스(UH)
				ETF	미국S&P500TR(UH)
		이머징 마켓	중국 주식	펀드	중국본토A주
				ETF	중국본토CSI300
			인도 및 아세안	펀드	인도주식형
				펀드	아세안플러스베트남(UH)
	섹터&인컴	섹터	성장 주식	펀드	글로벌테크놀로지
				ETF	나스닥100(UH)
		인컴	배당 주식	펀드	글로벌배당인컴
				ETF	배당다우존스(UH)
			리츠 인프라	펀드	글로벌리츠인프라
혼합	자산 배분	혼합	적극적 자산 배분	펀드	EMP
			채권 혼합	펀드	자산배분채권혼합
				ETF	타겟리스크3070
채권	국가	채권	국내 회사채	펀드	크레딧포커스ESG
				ETF	중기우량회사채

31
은퇴 후 돈 버는 인컴 포트폴리오

은퇴 후엔 안정적인 배당 만들기

　연금을 납입하고 자산을 불려온 이유는 결국 은퇴 후 소비하기 위해서입니다. 지금까지 비용을 최소화하면서 연금저축과 퇴직연금 그리고 국민연금에서 현명하게 인출하는 방법을 소개했습니다. 또 쌓인 연금 자산을 큰 욕심 없이 적절한 배당 수익률로 운용한다면 평생 마르지 않는 재원으로 남길 수 있다는 것도 설명했습니다.

　연금저축에서 3억 원을 모아도 특별한 운용 없이 매년 1,500만 원씩 인출한다면 당연히 20년이 지나 다 소진됩니다. 그러나 매년 1,500만 원씩 인출하면서 연금을 연 3%로 운용한다면 20년이 아니라 30년이 돼야 소진되고, 4%로 운용하면 40년이 지나 소진됩니다. 연금 자산이 3억 원이 아니라 5억 원, 7억 원이라면 오히려 인출 범위 내에서 출금해도 시간이 갈수록 돈이 불어나는 상황도 살펴봤습니다.

결국 은퇴 후 포트폴리오는 무리하지 않는 수준의 수익률로 꾸준히 현금 흐름이 발생하도록 설계하는 것이 중요합니다. 배당 수익률 4% 정도를 목표로 잡아 포트폴리오를 구성하면 평생 돈 버는 생산구조를 확보할 수 있습니다.

일단 포트폴리오를 구성하기 전에 시장에 있는 주요 자산들이 얼마나 배당을 주고 변동성은 어느 정도인지, 그리고 배당을 포함한 총수익률은 얼마나 되는지 파악해야 합니다. 배당 수익률은 높은데 변동성이 지나치게 높다면 포트폴리오에 편입시키기에 적합하지 않을 수도 있습니다. 또 보수적인 배당 자산들로만 구성해 자산 성장의 기회를 놓친다면 현명하지 못한 선택일 수 있습니다.

인컴 자산의 가장 대표적인 상품은 채권입니다. 일단 듀레이션이 길지 않다면 변동성이 낮고 시중 금리 수준의 인컴을 확보할 수 있습니다. 채권은 종류도 상당히 많습니다. 일반 국채와 물가채, 통화 안정 채권, 기업의 회사채, 등급이 낮지만 배당이 높은 하이일드와 담보부 채권 시니어론 그리고 채권과 같은 우선주가 있습니다. 안전하고 만기가 짧은 채권은 2~3%, 회사채는 3~5%, 등급이 낮은 채권은 5% 이상의 수익률을 기대할 수 있습니다(2024년 9월 기준).

주식은 일반적인 대표 주가지수에 투자하면 1~2% 정도의 수익을 기대할 수 있고 고배당 주식형에 투자할 경우 미국은 약 3%, 한국은 배당이 높은 금융업 중심으로 편입하면 5% 이상의 수익도 기대할 수 있습니다.

대체 자산들은 주식이나 채권보다 평균적으로 배당 수익률이 높습니다. 미국 부동산 리츠는 4% 전후, 한국 부동산 리츠는 7% 전후이고 인프라 자산들도 해당 밴드 내에서 배당 수익을 기대할 수 있습니다. 다만 대체 자산들은 변동성이 주식만큼 높으므로 주의해야 합니다. 따라서 그 속성을 충분히 이해하고 활용해야 합니다. 커버드콜은 앞서 말했듯 주식 성장의 기회를 크게 기대할 수 없으므로 미지근한 시장에서 고배당을 위한 수단으로 적정합니다.

미국과 한국에 상장돼 있는 ETF를 중심으로 배당 수익률이 얼마나 되는지, 변동성은 어느 정도 수준인지, 3년간 연평균 수익률은 얼마였는지 다음 표에서 확인해보도록 하겠습니다.

주식은 배당 수익률이 낮고 변동성이 높지만 자본 차익에 대한 기대감이 큽니다. 반면 채권은 최근 연수익률이 마이너스이지만 주식보다 변동성이 낮고 배당 수익률도 높습니다. 미국 채권보다 한국 채권의 과거 성과가 더 낫고 변동성도 낮습니다. 대체 자산이나 커버드콜은 배당이 훌륭한 데 반해 변동성이 만만치 않습니다. 포트폴리오를 적절하게만 구성한다면 연 4%를 목표로 하는 배당 수익률 포트폴리오를 구성하는 게 생각보다 어렵지 않다고 느낄 겁니다.

글로벌 주요 자산 ETF 배당 수익률 현황(단위: %)

자산	구분1	구분2	종목명	배당 수익률	표준 편차 3년	3년 연수익률
주식	대표 지수	미국 주식	SPDR S&P500ETF Trust	1.2	17.9	9.2
		한국 주식	KODEX 200	2.1	19.9	(1.7)
		유럽 주식	Vanguard FTSE Europe ETF	3.0	19.8	3.9
	고배당	미국 고배당	Schwab U.S. Dividend Equity ETF	3.4	15.9	6.1
		한국 고배당	PLUS 고배당주	6.0	15.8	14.1
채권	미국 채권	미국 국채	iShares U.S. Treasury Bond ETF	2.9	6.6	(2.4)
		미국 물가채	iShares TIPS Bond ETF	3.0	7.2	(1.4)
		미국 채권 종합	iShares Core U.S. Aggregate Bond ETF	3.4	7.6	(2.0)
		투자 등급 회사채	iShares iBoxx $ Investment Grade Corporate Bond ETF	4.2	11.8	(2.7)
		미국 하이일드	iShares iBoxx $ High Yield Corporate Bond ETF	5.8	9.5	2.0
		우선주	iShares Preffered and Income Securities ETF	6.2	13.1	(0.7)
		시니어론	SPDR Blackstone Senior Loan ETF	9.0	5.0	3.9
	한국 채권	통안채	KOSEF 통안채1년	2.9	0.9	2.5
		회사채	RISE 중기우량회사채	3.7	2.7	2.2
		3년 국채	TIGER 국채3년	3.3	3.3	1.6
		10년 국채	KOSEF 국고채10년	3.0	8.8	(0.3)
대체 자산		미국 부동산	Vanguard Real Estate Index Fund ETF Shares	3.8	22.3	(0.2)
		한국 부동산	TIGER 리츠부동산인프라	7.2	16.3	(1.0)
		글로벌 인프라	iShares Global Infrastructure ETF	3.4	16.8	6.5
		에너지 인프라	Alerian MLP ETF	7.8	20.0	21.7
		한국 인프라	맥쿼리인프라	6.5	12.0	5.1
커버드 콜		S&P고배당커버드콜	KODEX 미국S&P배당귀족커버드콜 (합성 H)	6.0	13.4	(0.4)
		S&P500 ATM커버드콜	Global X S&P500 Covered Call ETF	9.3	10.3	4.3

※ 2024년 8월 27일 기준

인컴 포트폴리포의 예시

① 포트폴리오의 구성

실제 연간 배당 포함 총 기대 수익률 4%로 포트폴리오를 구성해봤습니다. 돈을 버는 인컴 포트폴리오는 시장 등락에 따른 민감도를 낮추고 안정적으로 매년 4% 이상의 배당을 받는 것이 목표입니다. 목표를 중심으로 최대한 투자 자산 및 인컴 소스를 펼쳐서 투자함으로써 시장과 고유 위험을 제한하는 것이 핵심 과제입니다. 또한 배당 수익률과 자본 차익에 대한 기대 수익률을 기반으로 4%의 현금 흐름을 확보해야 합니다.

주식 및 혼합 자산에 24%, 인컴 자산에 69% 그리고 현금성 자산에 7%를 배정한 포트폴리오를 살펴보겠습니다. 앞서 살펴본 돈을 불리는 포트폴리오가 주식을 중심에 뒀다면, 돈을 버는 포트폴리오는 인컴 자산을 중심에 두고 주식과 같은 성장 자산을 주변에 배치하면 됩니다.

돈 버는 인컴 포트폴리오(단위: %)

자산	구분1	구분2	비중	구분 비중	기대 수익률	가중기대 수익률
주식 및 혼합	국가	미국과 이머징 마켓 주식	7	24	7.0	1.7
	섹터	테크놀로지 주식	7			
	자산 배분	혼합형 펀드	10			
인컴	고배당 자산	미국 고배당 주식	7	69	4.0	2.8
		국내 고배당 주식	7			
		국내 리츠	7			
		해외 리츠	7			
		미국 커버드콜	7			
	국내 채권	한국 국채	10			
		한국 회사채	10			
	해외 채권	미국 종합채권	7			
		미국 하이일드	7			
현금	현금성자산	예금 및 현금	7	7	2.0	0.1
합계			100	-	-	4.58

자산을 펼쳐야 한다고 말한 것처럼 돈 버는 포트폴리오는 13개의 자산들로 구성돼 있고 하나의 종목이 10%를 넘어서지 않도록 제한하고 있습니다. 돈을 버는 생산구조에서 자칫 욕심이 커지면 그간 쌓아온 자산을 축소시키고 은퇴 후 계획에 큰 차질을 줄 수 있으므로 최대한 자산을 펼쳐 분산해야 합니다. 자산별 기대 수익률은 예상 배당과 자본 차익 기대 수준을 포함해 추정했습니다. 투자 비중을 가중해 최종 포트폴리오의 연 기대 수익률을 4.58%로 추정했습니다. 변동성은 8% 이내로 관리될 것으로 예상됩니다. 예를 들어 2021년 고점에서 2022년 저점까지 미국 주식

시장은 최대 -25% 하락했고, 한국 증시는 -35% 하락했는데, 해당 시기의 인컴 포트폴리오의 백테스팅 결과 최대 손실률(MDD)는 약 -13%로 확인됩니다.

② 백테스팅 결과

10개 자산의 인덱스로 포트폴리오를 구성해 백테스팅을 진행한 결과, 기존의 돈 불리는 포트폴리오 대비 수익률이 절반 수준으로 낮아졌습니다. S&P500 대비로도 하회하고 있습니다. 하지만 돈을 버는 인컴 포트폴리오는 목표 수익률 연 4% 이상을 초과하면 충분하므로 상대적으로 비교할 필요가 없습니다. 참고로 백테스팅의 연평균 수익률은 12%로, 인컴 포트폴리오의 목표치를 약 3배 상회하는 결과입니다. 물론 이런 결과가 앞

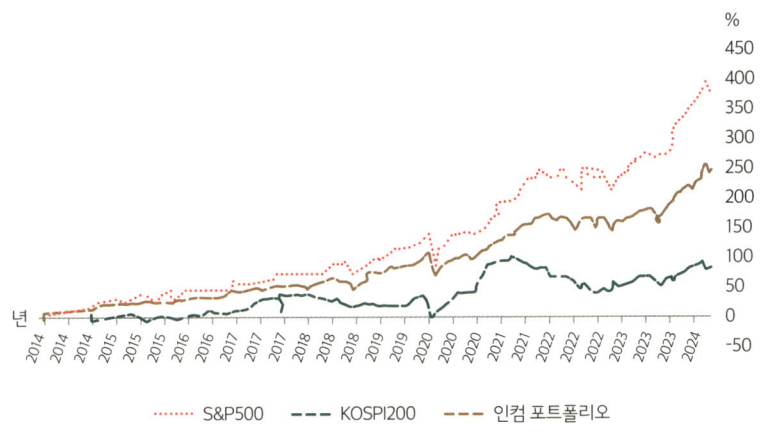

10개 자산으로 구성된 인컴 포트폴리오의 누적 수익률 추이

※ 포트 구성: MSCI월드IT 15%, 다우존스배당100지수 15%, 커버드콜지수 10%, REITs 20%, 국내단기채권지수 20%, 미국하이일드지수 10% 등으로 구성
※ 기간 2014년 1월~2024년 8월, 원화 기준 환오픈 평가 및 배당 재투자 가정

으로도 이어지리라 기대하는 것은 무리입니다.

　인컴 포트폴리오를 일단 구축했다면 일시적 자산 손실에 동분서주하지 않기 바랍니다. 증시 급락 또는 채권 가격 하락 등의 충격으로 인해 일시적으로 -10% 또는 -20% 손실을 경험할 수 있다는 점을 인정하고 느긋하게 기다려야 합니다. 또한 연평균 4%의 현금 흐름이 발생하는 인컴 포트폴리오이니 예정대로 인출 계획을 실행하면 됩니다. 인컴 포트폴리오는 이미 10개 이상의 멀티 자산으로 충분히 분산돼 있으니 일시적 가격 충격에 불안해하지 않아도 됩니다.

③ 포트폴리오의 구성 상품

　인컴 포트폴리오에 어떤 펀드나 ETF를 담을지 살펴보도록 하겠습니다. 멀티 자산을 편입해야 하다 보니 펀드만 고집하긴 어렵고 ETF를 적극 활용해야 합니다. 투자 상품이 워낙 많다 보니 고려할 만한 대표적인 상품들을 정리했습니다.

　인컴 포트폴리오는 여러 개의 펀드와 ETF를 고려하다 보니 다소 복잡해 보이는 편입니다. 투자자 입장에서도 번거롭다고 생각하기 쉽습니다. 운용사에서는 투자자의 수고를 덜어주기 위해 TIF(Target Income Fund)라는 펀드를 내놓았습니다. TDF로 은퇴 전에 돈을 모으고, 은퇴 후엔 TIF로 갈아타면 된다는 메시지를 담고 있습니다. 지금까지 수많은 펀드를 하나하나 소개했지만 TIF는 하나의 펀드만 가입하면 모든 투자 상품을 편입하도록 만들었으니 관심이 갈 만합니다. 시장에서 판매되고 있는 TIF 펀드 몇 가지를 살펴보겠습니다.

　가장 먼저 자산 규모가 5,000억 원짜리 미래에셋평생소득TIF가 눈에

인컴 포트폴리오 구성 시 고려할 만한 상품들

자산	구분1	구분2	비중(%)	펀드명
주식 및 혼합	국가	미국과 이머징 마켓 주식	7	KODEX 선진국MSCI World ETF, 삼성미국S&P500인덱스증권자투자신탁UH[주식], 유경플레인바닐라글로벌자산배분증권자투자신탁(주식)
	섹터	테크놀로지 주식	7	TIGER 미국나스닥100 ETF, 피델리티글로벌테크놀로지증권자투자신탁(주식-재간접형), AB미국그로스증권투자신탁(주식-재간접형)
	자산배분	혼합형 펀드	10	KODEX TRF5050 ETF, IBK플레인바닐라EMP증권투자신탁[혼합-재간접형], 유경플레인바닐라자산배분증권자투자신탁(채권혼합)
인컴	고배당 자산	미국 고배당 주식	7	ACE 미국배당다우존스 ETF, 피델리티글로벌배당인컴증권자투자신탁(주식-재간접형), 한국투자미국배당귀족증권자투자신탁UH(주식)
		국내 고배당 주식	7	PLUS 고배당주 ETF, KODEX 고배당 ETF, 신영밸류고배당증권자투자신탁(주식)
		국내 리츠	7	TIGER 리츠부동산인프라 ETF, 미래에셋밸런스리츠부동산자투자신탁(재간접형)
		해외 리츠	7	KODEX 미국부동산리츠(H) ETF, 유경플레인바닐라글로벌리츠인프라부동산자투자신탁(재간접형)
		미국 커버드콜	7	TIGER 미국배당다우존스타겟커버드콜2호 ETF, 미래에셋미국배당커버드콜액티브증권자투자신탁(주식)(H)
	국내 채권	한국 국채	10	KOSEF 국고채3년 ETF, ACE 국고채10년 ETF, KODEX 종합채권(AA-이상)액티브 ETF
		한국 회사채	10	RISE 중기우량회사채 ETF, 한국투자크레딧포커스ESG증권자투자신탁 1(채권), 유진챔피언중단기채증권자투자신탁(채권)
	해외 채권	미국 종합 채권	7	미래에셋글로벌다이나믹플러스증권자투자신탁 1(채권), 미래에셋미국달러우량회사채증권자투자신탁1호(UH)(채권)
		미국 하이일드	7	AB글로벌고수익증권투자신탁(채권-재간접형)
현금	현금성 자산	예금 및 현금	7	

TIF 펀드의 기간 성과 및 표준편차, 위험 대비 성과(단위: %)

펀드명	총자산 (억 원)	1년 수익률	① 3년 연 수익률	운용 연수 (년)	펀드 설정 이후 연 수익률	② 표준 편차 3년	위험 대비 성과 (①/②)
미래에셋평생소득TIF 혼합자산자투자신탁	5,007	9.8	0.7	7.2	3.4	5.5	0.61
삼성평생소득TIF20증권자투자 신탁H[채권혼합-재간접형]	141	6.7	-1.4	7.2	0.8	5.5	0.14
삼성평생소득TIF40증권자투자 신탁H[채권혼합-재간접형]	168	11.1	0.4	7.3	2.6	7.4	0.36
삼성평생소득TIF60증권자투자 신탁H[주식혼합-재간접형]	18	13.3	0.7	6.2	3.4	9.3	0.37
한국투자TIF알아서평생소득증권 자투자신탁(채권-재간접형)	95	7.9	-1.5	4.9	0.2	4.8	0.04
한국투자TIF알아서평생소득증권 자투자신탁(채권혼합-재간접형)	88	12.5	0.4	4.9	3.7	6.6	0.56
TIGER 글로벌멀티에셋TIF액티브 ETF	300	16.3		2.0	7.1		

※ 펀드는 A클래스 또는 CPe클래스 기준. 기준일 2024년 8월 23일. 출처: Bloomberg
※ 3년 연수익률과 설정 이후 연수익률은 해당 기간 누적 수익률을 연평균 기하 수익률로 산출한 것이며 배당 재투자를 가정했음
※ 표준편차는 주간 데이터를 기준으로 산출, MDD는 1년 내 최고 가격에서 최저 가격의 하락률을 의미함

띄지만 7.2년간 설정 이후 연수익률은 3.4%로 안타까운 수준입니다. 삼성평생소득TIF는 주식 편입비를 20/40/60으로 구분했습니다. 한국투자신탁운용의 TIF들은 전체적으로 변동성은 10 이하로 낮지만 성과 면에서 상당히 아쉬움이 남습니다. 심지어 삼성평생소득TIF와 한국투자TIF채권형은 3년 연평균 수익률이 마이너스입니다. 미국 채권에 대한 투자 비중이 높았기 때문이라고 추정합니다. 그나마 TIGER 글로벌멀티에셋TIF액티브ETF는 아직 설정 기간이 3년이 안 됐지만 눈에 띄는 정도입니다.

오랜 기간에 걸쳐 포트폴리오 컨설팅을 해왔지만 인컴 포트폴리오는

TIF 펀드의 연도별 성과(단위: %)

펀드명	2024년	2023년	2022년	2021년	2020년	2019년	1년 MDD
미래에셋평생소득TIF 혼합자산자투자신탁	6.6	5.2	-10.8	8.8	4.7	13.3	-3.4
삼성평생소득TIF20증권자투자신탁H[채권혼합-재간접형]	3.3	3.5	-10.3	0.9	4.4	7.5	-3.2
삼성평생소득TIF40증권자투자신탁H[채권혼합-재간접형]	6.2	6.5	-11.3	5.0	5.7	11.0	-4.6
삼성평생소득TIF60증권자투자신탁H[주식혼합-재간접형]	7.6	8.6	-13.9	8.2	7.4	13.8	-5.9
한국투자TIF알아서평생소득증권자투자신탁(채권-재간접형)	3.7	5.5	-11.6	-0.4	3.8		-2.4
한국투자TIF알아서평생소득증권자투자신탁(채권혼합-재간접형)	7.5	9.0	-13.3	4.5	9.1		-3.5
TIGER 글로벌멀티에셋TIF액티브 ETF	12.1	10.3					-5.1

※ 상기 펀드들의 조건과 같음. 기준일 2024년 8월 23일. 출처: Bloomberg

    좀 번거롭더라도 여러 개로 분산해 투자하라고 권합니다. 지금 소개한 TIF 펀드들은 하나의 만능키처럼 보여도 안을 들여다보면 한계들도 많습니다. 일단 동일한 운용사의 펀드들이 가득 담겨 있습니다. 정상적인 평가를 통해 선별하고 편입된 것은 아니라고 판단할 수 있습니다. 각 펀드의 운용 보수도 부담스럽지만 무엇보다 각각의 편입 펀드가 어떻게 운용되는지 알기도 어렵습니다. 운용 보고서를 살펴봐도 전문가가 아니면 세부적으로 파악하기가 쉽지 않습니다.

    추가로 인컴 포트폴리오에서 투자 비중이 높은 채권의 흥미로운 투자법도 하나 소개하고자 합니다. 먼저 만기가 있는 채권 ETF 중에서 2024년 만기를 제외한 ETF들을 살펴보겠습니다. ETF명에 25-03이라고 적힌 것은 2025년 3월에 만기 청산된다는 의미입니다.

일반적으로 ETF는 만기가 없지만 다음 표의 채권 ETF는 특정 시점이 되면 소멸되는 기간 만기형 채권 ETF입니다. 기간 만기형은 마치 채권에 투자하는 것과 같은 효과를 얻을 수 있다는 장점이 있습니다. 기간 만기형을 이용하면 채권 사다리 전략도 활용할 수 있습니다. 다양한 만기의 ETF를 사놓고 만기가 순차적으로 돌아오면 최장 만기 또는 만기 수익률이 가장 높은 ETF로 이동시키는 전략입니다. 이렇게 하면 금리 변동 위

기간 만기형 채권 추천 상품

구분	ETF명	종목번호	편입 채권 수
2025년 만기	RISE 25-03 회사채(AA-이상)액티브	464540	23
	ACE 25-06 회사채(AA-이상)액티브	461260	48
	RISE 25-06 은행채(AA+이상)액티브	483230	11
	1Q 25-08 회사채(A+이상)액티브	466400	14
	SOL 25-09 회사채(AA-이상)액티브	462540	20
	WON 25-09 회사채(AA-이상)액티브	468820	11
	TIGER 25-10 회사채(A+이상)액티브	453540	21
	RISE 25-11 회사채(AA-이상)액티브	448600	16
	KODEX 25-11 회사채(A+이상)액티브	467940	36
	KODEX 25-11 은행채(AA-이상)PLUS액티브	476810	88
2026년 만기	ACE 26-06 회사채(AA-이상)액티브	461270	23
	히어로즈 26-09 회사채(AA-이상)액티브	464240	15
	마이티 26-09 특수채(AAA)액티브	465780	15
	KODEX 26-12 회사채(AA-이상)액티브	473290	24
2026년 이후	TIGER 27-04회사채(A+이상)액티브	480260	10
	KODEX 33-06 국고채액티브	457690	2
	KODEX 53-09 국고채액티브	457700	2

험을 최소화하면서 채권 수익을 높일 수 있습니다. 금리 상승기에 상당히 효과적인 채권 투자법이고, 인컴 포트폴리오 내에서도 충분히 운용할 수 있습니다.

거듭 강조하지만 연금투자할 때 납입도 중요하고 돈을 불리는 것도 중요하지만 가장 중요한 것은 은퇴 후 인출입니다. 인출 시기에는 투자 자산을 다양하게 분산시키고 중간중간 현금 배당의 결실을 거둬들여야 합니다. 분산을 통해 위험 방어도 신경을 써야겠지만 인컴 소스(Source)들의 건전성과 배당 수익률도 중간중간 점검해야 합니다.

32
자녀를 위한 투자 포트폴리오

미성년일 때부터 연금저축

부모가 자녀에게 거액을 증여할 때는 증여세가 수반됩니다. 그러나 자녀가 미성년이면 10년 단위 2,000만 원까지, 성년이면 5,000만 원까지 비과세로 증여할 수 있습니다. 결국 태어날 때 2,000만 원, 10세 이후 2,000만 원을 증여하면 증여세를 내지 않아도 되는 것이죠. 이렇게 미성년일 때 4,000만 원을 증여하고, 20세 이후로 5,000만 원을 증여한다면 총 9,000만 원이 됩니다.

이렇게 자녀에게 증여한 금액으로 자녀를 위한 투자를 계획한다면 어떤 계좌를 만들어주는 것이 좋을까요? 저는 연금저축계좌를 추천합니다. 연금저축계좌는 가입 연령에 제한이 없고, 소득자격 요건도 없기 때문에 자녀 명의로 개설할 수 있습니다. 그리고 비용절감과 복리효과가 초장기라는 투자기간과 맞물리면서 극대화될 수 있습니다.

일반증권계좌에서 미국 주식을 매수하면 이익금에 대해 양도세가 나가고, 배당을 받게 되면 배당에 대해 원천징수를 받게 되죠. 하지만 연금저축에선 인출 전까지 세금을 미루는 과세이연이 적용됩니다. 물론 55세 이전에 이익금을 인출하면 기타소득세를 부과하지만, 세액공제를 받지 않은 금액이므로 투자 원금은 언제든 세금 없이 출금할 수 있습니다.

또한 자녀가 취업하면 미성년 시절 연금저축에 부모가 납입해줬던 금액을 소급해서 세액공제를 받을 수 있습니다. 이를 세액공제 전환 특례라고 합니다. 예를 들어 미성년일 때 부모에게 2,000만 원을 증여받고 20세가 넘어 취업해 5,500만 원 이하의 연봉을 받는다면, 연간 연금저축펀드계좌의 세액공제 한도인 600만 원에 대해 16.5%의 공제율을 적용받아 매해 최대 148만 5,000원의 연말정산 공제혜택을 받을 수 있습니다. 물론 증여받은 금액이 2,000만 원이니 600만 원씩 3년간 1,800만 원의 한도를 적용받고 4년 치에 잔금 200만 원에 대해 공제받을 수 있습니다.

장기 투자를 고려한 단순한 구성

그렇다면 어떤 기준으로 포트폴리오를 구성해야 할까요? 지금은 투자를 기준으로 설명하고 있으니 은행의 예적금은 제외하겠습니다. 가장 중요한 것은 초장기 투자라는 점을 염두에 두고 자산을 선별해야 합니다. 처음 구성할 때는 20년, 30년, 40년, 50년 장기 투자로 이어질 수 있다는 생각으로 포트폴리오를 구성해주는 것이 좋다고 봅니다. 만약 55세 이전에 인출해 페널티로 큰 손해를 보면 어쩌나 하는 걱정이 들 수도 있습니다. 하지만 어차피 소득이 없어서 세액공제를 받는 것이 없기 때문에 원금을 인출해도 인출이 제한되거나 기타소득세를 낼 필요가 없습니다. 이익금에 대해서만 기타소득세 16.5%를 지불하면 됩니다.

물론 현금 흐름을 고려해 자산을 선별해야 할 수 있습니다. 예를 들어 중간중간 배당이나 이자를 찾아서 자녀를 위해 사용하고자 한다면 인컴 자산에 투자하는 것이 효과적일 수 있습니다. 2,000만 원의 5%면 연 100만 원, 4,000만 원의 5%면 연 200만 원을 인출할 수 있습니다. 10세 전에 2,000만 원, 11세에 2,000만 원을 증여해 총 증여 금액이 4,000만 원이라면 이후 매년 200만 원씩, 10년간 배당 수익만 2,000만 원이 될 수 있습니다.

참고로 자녀증여계좌가 금융거래한도계좌인 경우가 많아 일일 인출 한도가 100만 원(영업점 300만 원)으로 묶여 있는 경우가 많아 인출이 예정되어 있다면 미리미리 확인해 한도를 상향시켜야 합니다.

주식 중심의 포트폴리오를 구성한다면 앞서 소개한 연금저축 포트폴리오 중 주식형 3개로 구성한 포트폴리오를 추천합니다. 최대한 간단하게 분산해 구성하는 것이 좋습니다. 10년 이상 보유할 생각이라면 검증된 주가지수형 펀드 중심으로 투자하면 손실 위험을 낮출 수 있습니다. 위험 대비 성과 측면에서 본다면 기대 수익률이 상대적으로 높은 주식형을 중심에 두는 것을 추천합니다. 물론 위험 성향이 보수적인 분들은 굳이 주식으로만 구성할 필요는 없습니다. 다음의 인컴형 펀드와 혼합형 펀드, 채권 펀드 등을 적절하게 분산하면 됩니다.

연금저축 포트폴리오 구성표

자산	전략	구분1	구분2	포트폴리오 편입 펀드 수 및 비중(%)		
				3개	5개	6개
주식	국가	선진국	미국 주식	45	30	25
		이머징	이머징 마켓 주식	15	15	15
	섹터&인컴	섹터	성장 주식	40	35	30
		인컴	배당 주식		10	10
혼합	자산 배분	혼합	혼합형		10	10
채권	국내 채권	회사채	국내 채권			10
합계				100	100	100

실제 월 지급과 같은 현금 흐름이 발생하는 배당형으로 ETF 포트폴리오를 구성한다면 다음과 같은 구성을 제안합니다. 다만 종목은 예시일 뿐입니다. 무엇보다 당장 배당금을 인출하지 않을 계획이라면 배당금을 그냥 놀리기보다는 재투자를 통해 수익성을 높여야 합니다.

배당형 ETF 포트폴리오 구성 예시

자산	비중(%)	전략구분	종목명	종목번호
주식	30	한국 고배당	KODEX 고배당	279530
		미국 고배당	TIGER 미국배당다우존스	458730
대안	20	국내 리츠	TIGER 리츠부동산인프라	329200
		미국 리츠	KODEX 미국부동산리츠(H)	352560
커버드콜	20	미국 커버드콜	KODEX 미국배당커버드콜액티브	441640
			TIGER 미국배당다우존스타겟커버드콜2호	458760
채권	30	기간만기회사채	ACE 26-06 회사채(AA-이상)액티브	461270
		국내우량회사채	RISE 중기우량회사채커버드콜액티브	136340

33
목돈 만들기 좋은 ISA 활용법

ISA로 절세하면서 목돈 만들기

연금계좌를 통한 투자의 목적은 노후 대비도 있지만 목돈 마련이라는 수요도 상당합니다. 주로 전세나 내 집 마련에 필요한 자금을 모으기 위해 투자처를 고민하기도 하고, 투자 자체를 위한 시드머니를 만들기 위해 투자를 고민하기도 합니다. 제대로 된 목돈을 만들고자 할 때는 보통 1억 원이라는 상징적 금액을 1차적으로 설정하는 경우가 많습니다. 1억 원을 모으려면 어떻게 해야 할까요? 좀 더 구체적으로 5년 후 1억 원을 모으려면 어떻게 해야 할까요? 정답은 매년 2,000만 원씩 5년간 모으는 것입니다. 투자는 무에서 유를 만드는 과정이 아닙니다. 목돈을 마련하려면 저축과 적립을 기본으로 삼아야 합니다. 투자는 적립되는 자금을 얼마나 효율적으로 운용할지를 정하는 과정일 뿐입니다.

자금을 효율적으로 운용하려면 무엇보다 높은 수익률을 확보해야 합니다. 1억 원을 목표로 연 2,000만 원, 즉 분기마다 500만 원씩 납입하는 경우를 생각해보겠습니다. 5년 후 예상되는 평가액은 운용 수익률이 연 3%일 경우 1억 826만 원, 연 7%일 경우 1억 2,058만 원으로 예상됩니다. 운용 기간이 짧아 연금처럼 극적인 복리효과를 기대하기는 어렵지만 운용 수익률에 따라 1,000만 원 이상 차이가 발생합니다.

투자 수익률별 만기 평가액

투자 수익률	3%	5%	7%	9%
분기 납입액	5,000,000원	5,000,000원	5,000,000원	5,000,000원
만기 평가액	108,262,016원	114,225,079원	120,581,947원	127,360,146원

투자 수익률이 올라가면 세금에 대한 부분도 신경을 써야 합니다. 연 5% 이상의 투자 수익을 얻으려면 다양한 투자 상품을 활용해야 합니다. 비과세가 적용되는 국내 주식과 국내 주식형 상품을 제외하면 대부분의 투자 상품은 배당소득이 징수됩니다. 이런 경우 납입과 수익으로 운용 규모가 커지면서 배당소득도 함께 커져 금융소득종합과세 대상이 될 수 있습니다. 또 금융투자소득세가 도입되는 경우 현재는 비과세가 적용되는 국내 주식을 포함한 상당 수준의 수익이 과세 대상이 될 수 있습니다.

ISA계좌를 활용하면 세금에 대한 부분을 해결할 수 있습니다. ISA는 3년 이상 투자하면 이자와 배당소득 200만 원에 대해 비과세(총 급여 5,000만 원 이하인 경우 400만 원)되고 200만 원을 초과하는 수익에 대해서는 원천징수 세율 15.4%가 아닌 9.9%의 세율이 적용됩니다. 과세가 되더라도 세율이 낮고 금융소득종합과세에 대한 걱정 없이 투자할 수 있습니다. 또 ISA는 투자 상품의 유형별로 손익을 통산해 과세하기 때문에 실제 절세효과는 더욱 커집니다. 단순히 수익성만 고려한다면 주식형 상품을 중심으로 공격적으로 운용해 3년 후 200만 원 이상의 수익이 발생할 경우 해지한 후 다시 공격적으로 운용하는 것이 가장 효율적입니다. ISA 해지 후 다시 가입하면 200만 원의 비과세 한도가 다시 생기기 때문입니다.

하지만 ISA계좌는 매해 납입 한도가 2,000만 원이기 때문에 해지 후 재가입하면 3년간 모은 투자 금액이 생각보다 많지 않아 재투자하기 어려울 수 있습니다. 따라서 3년간 총 투자 금액이 2,000만 원 이하인 경우에 추천합니다.

Reference

손익 통산의 이해

손익 통산이란 수익과 손실을 합산해 순손실 또는 순손익을 산출하는 것을 의미합니다. ISA에서는 계좌 해지 시점까지 발생한 누적 수익과 누적 손실을 합산해 순수익에 대해서만 과세를 합니다. 단 모든 수익과 손실을 통산하는 것은 아니고 집합투자증권(펀드), 파생결합증권(ELS), 주식 등 유형에 따라 합산됩니다. 유형에 따라 통산 후 유형별 순손실이 있다면 배당/이자에서 차감합니다. 예를 들어 펀드에서 순이익, ELS에서 순손실이 있는 경우 두 자산 간 손익 통산은 되지 않고 ISA 내 배당/이자 소득이 있으면 ELS 손실에서 차감합니다.

장기간에 걸쳐 목적 자금을 운용할 때는 안정성도 일정 수준 고려해야 합니다. 무엇보다 납입금이 운용되고 쌓이면서 규모를 키우는 데 집중해야 합니다. 5년 이상 운용하며 1억 원을 만드는 것이 목표라면 중간에 해지해 투자 금액을 다시 2,000만 원으로 만들면 안 됩니다. 투자 전략 면에서는 주식형 상품도 좋지만 투자 기간이 연금 대비 길지 않기 때문에 그보다는 변동성이 낮은 상품과 비교해야 합니다. 따라서 고배당 투자 전략이 대안이 될 수 있습니다. 배당주 투자, 국내 상장 리츠와 인프라 상품, 저낙인(Knock-in) 인덱스 기반 ELS 등 시중 금리 대비 높은 배당 수익을 기대할 수 있는 상품들에 투자하는 전략입니다. 주로 투자 상품이기 때문에 원금 손실 위험은 있지만 주식 대비 낮은 변동성, 적립식 투자를 통한 분할매수 효과 등을 감안하면 5년이란 기간 동안 충분히 투자를 고려해볼 만한 투자 전략입니다.

현재 플레인바닐라부자자문에서 자문 고객에게 제안하는 ISA 투자 비중 예시를 살펴보겠습니다. 배당 현금 흐름이 강한 대안 자산과 채권을 55% 비중으로 편입하고 주식과 혼합형을 편입함으로써 좀 더 안정적인 자본 차익 기대감을 높이는 포트폴리오입니다. 구체적으로 대안 자산과 채권으로 연 5% 이상의 현금 흐름을 확보하고, 주식과 혼합형을 통해 연 7%대 자본 차익을 기대할 수 있다고 판단됩니다. 변동성은 연 10% 이내를 기대할 수 있다고 봅니다. 편입 종목은 밝히지 않도록 하겠습니다. 실제로 다이내믹한 종목 조정 및 비중 조절 등이 수반되므로 일반 투자자 입장에서는 대응하기 어렵기 때문입니다. 자산 비중 정도만 참고하고 종목은 직접 선별하거나 컨설팅을 받는 것이 좋습니다.

ISA 투자 비중 예시

자산	비중(%)	투자 대상	비중(%)
대안 자산	45	국내 인프라	5
		국내 리츠	10
		글로벌 리츠 인프라 펀드	30
주식	25	글로벌 주식형 펀드	25
혼합	20	글로벌 EMP 펀드	20
채권	10	채권 커버드콜 ETF	10

    ISA에도 단점은 있습니다. 3년 이상 투자해야 비과세 및 분리과세 혜택을 받을 수 있고 납입 한도가 연간 2,000만 원씩 최대 1억 원으로 제한됩니다. 또 ISA계좌 개설 은행이나 증권사에 따라 투자가 가능한 펀드와 ELS 등의 금융 상품이 제한적일 수 있습니다. 하지만 3년 이상 유지는 절세혜택을 위한 조건일 뿐, 해지 없이도 원금을 언제든 중간 인출할 수 있습니다. 납입 한도와 비과세 한도, 가입 조건 등을 완화하는 세법 개정을 준비하고 있어 ISA의 활용성은 더욱 커질 것으로 예상합니다.

Reference

2024년 세법 개정안의 ISA 제도 변경

① 비과세 한도 확대: 비과세 한도가 200만 원(서민/농어민형은 400만 원)에서 500만 원(서민, 농어민형은 1,000만 원)으로 변경
② 납입 한도 확대: 연간 납입 한도가 2,000만 원에서 4,000만 원으로 확대되고 총 납입 한도가 1억 원에서 2억 원으로 변경
③ 금융소득종합과세자의 가입 허용: 국내 투자형을 신설, 금융소득종합과세 대상자의 가입을 허용하며 금융소득종합과세 대상에 대해서는 비과세 한도가 없고 원천 징수율과 같은 15.4%로 분리과세

ISA제도 개정안

구분	현행	개정안	
	일반	일반 투자형	국내 투자형(신설)
납입 한도	연 2,000만 원 (총 1억 원)	연 4,000만 원 (총 2억 원)	연 4,000만 원 (총 2억 원)
비과세 한도*	200만 원 (서민/농어민형 400만 원)	500만 원 (서민/농어민형 1,000만 원)	1,000만 원 (서민/농어민형 2,000만 원)
금융소득종합 과세자	가입 제한	가입 제한	가입 허용 (비과세 없이 14% 분리과세)

* (한도초과분) 9% 분리과세
※ 출처: 기획재정부

34
연금 운용의 한계와 해법

　연금투자를 하면서 직면하게 되는 다양한 문제점을 확인하고 대안을 살펴보겠습니다. 투자 기간 동안 시간이 흐르면서 종목별 목표 비중이 벌어지는 현상이 발생합니다. 이를 제자리로 돌려놓는 것을 리밸런싱이라고 합니다. 시장을 전망해 투자 비중을 줄이고 늘리는 것이 아니라 기계적으로 저가 매수, 고가 매도의 과정을 진행하는 것입니다. 투자를 하다 보면 원하는 투자 종목이 없는 경우에는 당연히 대안 펀드를 찾아내거나 ETF를 활용하기도 합니다. 만약 해결이 어렵다면 이전(Transger) 제도를 통해 금융회사를 교체할 수 있습니다. 이 외에도 추가 납입이나 연금 인출에 대한 고민들이 많을 것입니다. 납입과 인출에 대한 내용들은 앞에서도 몇 번 소개했지만 다시 한 번 정리해보겠습니다.

포트폴리오 관리와 리밸런싱의 중요성

투자 자산의 안정적인 운용을 위해서는 다양한 전략을 활용해 포트폴리오를 구성하는 것이 좋습니다. 연금처럼 초장기로 운용되는 경우 시간이 갈수록 운용 규모가 커지므로 점점 더 포트폴리오의 운용이 필요해집니다. 그런데 현실적으로 꾸준히 포트폴리오를 운용해 성공하는 사례를 찾기 어렵습니다. 무엇이 문제일까요? 관리를 하지 않기 때문입니다.

포트폴리오 투자를 하면 분산과 매매 타이밍에 집착하는 경우가 많습니다. 그때그때 좋아 보이는 자산을 매수하고 시장을 예측해 사고파는 것을 관리라 생각하기 쉽습니다. 자산을 지나치게 분산시키면 인덱스 투자만 못하고 매매에 집중하면 자산 배분 전략이 붕괴됩니다. 포트폴리오의 관리는 단편적인 매매에 집중하는 것이 아니라 포트폴리오의 전략 균형을 맞추는 것입니다. 시장의 변화로 기울어진 포트폴리오의 전략 균형을 다시 맞춰준다는 차원에서 포트폴리오의 관리를 리밸런싱이라고 하는 것입니다.

상품을 교체하고 자산 간 비중을 이전과 다르게 나누는 전략 변경도 리밸런싱에 포함됩니다. 전략의 변화가 없어도 시장이 변화함에 따라 기울어진 포트폴리오 전략의 균형을 다시 바로 잡아주는 작업도 리밸런싱입니다. 예를 들어 A 상품을 60%, B 상품을 40%로 투자하는 포트폴리오를 구성하고 있다고 생각해보겠습니다. 만약 시장의 변화로 A 상품이 하락하고 B 상품이 상승한다면 6:4였던 포트폴리오의 비중이 달라집니다. 각 비중이 3%씩 변했다면 A 상품은 57%, B 상품은 43%가 됩니다. 이때 리밸런싱 작업으로 B 상품의 3%를 매도해 A 상품을 매수하면 다시 A 상품과 B 상품의 비중은 6:4로 돌아옵니다. 전략의 변화는 없지만 리밸런싱 과정에서 상대적으로 성과가 좋았던 자산은 차익을 실현하고 부진했던 자산은 저가 매수를 하게 됩니다. 리밸런싱은 개별 상품 간에도 필요한 작업이지만 주식과 채권 간 자산 분산을 주요 포트폴리오 전략으로 삼았다면 꼭 필요한 과정입니다.

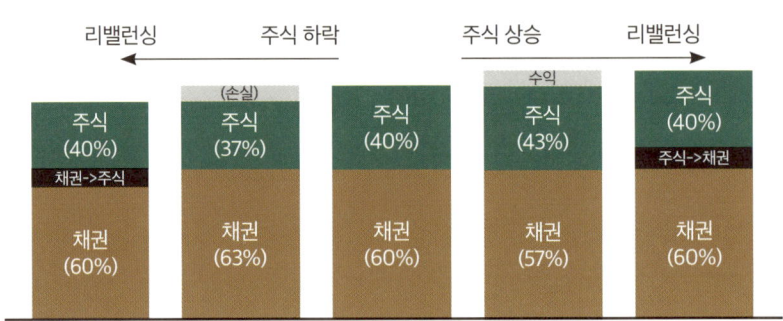

포트폴리오 전략의 균형을 잡는 것은 생각보다 쉽지 않습니다. 전략을 잘 세우고 뚝심 있게 유지하는 것도 어렵지만, 편입 상품의 평가 금액을 보면서 조정할 비율을 산정해 다시 맞춰주기 위해 주문 수량을 계산하는 것도 상당히 번거로운 일입니다. 게다가 펀드는 환매와 매수에 시간이 걸리고 ETF로 운용하는 경우 실시간으로 주가가 변동하기 때문에 리밸런싱으로 포트폴리오 전략을 칼같이 맞추는 것은 현실적으로 불가능합니다. 일부 증권사의 경우 자문사를 통해 자산 배분을 전산으로 지원하는 경우도 있지만 직접 운용하는 경우 포트폴리오 리밸런싱은 상당히 번

거로운 작업입니다.

따라서 포트폴리오 투자를 할 때는 처음부터 잘 분산된 자산을 중심으로 편입 자산 수를 적게 가져가는 것이 좋습니다. 특정 테마나 종목에 집중/특화된 자산을 여러 개 분산하기보다 인덱스나 그로스, 배당, 자산 배분 등과 같이 특정 전략과 기준에 따라 잘 분산된 상품을 선별하는 것입니다. 상품 수를 다양하게 운용해야 한다면 상품별로 리밸런싱하는 것이 아니라 전략이나 자산을 기준으로 리밸런싱하는 것도 대안이 될 수 있습니다. 채권과 주식 같이 큰 틀의 자산 배분 비중만 리밸런싱하거나 일반적인 시장을 따라가는, 이른바 베타 전략과 초과 수익을 추구하는 알파 전략 간 비중을 리밸런싱하는 것입니다.

리밸런싱 주기를 길게 보는 것도 도움이 될 수 있습니다. 장기 투자를 할 때 주가를 자주 확인하는 것은 도움이 되지 않습니다. 자신이 구성한 포트폴리오 선략의 균형이 기울어질 징도의 시간이 지났거나 시장이 흔들리는 이벤트가 발생했을 때에만 비중을 다시 원래대로 되돌려 균형을 잡아주는 것입니다. 단 어떤 방법을 활용하든 리밸런싱할 때는 이전과 비중을 달리하거나 상품을 교체할지도 고민해야 합니다. 장기 투자라는 핑계로 포트폴리오를 방치하면 안 됩니다.

제한적인 투자 상품

연금저축과 퇴직연금과 같은 연금 관련 계좌에는 법으로 정해진 유형의 상품과 해당 은행, 증권사에서 판매하는 상품만 편입할 수 있습니다. 일반적으로 연금 관련 계좌에서는 ETF를 포함한 펀드면 모두 투자할 수 있다고 생각하지만 펀드 중에서도 투자가 불가능한 상품이 있습니다. 대표적으로 파생 상품을 기초로 하는 상품이 있습니다. 기초 지수(벤치마크)와 반대 방향으로 움직이는 인버스와 1배 이상으로 움직이는 레버리지 투자 상품입니다. 이 상품들은 안정적인 연금자금 운용을 위해 편입을 규제한 상품입니다.

연금저축에서는 투자할 수 있지만 퇴직연금에서는 편입이 불가능한 상품도 있습니다. 예를 들어 미국 국채 10년 선물을 추종하는 상품도 선물로 운용되는 경우에는 퇴직연금계좌에서 편입이 불가능합니다. 이러한 문제를 해결하기 위해 최근에는 퇴직연금에 편입할 수 있도록 운용 방법을 바꾼 채권형 상품들도 출시되고 있습니다.

이 외에 선물로 운용되는 대표적인 투자 상품인 금, 은, 원유, 농산물과 같은 원자재 투자와 달러 선물, 엔 선물 등의 통화 인덱스 투자도 편입이 불가능합니다. 금의 경우 선물 거래가 아닌 KRX 현물금 시장을 활용하는 상품들이 출시되면서 선별적으로 편입할 수 있지만 그 외 상품들은 편입이 불가능합니다. 광업주, 에너지 기업 등 원자재 가격의 변동이 실적에 영향을 주는 주식형 상품에 대한 투자가 대안이 될 수 있습니다.

규정상으로 편입할 수 있고 시중에 투자 상품이 출시돼 있더라도 투자가 불가능한 경우도 있습니다. 특히 펀드의 경우 판매사에서 운용사와의 계약을 맺은 경우에 연금계좌에서 매수할 수 있습니다. 상품에 따라서는 판매사가 소수에 불과하고, 판매사와 계약을 맺지 않아 투자가 불가능한 경우가 더 많습니다.

따라서 투자 포트폴리오를 단순화하는 것이 좋습니다. 포트폴리오의 관리 측면에서나 상품 편입을 통한 전략 실현 측면에서나 많은 도움이 됩니다. 테마성 상품, 특수한 섹터로 집중하는 펀드는 판매사가 많지 않습니다. 그에 반해 운용 기간이 상당히 경과해 성과가 검증된 펀드들은 판매사가 많습니다. 충분히 좋은 펀드임에도 판매사에서 라인업을 하지 않는 경우도 많습니다. 이때 활용할 수 있는 대안 중 하나가 ETF입니다. ETF는 상장돼 있기 때문에 증권사 또는 은행과 같은 판매사의 정책과 관계없이 자유롭게 투자할 수 있습니다.

일부 판매사 중에는 ETF도 선별해 라인업을 관리하는 곳이 있습니다. 투자자의 선택을 제한하고 불편한 부분이 많다면 과감하게 증권사와 은행을 갈아타길 추천합니다. 물론 옮기고자 하는 판매사에 문제가 없는지 확인해야 할 텐데 쉬운 일은 아닙니다. 금융회사 입장에서는 자신들이 최선이라고 홍보하고 경품 혜택 등으로 투자자를 유인할 수밖에 없습니다. 따라서 투자자 자신이 가진 문제를 해결해줄 수 있을지 꼼꼼히 확인하고 결정해야 합니다. 만약 판단하기 어렵다면 독립적인 투자 자문사의 전문가와 협의를 해보길 권합니다.

납입의 제한과 추가 납입, ISA 활용

연금저축계좌와 IRP계좌에 개인이 적립한 납입금은 10년 이상 기간에 걸쳐 일정 금액으로 나눠 받아야 합니다. 만약 연간 1,500만 원을 초과해 수령하면 기타소득세 또는 금융소득종합과세 대상에 포함됩니다. 따라서 연간 1,500만 원씩 10년간 수령하기 위해서는 1억 원을 상회하는 자금이 있어야 합니다. 연 5%의 운용 수익으로 연간 1,500만 원을 인출하는 경우 연금계좌 잔고가 3억 원을 넘으면 평생의 연금 재원으로 활용할 수 있습니다. 즉 연금을 제대로 수령하려면 연금계좌에 1억 원은 있어야 하고 3억 원 정도가 있으면 평생 연금 재원으로 활용할 만한 수준이라고 할 수 있습니다.

현재 연금저축과 IRP 납입금 중 세액공제가 가능한 금액은 연 900만 원입니다. 일정 수준의 운용 수익이 있다면 10년이면 1억 원, 20년이 지나면 3억 원의 연금 재원을 마련할 수 있습니다. 하지만 현실적으로 10년 이상 연금계좌를 운용한 경우에도 1억 원이 넘는 경우를 찾기 어렵습니다. 10년 이상 절세 한도까지 꾸준히 납입을 하지 못하는 개인적 이유도 있겠지만 제도적 원인도 있습니다.

현재의 연금 체계로 제도가 개편된 2013년에는 연금 관련 계좌에 대한 세제 혜택이 연 400만 원이었습니다. IRP계좌가 도입된 이후 연 700만 원으로 한도가 늘어났고 2023년부터는 지금의 세액공제 한도인 연 900만 원이 적용되고 있습니다. 과거 세액공제 한도가 지금의 절반에도 미치지 못하다 보니 현재 누적 저축액이 낮은 원인이 될 수 있습니다. 여기에 연금의 세액공제 한도는 그해에 소진하지 않으면 없어집니다. 연금을 늦게 시작했거나 꽤 긴 기간 세액공제 한도 이하로 운용한 경우 연금 잔고가 적을 수 밖에 없습니다.

이때 연금 잔고를 늘리려면 연금저축에 추가 납입을 해야 합니다. 연금저축의 세액공제 한도는 IRP 납입 한도를 포함해 연 900만 원이지만 세액공제를 받지 않고 900만 원까지 추가 납입할 수 있습니다. 세액공제 한도까지 감안하면 연 1,800만 원까지 납입할 수 있으며, 세액공제를 받지 않은 금액은 비과세로 언제든 인출할 수 있으므로 필요한 경우 원금은 인출해 별도 활용도 가능합니다.

IRP를 활용한 추가 납입의 예

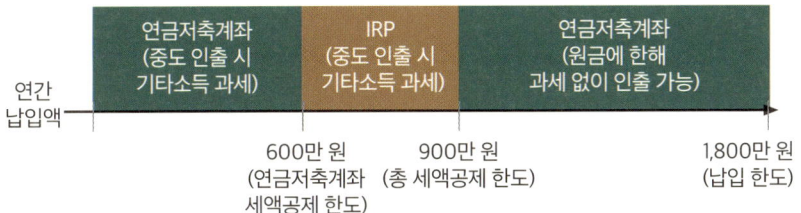

매년 900만 원씩 추가 납입 외에는 ISA계좌를 활용하면 됩니다. ISA계좌의 만기(3년 이상 경과) 자금은 연금 납입 한도 제한에 적용받지 않고 연금계좌로 이전할 수 있습니다. 이때 300만 원 한도로 ISA계좌에서 연금계좌로 이체된 금액의 10%에 대해서는 세액공제 혜택도 있습니다. 따라서 ISA계좌에서 3,000만 원을 입금하면 그해 300만 원의 세액공제 혜택을 추가로 받을 수 있습니다.

연금저축의 추가 납입과 마찬가지로 세액공제를 받지 않은 ISA 자금은 비과세로, 연금 관련 규정에 적용받지 않고 자유롭게 인출할 수 있습니다. 앞의 사례처럼 3,000만 원이 연금계좌로 이체되고 300만 원을 세액공제 받았다면 2,700만 원은 세액공제를 받지 않았기 때문에 인출이 자유롭습니다. ISA는 최대 1억 원까지 납입이 가능하고 세법이 개정될 경우 한도가 2억 원까지 늘어날 수 있습니다. 따라서 ISA 만기 자금의 연금저축 입금은 연금저축계좌의 잔고를 비약적으로 늘릴 수 있는 방법이라 할 수 있습니다.

연금 인출의 제한

연금저축과 퇴직연금계좌는 인출에 다양한 제약을 걸어놓았습니다. 절세효과를 극대화하는 선에서 연금저축과 IRP 추가 납입 계좌의 최대 인출 가능액은 연 1,500만 원, 월 125만 원입니다. 따라서 연금 재원이 충분히 크다라도 인출하는 연금만으로는 노후생활을 즐기기에 소득이 턱없이 부족합니다. 국민연금과 퇴직연금의 퇴직금에서 추가 소득을 얻을 수 있지만 퇴직금을 중간 정산하거나 이직 과정에서 퇴직금으로 인출해 써버리는 경우가 많습니다. 또 국민연금은 만 65세가 돼야 지급이 시작되기 때문에 은퇴 시점부터 국민연금 지급 개시 시점까지 소득의 공백이 있을 수 있습니다.

이때 세액공제 한도 연 900만 원을 초과해 추가 납입한 자금과 ISA계좌에서 연금계좌로 이체된 자금이 대안이 될 수 있습니다. 해당 자금은 연금 잔고를 늘려주는 역할도 하지만 세액공제를 받지 않는 자금이기 때문에 인출이 자유롭습니다. 더불어 연금 관련 계좌에서 인출할 때는 세액공제를 받지 않은 자금이 우선적으로 인출됩니다. 만약 추가 납입된 자금이 있다면 해당 재원은 연령과 연간 인출 금액의 제한 없이 우선 인출됩니다. 은퇴 직후 소득이 부족한 기간 동안 이를 인출해 연금처럼 활용할 수 있습니다. 즉 연금저축계좌의 재원이 적은 경우는 물론, 재원이 충분하더라도 퇴직연금이 적어 국민연금 개시 시점까지 소득의 공백이 있는 경우 추가 납입과 ISA 만기 자금 납입금을 유용하게 활용할 수 있습니다.

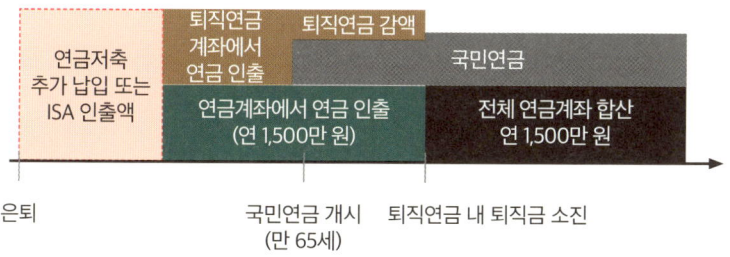

연금저축 추가 납입금과 ISA 만기 자금을 활용한 예

연금저축계좌, 퇴직연금계좌에 충분한 잔고를 확보했더라도 분리과세 적용 한도가 있으므로 좀 더 여유로운 노후생활을 하고자 한다면 추가적인 현금 흐름이 필요할 수 있습니다. 이런 경우 연금 외에 다른 제도와 상품을 통해 현금 흐름을 만들 수 있습니다. 역모기지 상품인 주택연금과 보험사의 비과세 연금, 이른바 세제 비적격 연금보험이 대표적입니다.

연금보험으로 판매되는 상품들은 크게 2가지로 나뉩니다. 연금저축계좌와 동일하게 세액공제 혜택을 받을 수 있고 연금 수령 시 연금소득세를 부담하는 세제 적격 상품, 납입 시 세액공제는 받을 수 없지만 수령 시 비과세되는 세제 비적격 상품입니다. 연금보험은 사업비와 같은 수수료 비용이 높다는 단점이 있지만 장기적으로 유지할 경우 수수료 부담이 점점 줄어듭니다. 무엇보다 세제 비적격 상품은 비과세될 뿐만 아니라 연금소득 분리과세 한도 연 1,500만 원에 포함되지 않는 장점이 있습니다. 비용 문제를 이유로 보험을 무조건 멀리할 필요는 없습니다. 연금저축계좌에 충분히 납입하고 있다면 보조 수단으로 세제 비적격 보험에 투자하는 것도 대안이 될 수 있습니다.

추가적인 현금 흐름을 만들 수 있는 또 다른 방법은 인컴 투자입니다.

고배당 상품, 채권, 예금 등을 활용해 매년 꾸준하게 현금이 들어오도록 만드는 것입니다. 그런데 인컴 투자를 하게 되면 이자와 배당 수익 때문에 금융소득종합과세 대상이 될 수 있으므로 관리가 필요합니다. 이때도 분리과세되는 ISA계좌를 적극 활용하는 것이 좋습니다.

ISA는 3년 이상 운용하면 수익의 일정 부분은 비과세, 이를 초과한 수익에 대해서는 분리과세가 적용됩니다. 현재의 납입 한도인 1억 원을 ISA계좌에서 5% 배당 상품으로 운용하면 매년 500만 원이 현금으로 입금됩니다. 해당 수익은 비과세로 운용되다가 인출 시점에 비과세되거나 분리과세됩니다.

ISA는 원금 한도까지는 중도 인출이 가능하므로 배당금으로 입금된 500만 원을 매년 인출할 경우 누적 인출 금액이 납입 원금 1억 원이 되는 20년간 인출이 가능합니다. 인출이 끝난 후에는 현금화해 해지하면 됩니다. 이때 원금에 해당하는 자금이 모두 인출됐으므로 계좌 내에서 매수돼 운용되던 자산은 모두 수익에 해당돼 과세가 됩니다. 일부는 비과세, 나머지는 분리과세되며 운용 결과에 따라 투자 원금 이상이 만기 상환될 수 있습니다. 2024년 세법 개정안에 따르면 납입 한도가 2억 원으로 늘어나며 따라서 5%의 배당 투자로 매년 인출할 수 있는 금액은 1,000만 원으로 늘어납니다.

ISA를 활용해 현금 흐름을 만든 예

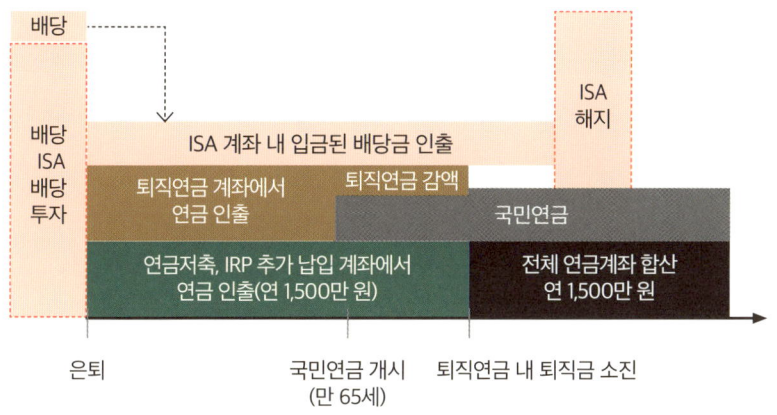

　분리과세되는 상품으로는 개인 투자용 국채도 있습니다. 10년과 20년 만기 국채 입찰에 개인 자격으로 참가해 투자할 수 있으며 만기 보유 시 15.4%로 분리과세됩니다. 국채는 수익률이 낮지만 장기 투자할 경우 누적 수익률을 무시할 수 없습니다. 매월 청약이 진행되며 일괄 배정되는 물량(현재는 300만 원)이 있어 크지 않은 금액이라면 매월 원하는 만큼 투자할 수 있습니다.

　매월 50만 원 또는 100만 원씩 총 2억 원 한도 내에서 미래의 연금 재원으로 20년 국채에 투자한다면 20년 후 상환되는 원리금을 연금 소득처럼 사용할 수 있습니다. ISA 사례와 비교하면 원리금이 보장된다는 점에서 개인 투자용 국채가 강점이 있습니다. 하지만 국채는 만기까지 보유해야 하므로 적어도 10년, 의미 있는 수익을 얻으려면 20년 국채에 투자해 만기까지 기다려야 합니다. 반면 ISA는 투자 수익률이 높아 일정 규모로 납입을 하면 배당을 인출해 노후 자금으로 활용할 수 있습니다.

또 투자 시점의 금리는 변할 수 있으나 한번 정해진 국채 금리는 만기까지 유지하면 변하지 않으므로 불확실성을 피하고자 하는 투자자에게 좋은 대안이 될 수 있습니다. 현재는 2024년 세법 개정을 통해 2027년 12월말까지 매입한 투자금만 분리과세를 적용할 예정입니다. 이러한 분리과세 혜택은 일반적으로 3년 단위로 법 개정을 통해 연장을 하기 때문에 이후에도 법 개정으로 분리과세 혜택이 가능할 것으로 예상됩니다.

연금 관련
FAQ

부록 1

Q1. 연금저축계좌와 IRP 중 어떤 것을 선택하는 게 유리한가요?

연금저축계좌는 누구나 가입할 수 있지만, IRP는 소득이 있는 근로자와 자영업자, 공무원 등이 가입할 수 있습니다. 본문에서 설명드렸듯이 연금저축계좌와 IRP 모두 연간 최대 1,800만 원까지 납입이 가능합니다. 세액공제 한도는 연금저축이 600만 원, IRP가 900만 원입니다. 단 최대 납입 한도와 세액공제 한도를 개별로 인정하지 않고 합산해 적용합니다. 합산 한도는 최대 납입액 1,800만 원과 세액공제 900만 원입니다.

특히 세액공제의 경우 합산 한도가 900만 원으로 제한되다 보니 연금저축과 IRP를 적절하게 배분해 납입해야 합니다. 결론부터 말하자면 연간 기준으로 연금저축은 자체 한도 600만 원으로 채우고 IRP를 300만 원으로 채워 900만 원을 납입하는 게 최선이라고 판단합니다.

왜 이렇게 판단할까요? 유동성과 수익성이 핵심입니다. 유동성이란 출금이 가능하다는 의미입니다. IRP는 한 번 납입 후 중도 인출 사유가 인정되지 않는다면 55세 이전에 출금이 제한되는 반면, 연금저축은 세액공제를 받지 않은 금액은 언제든 출금할 수 있습니다. 수익성 측면에서는 연금저축이 더 낫다고 생각합니다. IRP의 경우 주식형 펀드(&ETF)의 편입 한도가 70% 이내로 제한되는 반면, 연금저축은 주식형 자산에 100% 투자할 수 있기 때문입니다. 물론 채권이나 예금과 같은 안정적 자산을 일부 편입하는 보수적인 투자자 입장에서는 큰 차이가 없습니다. 다만 주식형 펀드를 최대한 가득 채워 연금을 20~30년 운용하는 관점에서 본다면 연금저축이 더 낫습니다.

간혹 이런 의문을 가질 수 있습니다. 왜 연금저축이나 IRP에 1,800만 원이나 불입을 할까, 세액공제 한도까지만 넣으면 되지 않나, 라고요. 연금저축 600만 원, IRP 300만 원으로 900만 원을 불입하고 나면 최대 한도까지 900만 원이 남습니다. 남은 900만 원까지 연금저축이나 IRP에 넣는 것은 당연히 절세 때문입니다. 일반계좌로 해외 투자를 하면 배당소득과세에 해당하고 금융소득종합과세의 대상이 될 수도 있습니다. 하지만 연금저축이나 IRP에 납입해 발생한 수익은 운용 기간 중에는 비과세로 이연돼 복리효과를 높여줍니다. 또 55세 이후 인출 시에는 낮은 세율의 연금소득과세로 적용받을 수 있습니다.

연금저축과 IRP에서 레버리지나 인버스(역방향) 투자 상품을 편입할 수 없다는 것을 잘 알고 계실 겁니다. IRP의 경우 연금저축과 달리 파생상품 편입비가 높은 스왑 구조의 상품이나 선물(Futures)을 편입하는 상품도 제한하고 있습니다. 대신 IRP는 원리금 보장 형태의 예금이나 주가연계파생결합사채(ELB)를 편입할 수 있습니다. 반면 연금저축에서는 예금이나 ELB 편입이 불가합니다.

정리해보면 적극적인 투자 포트폴리오를 구성하고 제한된 범위 내에서 입출금을 자유롭게 활용하길 원하는 사람이라면 연금저축을 선택하면 됩니다. 원리금 보장형 중심으로 안정적인 포트폴리오를 원한다면 IRP를 적극 활용하면 됩니다.

Q2. 퇴직금을 일시에 수령하는 게 나을까요? 연금 형태로 수령하는 게 나을까요?

퇴직급여를 일시금으로 수령할 때 납부하는 퇴직소득세를 산출해 이를 기준으로 비교하고 판단해야 합니다. 퇴직소득세 산출은 3단계로 계산됩니다.

> ① 환산급여 계산 → ② 과표 산출 → ③ 최종 산출세액 결정

퇴직급여는 퇴직소득이고 퇴직자에게 매우 중요한 노후의 예비비이다 보니 정책적으로 각종 공제를 많이 해줍니다. 먼저 환산급여 계산 시 근속 연수 공제를 해주고 과세표준 산출 시 환산급여 공제를 해줍니다. 예를 들어 김플바 님의 법정퇴직금이 2억 원이고, 근속 연수는 20년이라고 가정하겠습니다.

① 환산급여 계산

먼저 2억 원에 대한 근속 연수 공제를 합니다. 20년 초과 산식에 근속 연수 20년을 대입하면 근속 연수 공제액은 4,000만 원입니다. 만약 김플바 님의 근속 연수가 25년이었다면 4,000만 원+(25-20)×300만 원으로 5,500만 원을 공제받습니다.

근속 연수별 공제액 산출식

근속 연수	근속 연수 공제
5년 이하	근속 연수×100만 원
10년 이하	500만 원+(근속 연수-5)×200만 원
20년 이하	1,500만 원+(근속 연수-10)×250만 원
20년 초과	4,000만 원+(근속 연수-20)×300만 원

환산급여를 계산하는 산식은 다음과 같습니다.

$$(퇴직소득금액-퇴직소득공제)\times12\div근속\ 연수$$

퇴직소득금액 2억 원에서 소득공제액 4,000만 원을 뺀 1억 6,000만 원에 환산 배수인 12를 곱해주고, 다시 근속 연수 20년으로 나눠주면 환산급여는 최종 9,600만원으로 계산됩니다.

② 과표 산출

환산급여에서 환산급여공제액을 차감해 산출합니다. 김플바 님의 환산급여가 9,600만 원이므로 환산급여 공제액은 4,520만 원+(9,600만 원-7,000만 원)×55%=5,950만 원입니다. 결국 과세표준은 환산급여 9,600만 원에서 환산급여공제액 5,950만 원을 차감한 3,650만 원이 됩니다.

환산급여별 공제액 산출식

환산급여	환산급여 공제
800만 원 이하	전액 공제
7,000만 원 이하	800만 원+(환산급여-800만 원)×60%
1억 원 이하	4,520만 원+(환산급여-7,000만 원)×55%
3억 원 이하	6,170만 원+(환산급여-1억 원)×45%
3억 원 초과	1억 5,170만 원+(환산급여-3억 원)×35%

③ 최종 산출세액 결정

이제 최종 산출세액을 정하면 됩니다. 과세표준 3,650만 원에 해당하는 소득세율은 15%입니다.

과세표준별 소득세율

과세표준	소득세율	누진공제액
1,400만 원 이하	6%	-
5,000만 원 이하	15%	1,260,000원
8,800만 원 이하	24%	5,760,000원
1억 5,000만 원 이하	35%	15,440,000원
3억 원 이하	38%	19,940,000원
5억 원 이하	40%	25,940,000원
10억 원 이하	42%	35,940,000원
10억 원 초과	45%	65,940,000원

그럼 3,650만 원 과세표준에 15%를 곱해 환산산출세액을 구합니다. 그리고 다음 산식으로 최종 산출세액을 구하면 됩니다.

> 환산산출세액÷12×근속 연수

　환산산출세액 3,650만 원×15%를 환산 배수 12로 나누고 근속 연수 20년을 곱하면 912만 원이 나옵니다. 이게 최종 산출세액입니다. 여기에 지방세 10%를 더하면 최종 퇴직소득세로 납부하는 금액은 1,003만 원이 됩니다.

　누구나 퇴직하므로 퇴직금 수령을 한 번쯤 고민할 텐데요. 퇴직금에도 세금이 붙다 보니 세금 계산하는 법에 대해 살펴봤습니다. 만약 복잡하면 홈택스에 접속해 퇴직급여 모의계산을 활용하면 금방 계산할 수 있습니다. 특히 중간정산 등을 했다면 모의계산기에 본인 정보를 넣고 정확하게 추정해볼 수 있습니다.

　퇴직소득세 산출이 아니라 비교를 해달라는 질문이었으니 지금부터가 중요해집니다. 지금까지 퇴직급여를 일시금으로 받을 때 퇴직소득세를 계산했습니다. 그러나 퇴직급여를 연금으로 수령한다면 일시금으로 수령할 때와 달리 바로 원천징수를 하지 않습니다. 세금은 연금으로 나눠 지급받을 때 부과됩니다. 연금 수령 연차 10년 이내에서는 퇴직소득세율의 70%이고, 10년 이후는 다시 60%로 낮아집니다.

　앞서 김플바 님은 일시금 수령 시 산출세액이 912만원이라고 했죠. 김플바 님의 퇴직소득세율은 2억 원의 약 912만 원이니 4.56%에 해당됩니다. 만약 연금으로 수령한다면 연금 수령 연차 10년까지는 4.56%의 70%인 3.19%가 적용되고, 이후는 2.73%가 적용됩니다. 2억 원을 10년간 매년 2,000만 원씩 받기로 했다면 매년 약 64만 원의 세금을 납부하며, 10년이면 640만 원을 내게 됩니다.

즉 일시금으로 수령할 때 1,003만 원의 세금이 부과되고, 연금으로 수령하면 640만 원이 부과됩니다. 결과적으로 360만 원의 세금을 아낀 것입니다. 물론 20년으로 분할해 수령한다면 세금 절감액은 더 커집니다.

참고로 연금으로 받는 퇴직급여분은 연간 연금소득 분리과세 한도인 1,500만 원에 포함되지 않고 분리과세되므로 종합과세를 걱정하지 않아도 됩니다. 물론 퇴직급여분(이연퇴직소득)이 전부 소진되면 운용 수익이 남을 텐데, 운용 수익분은 연금소득세(3.3%~5.5%)가 적용되고 연금소득분리과세 한도에도 포함됩니다.

Q3. 현재 운용 중인 연금저축과 퇴직연금을 A은행에서 B은행으로 이전하고 싶습니다.

연금저축은 계좌이체(혹은 계약이전)을 통해 이전할 수 있습니다. 연금을 해지하면 기타소득세가 과세되지만 계좌이체 혹은 계약이전을 통해 연금 수령 개시 전에 다른 연금계좌로 이체되는 경우 인출로 보지 않아 과세되지 않고 연금 가입 기간도 유지할 수 있습니다. 이전(이체) 방법은 간단합니다. 새로 운용을 시작할 증권사나 은행에 신청만 하면 됩니다. 보통은 지점에 방문할 필요도 없이 홈페이지 또는 앱으로 신청할 수 있습니다. 이전하는 과정에서 상품을 현금화하고 이체하는 등의 다양한 절차가 필요하지만 이는 금융기관에서 처리해주고 투자자는 이전 신청만 하면 됩니다. 기존 가입 금융회사에서 고객에게 계약 이전 의사를 확인한

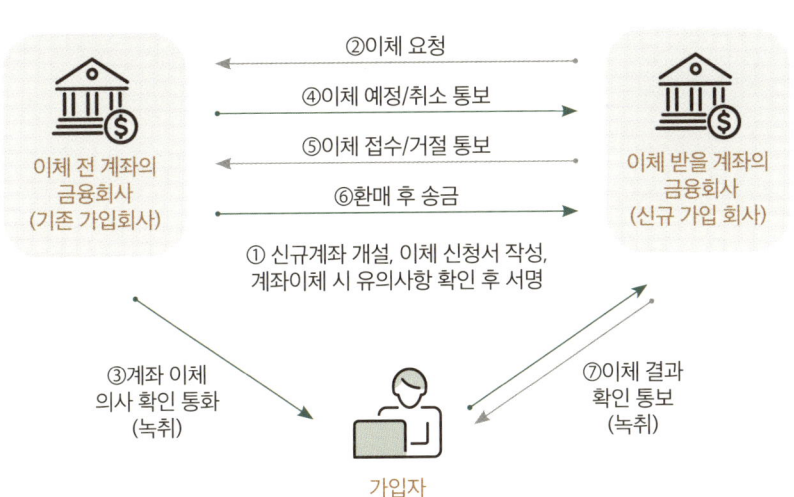

후 자산을 현금화해 연금 가입 기간과 예수금 형태의 자산을 이전하는 방식입니다. 물론 전액 이전만 가능하고 부분 이전은 불가합니다.

퇴직연금의 경우, 서비스와 투자 상품을 제공하고 관리해주는 곳을 퇴직연금사업자라고 합니다. 보통 증권사나 은행을 말합니다. 2024년 10월 중순부터는 퇴직연금 실물이전 제도가 실시됩니다. 실물이전 제도란 퇴직연금사업자를 변경할 때 기존에 운용 중인 금융 상품을 매도하지 않고 이전 받을 계좌로 실물 그대로 이전하는 제도입니다. 이전 제도가 편리해지는 만큼 가입자들의 책임도 커집니다.

연금저축이든 퇴직연금이든 옮길 회사에 대한 정보를 충분히 파악하고 결정하길 바랍니다. 기본적으로 홈페이지를 방문해 투자할 수 있는 상품 라인업을 살펴봐야 합니다. 만약 어렵다면 자문회사에 문의해 추천 받을 수 있습니다.

Q4. 연간 연금소득 분리과세 한도인 연 1,500만 원 이내로 연금을 수령하면 세액공제를 받은 금액과 수익 부분은 3.3~5.5%의 연금소득세를 내야 한다고 들었습니다. 인출 순서와 연금소득세 적용 대상 금액은 어떻게 구분되나요?

인출 대상인 연금 재원은 세액공제 받은 금액(A)+세액공제 받지 않은 금액(B)+운용 수익(C)으로 구분할 수 있습니다. 여기서 연금으로 인출되는 순서는 세액공제 받지 않은 금액(B)이 가장 먼저 인출됩니다. 즉 세액공제 받지 않아 과세 대상이 아닌 금액부터 연금으로 인출되고 이 금액은 연금소득으로 과세되지 않습니다. 이후 (A)와 (C)가 인출되는 시점부터 연금소득으로 과세됩니다.

긴단히 말해 세부담이 낮은 순서부터 인출됩니다. 세액공제를 받지 않은 금액부터 인출되는 것입니다. 예를 들어 회사를 다니지 않아 소득이 없을 때 납입한 연금, 학생이나 전업주부가 연금저축에 납입한 금액이 대표적입니다. 또는 소득이 있더라도 세액공제 한도 900만 원을 초과해 납입한 금액입니다. 이렇게 세액공제 받지 않은 금액이 먼저 빠지고 다음으로 퇴직급여를 인출합니다. 마지막으로 세액공제 받은 금액과 운용 수익이 빠집니다.

Q5. 국민연금 수령 시 근로소득이나 사업소득이 있으면 예정된 연금보다 덜 받을 수 있다고 하는데, 그게 맞나요?

네, 맞습니다. 국민연금(노령연금) 개시연령에 도달해 연금을 받을 때 소득이 있는 업무에 종사하는 경우가 있는데, 수급 개시 연령부터 5년 동안 연금액을 감액합니다. 단, 소득이 있는 업무에 종사한다는 의미는 노령연금 수령자의 월평균 소득이 국민연금의 'A값'을 초과하는 경우를 말합니다. 결국 A값을 초과하지 않는 경우 감액되지 않습니다. 즉 소득 수준에 따라 감액된 연금액(부양가족 연금액 제외)이 적용됩니다.

여기서 A값이란 최근 3년간의 국민연금 전체 사업장 가입자 및 지역 가입자의 평균소득월액의 평균액입니다. 2023년 12월부터 2024년 11월까지 A값은 2,989,237원입니다. 참고로 2022년도가 약 268만 원이었고, 2020년엔 약 244만 원이었습니다.

그렇다면 얼마나 감액될까요? A값의 초과금이 월 100만 원이면 초과소득의 5%만큼 감액되고, 100만 원 단위로 5%씩 상향돼 최종 월 400만 원 이상 초과한다면 초과소득의 25%를 감액합니다.

예를 들어 65세에 국민연금 150만 원을 수령하는 김플바 님이 있다고 가정해보죠. 65세 시점에 사업소득이 월평균 389만 원이라면 A값 299만 원을 90만 원 초과합니다. 따라서 90만 원의 5%인 4만 5,000원을 차감한 145만 5,000원을 수령합니다. 그런데 월평균 소득이 799만 원이라면 500만 원을 초과하는 것이고, 500만 원의 25%인 125만 원을 차감한 25만 원(150만 원-125만 원)을 수령하느냐? 그렇지는 않습니다. 감액 한도가 50%

로 제한돼 있어서 50%를 감액한 75만 원을 지급받습니다.

만약 감액을 피하고 싶다면 연금을 연기해 수령하면 됩니다. 소득에 따른 감액은 개시 연령부터 5년 동안이라고 했으니, 연금 개시를 5년 뒤로 미루는 것입니다. 개시 연령부터 5년이 지난 시점이므로 5년 뒤 소득이 있건 없건 상관없습니다. 또 지급 연기를 신청한 기간 1년당 7.2%의 연금을 더 받을 수 있어 수급 개시 시기를 최대 5년 늦추면 연금을 36%나 더 받을 수도 있습니다.

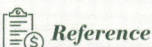
Reference

연기연금이란?

연기연금이란 연금을 더 많이 받고자 하는 수급자들이 활용하는 제도로, 1회에 한해 최대 5년까지 국민연금 수령을 연기할 수 있습니다. 연금 지급 연기를 신청한 후 연금을 다시 받을 때는 지급 연기를 신청한 금액에 대해 매 1년당 7.2%(월간 0.6%)의 연금액을 너 올려 받을 수 있습니다. 지급 연기는 국민연금공단 홈페이지에서 '노령연금 지급연기·재지급 신청'을 클릭해서 신청하면 됩니다. 스마트폰에 국민연금공단 애플리케이션 '내곁에 국민연금'을 설치해 신청해도 됩니다.

국민연금 애플리케이션 화면 예시

Q6. 국민연금을 65세에 수령하는 것과 조기에 수령하는 것은 어떤 차이가 있나요?

조기노령연금이란 국민연금을 납부한 기간이 10년 이상이고, 소득이 있는 업무에 종사하지 않는 경우 본인이 신청해 지급 개시 연령보다 최대 5년 일찍 받을 수 있는 제도입니다. 신청 당시 소득이 있더라도 A값을 초과하지 않으면 신청할 수 있습니다. 단, 수령 중에라도 월평균 소득금액이 A값을 초과하는 경우 지급이 중단됩니다. 물론 이후 소득이 A값 밑으로 떨어지면 다시 받을 수 있습니다.

조기노령연금은 1년마다 6%, 월 0.5%의 감액된 지급률을 적용해 평생 지급받습니다. 1년마다 6% 감액이니 최대 5년 일찍 지급 시 30%가 감액됩니다. 예를 들어 1973년생은 65세가 되는 2038년부터 지급받는데, 5년을 앞당겨 60세 시점인 2033년부터 받고자 할 경우 예상 연금액의 30%가 감액된 금액을 받습니다.

국민연금을 60세 수령으로 변경해 시뮬레이션했더니 77세가 되면서부터 조기수령으로 받은 누적액이 정상적으로 받았을 때보다 낮아지기 시작하고 80대가 넘어가니 조기수령 누적금액과 정상지급 누적금액이 5,000만 원 이상으로 벌어지더군요. 5년을 조기에 받은 대가가 수천만 원의 차이를 만드는 것입니다.

국민연금 애플리케이션의 '소득과 가입기간 수정하여 조회해보기'를 통해 시뮬레이션해볼 수 있습니다. 특히 연도별 누적액 비교를 클릭하면 정상수급과 조기연금 수령의 증감 차이를 연도별로 확인할 수 있습니다. 조기연금을 선택하면 몇 년도부터 정상 수급 대비 손해가 발생하는지 확인할 수 있습니다. 시뮬레이션 결과를 확인한 후 어떤 선택이 좋을지 고민해 조기 수령 여부를 결정하길 바랍니다. 조기 수령이 불리하다고 판단되면 다시 노령연금을 선택해 정상으로 돌려놓아야 합니다.

즉 개인적인 상황을 고려해 유리한 판단을 해야 합니다. 당연히 퇴직 후 국민연금 수령 전까지 소득 공백 기간이 사적연금(연금저축과 퇴직연금)으로 충분히 채워지고 경제적 어려움이 크지 않다거나 건강도 나쁘지 않다면 정상 수급이 최선의 선택입니다.

Q7. 소득이 없는 전업주부라도 임의가입제도를 활용하면 국민연금을 받을 수 있다고 들었습니다.

임의가입은 사업장 가입자나 지역 가입자가 될 수 없는 분들이 주도적으로 국민연금에 가입하는 제도입니다. 18세 이상 60세 미만인 사람이 신청할 수 있고 소득이 없는 전업주부, 27세 미만의 학생, 군인, 기초수급자 등이 해당됩니다. 납입 기간 10년 도중, 60세를 넘더라도 임의가입 계속 자격으로 혜택을 받을 수 있습니다.

10년 전 전업주부들 사이에서 국민연금이 재테크 수단으로 떠올랐던 적이 있습니다. 물가 상승률을 반영해 연금의 실질 가치가 보장되는 점이 매력으로 부각되면서 임의가입자 수가 크게 증가했습니다. 당시 전업주부들 사이에선 임의가입자로 10년 납입하면, 연금 수령 이후 5년 정도면 납입 원금을 모두 회수하고, 이후 평생 연금을 꾸준히 받는다고 알려졌습니다.

그렇다면 지금 임의가입자는 국민연금 보험료로 얼마를 내야 할까요? 2024년 기준으로 기준소득월액 상한이 53만 1,000원이고, 하한은 9만 원이니 한도 내에서 선택해 납입하면 됩니다. 상한액과 하한액은 국민연금 가입자들의 기준소득월액으로 결정되며 매년 변경됩니다. 단, 임의가입의 경우 가입 후 3개월 이상 연금보험료를 체납하면 자동으로 탈퇴되므로 너무 무리해 납입하지 않아야 합니다.

전업주부라도 과거에 일을 해서 국민연금을 한 번이라도 납부했다면 과거 미납 시점부터 추가 납입을 할 수 있으며 미납 기간을 기간으로 인정받을 수 있습니다. 추가 납입이란 휴/폐업 또는 실직, 사업 중단, 군 입대 등으로 보험료를 납부할 수 없었던 기간의 보험료를 추후에 내는 경우 가입 기간을 늘려주는 제도입니다. 전업주부만 활용할 수 있는 것은 아닙니다. 예를 들어 실직 기간이 12개월이고, 만 27세 이전에 군대를 24개월 다녀왔다면 36개월을 추납할 수 있습니다. 물론 추납은 10년 미만(119개월)까지만 신청할 수 있습니다.

추납 방식은 일시금으로 내거나 분할해 납부해도 상관없습니다. 특히 추가 납부는 연말정산 소득공제 대상이므로 경영 성과급을 많이 받았거나 군 복무 기간 동안 추납액을 일시납으로 납입할 경우 절세도 되고 연금액도 늘릴 수 있게 됩니다.

Q8. 유족연금에 대해 알고 싶습니다.

국민연금은 사회보험인 만큼 남겨진 가족들에게도 생계를 꾸려갈 수 있도록 유족연금을 지급합니다. 가입 기간 10년을 충족한 가입자가 사망할 경우 남은 가족은 유족연금을 받을 수 있습니다. 연금보험료를 낸 기간이 가입 대상 기간의 3분의 1 이상인 가입자도 유족연금 지급 대상에 해당합니다. 가입자가 사망일 5년 전부터 사망일까지의 기간 중 3년 이상 연금보험료를 냈다면 유족연금을 지급합니다. 다만 전체 가입 대상 기간 중 체납 기간이 3년 이상인 경우에는 지급하지 않습니다.

유족연금 1순위는 배우자이고, 그다음은 자녀(25세 미만), 부모(60세 이상), 손자녀(19세 미만), 조부모 순입니다. 유족연금액은 기본 연금액에 부양가족 연금액을 더해 산정되며 국민연금 가입 기간이 10년 미만인 경우 기본연금액의 40%, 10년 이상 20년 미만인 경우 기본연금액의 50%, 20년 이상인 경우 연금액의 60%를 지급합니다.

혼인신고를 하지 않은 사실혼 배우자도 유족연금을 받을 수 있습니다. 다만 사실혼 관계 여부에 대한 법적인 근거가 필요합니다. 법원에 사실혼관계존부확인이라는 소송을 진행하고 사실혼을 인정한다는 법원 판결문을 받아 국민연금공단에 제출하면 됩니다.

유족연금이 소멸하는 경우는 배우자인 수급권자가 재혼하거나 사망하거나, 수급권자인 자녀가 25세가 되는 경우 소멸합니다.

부부가 각각 국민연금을 수령하다가 부부 중 하나가 먼저 사망할 경우, 본인의 유족연금을 계속 받을지, 또는 포기할지 결정해야 합니다. 유족연금은 중복 수급이 안 되기 때문인데 직접 계산해 결정해야 합니다.

예를 들어 20년 이상 국민연금을 납입한 남편이 사망했고, 남편의 수령액이 월 150만 원이라면 150만 원의 60%인 90만 원을 수령하게 됩니다. 만약 본인이 80만 원을 받고 있었다면 본인 국민연금을 포기하고 남편의 유족연금을 90만 원을 선택하면 되고, 만약 본인이 100만 원을 받고 있다면 유족연금을 포기하고 본인 국민연금을 수령받으면 됩니다.

유족연금을 포기할 경우 배우자는 본인 연금액 100만 원에, 포기에 따른 가산금을 매월 받게 되며 90만 원의 30%인 27만 원이 지급됩니다. 결국 127만 원을 수령받습니다. 참고로 유족연금 청구인은 유족연금을 받을 수 있는 권리가 발생할 때부터 5년 안에 청구해야 합니다.

Q9. 이자율과 수익률의 개념, 은행예금 환산수익률에 대해 설명해주세요.

　이자율(Interest Rate)은 돈을 빌린 대가, 즉 원금에 대한 이자의 비율을 의미합니다. 금리라고도 부릅니다. 이자율은 크게 단리와 복리 계산 방식으로 구분됩니다. 단리란 단순히 원금에 대한 이자를 계산하는 방법이고, 복리란 이자에 대한 이자까지 감안해 계산하는 방법입니다. 같은 이자율일 경우 특별한 조건이 없다면 복리 방식이 더 많은 이자가 발생합니다.

　은행예금에서 복리 상품은 찾기가 쉽지 않습니다. 2024년 9월 25일 기준 은행에서 1,000만 원으로 가입할 수 있는 24개월 정기예금은 모두 22개였습니다. 이 중 단리가 21개, 복리는 1개였습니다. 은행예금 금리에는 단리나 복리를 표기하지 않는 경우가 많습니다. 복리라고 표기되지 않은 이상 은행예금은 단리라고 보면 됩니다.

　이자율은 측정하는 방식에 따라 명목이자율과 실질이자율로 구분됩니다. 측정의 기준은 물가의 변동이고, 물가의 변동은 인플레이션 또는 디플레이션으로 표현합니다. 명목이자율이란 물가 변동을 감안하지 않은 일반적인 이자율을 말하고 실질이자율이란 물가 변동을 감안한 이자율을 의미합니다.

　수익률은 상당히 폭이 넓은 개념으로, 이자율처럼 확정된 수익도 포함하면서 확정되지 않은 상황까지도 아우릅니다. 수익률을 측정하는 방식도 다양해 투자 수익률의 개념인 'Return'으로 표현되기도 하고, 미래의 수입을 기반으로 한 'Yield'로 표현하기도 합니다. 이 외에도 측정 방식에 따라 할인율, 내부수익률, 만기수익률, 연환산수익률 등으로 불리기도 합니다. 몇 가지 예시만 살펴본 것일 뿐 측정 방식에 따라 무수한 종류의 수익률이 존재합니다.

적금 금리와 예금 금리의 차이도 살펴보겠습니다. 예를 들어 3년짜리 5% 연이자율의 적금을 가입했고, 매달 10만 원을 불입했다면 최종 만기 시 적립 원금은 360만 원이고 누적 이자는 세전 27만 7,500원이므로, 최종 세전 평가액은 약 387만 원입니다. 원금 360만 원에 누적 이자 27만 7,500원이면 투자 수익률은 세전 7.7%에 해당됩니다. 이를 연율로 계산하면 약 2.56%에 불과합니다. 만약 적금이 아닌 3년짜리 2.56% 예금에 360만 원을 가입해도 3년 뒤 세전 약 387만 원을 수령하는 셈입니다. 적금 금리가 높다고 흥분할 필요도 실망할 필요도 없습니다. 네이버 검색창에 금융계산기라고 검색하면 예금과 적금의 결과를 쉽게 비교 및 계산해볼 수 있습니다.

은행예금 환산수익률도 살펴보겠습니다. 요즘 들어 채권투자자들이 많아졌습니다. 사실 모든 채권투자자들은 매수수익률(만기수익률, Yield to Matuarity)을 참고해 투자 여부를 결정합니다. 매수수익률은 채권을 만기 때까지 보유한다고 가정할 경우, 표면 금리에서 발생한 이자 수익, 채권 만기에 액면가에 수렴해 발생하는 자본 손익, 이자에 대한 재투자 수익을 모두 포함한 예상 수익률을 의미합니다. 매수수익률은 복리로 연율화된 수익률이지 단리가 아닙니다. 또 과세 기준은 표면금리에 따른 이자 수익이며, 채권의 자본 차익은 비과세 대상입니다. 은행예금의 이자율은 모두 과세 대상입니다. 은행연환산수익률은 채권에서 발생하는 비과세 수익과 재투자 수익까지 모두 포함한 수익마저 과세 대상인 것처럼 둔갑

시켜 모두 세전수익률로 환산해 표기한 것입니다.

　예를 들면 2040년 8월 만기의 미국 국채의 만기수익률은 2024년 9월 24일 기준 미국에서 3.97%로 거래됩니다. 하지만 국내 증권사 MTS에선 동일한 채권의 금리를 표기할 때 5.6%대로 표기하고 있습니다. 무려 연 1.5% 이상 높은 수치입니다. 룰(Rule)이 서로 다른 운동 경기의 선수들을 하나의 링 안에 올려놓고 비교하는 것과 같습니다.

　은행예금보다 매력적이라는 것을 강조하려는 의도일 텐데 자칫 금리를 높여 표기하는 것이 수수료나 보수를 높이려는 의도라면 문제는 심각합니다. 예전부터 채권 판매를 하던 사람들의 관행이긴 합니다. 개인적으론 은행연환산수익률을 표기할 때 채권 매매수익률과 비용을 모두 공개해야 투자자들이 올바른 판단을 할 수 있다고 생각합니다.

Q10. 플레인바닐라의 주요 상품 라인업을 소개해주세요.

플레인바닐라투자자문은 오랜 기간 운용사와 증권사를 대상으로 운용자문을 수행하고 있습니다. 현재 가입할 수 있는 상품명과 특징들을 정리해 소개합니다. 간단한 소개이니 관심이 있다면 판매사로 문의바랍니다. 당사와의 자문계약 및 일임계약은 블로그를 참조바랍니다.

플레인바닐라투자자문의 자문상품 라인업

구분	상품명	특징
운용사 자문형	IBK플레인바닐라EMP증권투자신탁	ETF기반 글로벌 자산배분
	유경플레인바닐라글로벌자산배분증권자투자신탁(주식)	글로벌 우량기업들에 분산투자
	유경플레인바닐라글로벌리츠인프라부동산자투자신탁(재간접형)	글로벌 상장리츠 중심 선별투자
	유경플레인바닐라자산배분증권자투자신탁(채권혼합)	글로벌 주식 30% 이내, 채권 70% 이상
	유진디딤플레인바닐라OCIO증권자투자신탁(혼합-재간접형)	외부위탁 운용 목적, 안정적 성장 추구
	IBK디딤인컴바닐라EMP증권자투자신탁[혼합-재간접형]	채권과 인컴자산 중심의 보수적 운용
증권사 자문형	KB증권AI임펄스Wrap	자체 알고리즘 기반 모멘텀 전략 수행
	신한투자증권미국온앤오프Wrap	미국 개별 주식 투자, 탄력적 자산배분
	KB증권일본온앤오프Wrap	일본 개별 주식 투자, 탄력적 자산배분
	한국투자증권일본주도주 Wrap	
	삼성증권엔화채권Wrap	엔화강세 환경에서 수익기회 모색
	삼성증권매크로 온앤오프Wrap	경기 국면별 주식과 채권 ETF 비중 조절
	KB증권부동산인프라Wrap	글로벌 리츠와 인프라 투자
	한국투자증권USD월지급Wrap	매월 달러 지급, 인컴 중심의 투자
일임 계약	미국온앤오프일임	플레인바닐라투자자문이 일임하여 미국 주식 운용
	재팬온앤오프일임	플레인바닐라투자자문이 일임하여 일본 주식 운용

공부하기 좋은
웹사이트 추천

부록 2

1. 플레인바닐라투자자문의 블로그와 카카오톡 채널

_blog.naver.com/plainvanilla_invest

블로그에서는 시장 뷰와 펀드 성과 추적, ETF, 리츠 등 상품 정보, 연금 관련 내용들을 주로 볼 수 있습니다. 시장이나 종목 관련 내용이 어려울 수 있지만 연금과 관련된 글을 최대한 쉽게 작성했습니다. 자문계약을 할 경우, 서로이웃으로 맺어져 비공개글을 따로 볼 수 있습니다. 카카오톡에서도 플레인바닐라로 검색하면 채널이 나옵니다. 연금과 관련된 다양한 상담을 받을 수 있습니다. 다만 법상 자문계약을 맺고 투자 성향 파악이 끝난 자문 고객만 상담 서비스를 받을 수 있습니다. 채널에서 일반 고객을 위한 상품 상담이나 추천 등은 어렵다는 점 양해바랍니다.

2. 자산배분과 시장에 대한 펀드매니저 의견

① 블랙록자산운용

_www.blackrock.com/institutions/en-us

미국의 블랙록자산운용 사이트에 접속하면 다양한 자산별 대응 전략 및 배분 의견들을 확인할 수 있습니다. 기관투자자(Institutional)를 선택하고 메뉴에서 인사이트(Insight)로 들어가면 주간 시장 설명(Weekly Market Commentary)과 글로벌 투자 전망(Global Investment Outlook)을 볼 수 있습니다. 여기서 자산 종류(Asset Class)별 개관(View)을 참고할 수 있습니다. 특히 이전 대비 평가를 어떻게 조정하는지 볼 수 있어서 유용합니다. 영문으로 보기 불편하다면 PDF로 다운로드 받아 구글 번역기에서 한글로 번

역해 보면 어렵지 않게 볼 수 있습니다.

② 피델리티자산운용

_www.fidelity.co.kr

펀드매니저의 글로벌 뷰를 참고할 수 있는 훌륭한 웹페이지입니다. 홈페이지에 방문하면 투자 정보 부문에서 다양한 내용을 살펴볼 수 있습니다. 특히 주요 펀드들의 운용보고서도 읽어보면 생생한 글로벌 탑 매니저들의 의견들을 확인할 수 있습니다. 피델리티글로벌테크놀로지펀드와 피델리티글로벌배당인컴펀드, 피델리티재팬펀드, 인디아펀드 등의 펀드를 보유하고 있지 않더라도 정기적으로 읽어보면 해당 섹터나 국가에 대한 매니저 뷰와 편입 종목들에 대한 트레이딩 뷰를 참고할 수 있습니다.

③ JP모건자산운용의 가이드투더마켓

_am.jpmorgan.com

JP모건자산운용의 홈페이지에서 가이드투더마켓(Guide to the Market)을 클릭하면 글로벌 지역별 경제 현황, 주식시장, 채권시장 등의 다양한 정보를 확인할 수 있습니다. 90페이지에 달하는 정교한 정보들을 분기마다 제공하는데, 분기마다 보지 못하더라도 1년에 한 번은 살펴보면 좋습니다. 영문 자료이지만 텍스트가 거의 없고 대부분 비주얼 자료만으로 채워져 있어 큰 부담이 없을 겁니다. 모든 걸 이해할 필요도 없습니다. 본인이 공부하고 이해한 부분만 살펴도 하루가 훌쩍 지나갈 수 있습니다. 홈페이지에서 찾기 힘드시면 구글에 'jpm guide to the markets'라고 검색하면 최상단에서 찾을 수 있습니다.

④ 피델리티 비즈니스 사이클

_institutional.fidelity.com

현재 국가별 경기 주기(Business Cycle)가 경기회복기인지, 확장기인지, 수축기인지 확인해볼 수 있습니다. 경기 사이클은 예측하기 어려운 영역입니다. 피델리티에서 계속 업데이트하고 있으니 특정 시점에 확증적으로 판단하기보다 주기적으로 참고하면서 평가하는 것이 좋습니다. 홈페이지에서 찾기 힘들면 구글에 'Fidelity business cycle'이라고 검색하면 바로 확인할 수 있습니다.

⑤ 삼성자산운용

_www.samsungfund.com

한국의 삼성자산운용의 홈페이지에 들어가도 월별 자산 뷰를 확인할 수 있습니다. 자산운용사에서는 증권사보다 다양한 자산을 기준으로 평가하고 균형을 찾으려 노력하고 있습니다. 연금투자자는 자산운용사 뷰를 참고하면 먼 시야를 가지고 판단하기 유리합니다.

⑥ 미래에셋투자와 연금센터

_investpension.miraeasset.com

연금의 명가답게 훌륭한 연금 관련 콘텐츠가 가득하고 보고서의 퀄리티도 훌륭합니다.

3. 글로벌 경기지표와 센티먼트, 밸류에이션 점검

① 트레이딩 이코노믹스

_tradingeconomics.com

글로벌 매크로데이터와 기업 어닝을 확인하기 좋은 사이트입니다. 캘린더 클릭 후 미국과 중국, 한국, 일본 등을 선택해 저장하면 일자별 주요 지표 발표 일정이 나열되고 컨센서스를 미리 확인할 수 있으며 차트를 통해 추이도 살펴볼 수 있습니다. 캘린더의 카테고리 중 하단의 어닝(Earning)에서 기업들의 실적 발표 정보, 주당 순이익 컨센서스 등을 미리 확인해볼 수 있습니다. 애플리케이션을 설치해서 보면 편리합니다.

② IMF의 데이터맵퍼

_www.imf.org/external/datamapper

전 세계의 경기 전망을 확인하고 비교하는 데 안정적인 기능을 제공합니다.

③ 공포탐욕지수(CNN Fear and Greed)

_edition.cnn.com/markets/fear-and-greed

마켓의 센티먼트(Market Centiment)를 확인하기 좋은 사이트입니다. 극한의 공포(Extreme Fear)에서 극한의 탐욕(Extreme Greed)까지 5단계 마켓 센티먼트 위치와 최종 센티먼트 평가를 결정하는 7개의 인디케이터들도 함께 살펴볼 수 있습니다.

④ 로버트 쉴러 교수의 홈페이지

_shillerdata.com

미국 증시의 초장기 관점의 밸류에이션 평가를 확인할 수 있습니다. 홈페이지 하단의 ie_data (xls)를 다운로드하면 S&P500지수의 CAPE를 확인할 수 있습니다. CAPE란 경기조정PER(Cyclically Adjusted Price to Earnings ratio)를 말합니다. 단순 PER지표는 현재 1년의 평균 실적(EPS)만을 사용하므로 단기 상황만을 반영하는 한계가 있습니다. 반면 CAPE는 과거 10년 EPS를 사용하므로 단기 사이클에 덜 민감하고, 장기적 관점에서 S&P500의 밸류에이션 평가를 확인할 수 있습니다.

CAPE 산식은 '주가지수 실질가격÷실질 EPS의 과거 10년 평균치'입니다. 실질가격이란 인플레이션을 반영한 가격을 의미합니다. 실질 EPS 역시 인플레이션을 반영해 계산한 것입니다. 쉴러 교수는 1880년대부터 현재까지의 데이터를 기반으로 매년 인플레이션을 반영해 10년 평균 이익으로 평가하는 작업을 계속하고 있습니다.

⑤ 국제금융센터의 보고서 및 한국은행 보고서

_국제금융센터: www.kcif.or.kr

_한국은행: www.bok.or.kr

국제금융센터에서는 선진국뿐만 아니라 인도, 중국, 중동 등의 경제 및 지정학적인 상황을 보고서 형태로 제공합니다. 한국은행의 뉴스 및 자료 카테고리에서 조사 연구 자료를 보면 한국 및 글로벌 이슈들을 정보를 확인할 수 있습니다.

4. 기업들에 대한 정보

① 버틀러

_www.butler.works

로그인을 하면 국내 기업에 대한 시각화된 재무 및 분석 데이터를 참고할 수 있습니다.

② 해외기업에 대한 검색 및 분석

_야후파이낸스(해외 기업 검색): finance.yahoo.com

_시킹알파(해외 기업 분석): seekingalpha.com

_스톡로(미국 기업 재무데이터): stockrow.com

_핀비즈(해외 시장 및 기업 스크리닝): finviz.com

③ 국내 기업공시는 금감원 DART와 KRX IR공시자료

_금감원: dart.fss.or.kr

_KRX: kind.krx.co.kr

④ 국내 종목 리포트 자료는 네이버증권

_finance.naver.com/research/

5. 국내 펀드 및 ETF 투자 정보

① 펀드와 ETF에 대한 정보는 FUNETF

_www.funetf.co.kr

FUNETF에서 공모펀드명을 검색하면 펀드 정보를 큼직하게 볼 수 있으며 성과 차트에서 펀드 간 기간 성과 비교를 수행할 수 있습니다. 또 여러 펀드의 조건을 비교해볼 수 있습니다. 애플리케이션을 설치해서 보면 편리합니다.

② ETF에 대한 정보는 ETFCHECK와 K-ETF

_ETF체크: www.etfcheck.co.kr

_K-ETF: k-etf.com/

ETFCHECK에서 ETF 비교를 꼭 한 번 활용해보길 바랍니다. ETF 간 조건 및 성과 비교를 수행할 수 있습니다. 특히, 2개의 ETF를 누적 성과 기준으로 비교하는 기능은 완성도가 높습니다. 총 3개 종목을 동시에 비교할 수 있습니다. 애플리케이션을 설치해서 보면 편리합니다.

6. 각종 툴과 금융정보

① 정기예금과 적금, 대출, 보험 등 금융상품 정보

_finlife.fss.or.kr

② 네이버 금융계산기 및 적립식 계산기

금융계산기는 네이버에서 검색하면 바로 나오고 적립식 투자계산기도 검색 후 특정 사이트를 선택하면 확인할 수 있습니다.

③ 금융 꿀팁이 있는 금융감독원 사이트, 파인

_fine.fss.or.kr

④ 노후준비를 한다면 내 곁의 국민연금 애플리케이션

'내 곁의 국민연금' 애플리케이션은 본인의 노령연금뿐만 아니라 노후자금 간편 진단, 종합 진단 그리고 모의 계산이 가능합니다. 무엇보다 국민연금 관련 상담과 각종 신청이 가능합니다.

7. 국내 펀드 및 증권 통계자료

① 국내펀드 통계는 금융투자협회

_종합통계서비스: freesis.kofia.or.kr

_전자공시: dis.kofia.or.kr

_펀드원클릭서비스: fund.kofia.or.kr

종합통계서비스를 통해 펀드와 자문 일임에 대한 설정 규모 및 유출입 상황을 확인할 수 있습니다. 전자공시에서는 금융투자회사의 재무 상황과 펀드매니저 정보 그리고 퇴직연금 수수료, 주식거래 수수료 등을 비교해볼 수 있습니다. 마지막으로 펀드원클릭서비스는 펀드에 초점을 맞춘 사이트입니다.

참고로 전자공시에 들어가면 증권사별 퇴직연금 수수료율 비교가 있습니다. IRP를 개설하기 전에 수수료율을 비교하고 선택하길 바랍니다. 14곳 중에 9곳은 수수료가 0%인데, 5곳은 수수료를 매년 수취하고 있습니다. 1년에 1억 원당 20만 원이면 20년이면 400만 원이 빠져나갑니다. 퇴직연금 수수료뿐만 아니라 거래수수료 등도 비교할 수 있습니다. 비용을 아끼는 것이 곧 수익을 높이는 첫걸음입니다.

② **증권예탁결제원의 증권정보포털 세이브로**

_seibro.or.kr

펀드와 ETF의 순자산 증감 현황을 정확하게 확인할 수 있습니다. 국제거래 카테고리에서 외화증권예탁결제, 종목별 내역을 보면 한국 투자자들이 어떤 해외 종목들을 매매하는지 예탁 현황을 볼 수 있습니다.